图书在版编目(CIP)数据

宋代文化消费研究 / 秦开凤著. — 北京：商务印书馆，2019
ISBN 978-7-100-17266-0

Ⅰ.①宋… Ⅱ.①秦… Ⅲ.①文化生活－消费－文化史－研究－中国－宋代 Ⅳ.①K244.03

中国版本图书馆CIP数据核字（2019）第060530号

权利保留，侵权必究。

宋代文化消费研究
秦开凤　著

商　务　印　书　馆　出　版
（北京王府井大街36号　邮政编码 100710）
商　务　印　书　馆　发　行
三河市尚艺印装有限公司印刷
ISBN 978 - 7 - 100 - 17266 - 0

2019 年 10 月第 1 版　　　开本 680×960　1/16
2019 年 10 月第 1 次印刷　　印张 17 1/2
定价：56.00 元

陕西人文社会科学文库资助项目

宋代文化消费研究

秦开凤 著

2019年·北京

目　录

绪　论 1
　　一、文化消费的内涵及相关理论概述 1
　　二、研究对象的界定和研究框架 9

第一章　宋前文化消费概述 12
　　一、先秦时期 12
　　二、秦汉时期 14
　　三、魏晋南北朝时期 18
　　四、隋唐时期 23

第二章　宋代休闲娱乐消费 30
　　一、宋代休闲娱乐消费的主要内容 30
　　二、宋代休闲娱乐的消费群体 43
　　三、宋代休闲娱乐的消费支出 52
　　四、宋代休闲娱乐消费的特点 69

第三章　宋代宗教信仰消费 86
　　一、宋代宗教信仰的消费群体 86
　　二、宋代宗教信仰的消费支出 94

三、宋代宗教信仰消费的特点..112

第四章　宋代文化教育消费..122
　　一、宋代文化教育消费的主要内容..122
　　二、宋代文化教育的消费支出..146
　　三、宋代文化教育消费的特点..167

第五章　宋代艺术品消费..180
　　一、宋代艺术品消费的主要内容..180
　　二、宋代艺术品的消费支出..196
　　三、宋代艺术品消费的特点..209

第六章　宋代文化消费与经济社会发展..223
　　一、经济社会发展奠定文化消费基础..223
　　二、文化消费推动经济社会加速发展..231

第七章　宋代文化消费的当代启示..248
　　一、高度重视文化消费，大力发展文化产业..248
　　二、提升全民文化素质，努力建设书香社会..251
　　三、弘扬优秀传统文化，增强中华文化自信..254

参考文献..260
后　记..271

绪　论

一、文化消费的内涵及相关理论概述

（一）文化消费内涵辨析

1. 文化、消费与文化消费的内涵

文化是一个非常广泛的概念，不同的学科视野、学术立场和知识背景决定了对于文化的理解必然是复杂多样的。美国学者阿尔弗雷德（Alfred Kroeber）和克莱德（Clyde Kluckhohn）在《文化：概念和定义批判分析》一书中就列举出了160多种文化的定义，可见其庞杂性。但也不能因此将之复杂化和神秘化，文化本质上是一种社会历史现象，每一社会形态都有与其相适应的文化。文化有广义和狭义之分："广义指人类在社会实践过程中所获得的物质、精神的生产能力和创造的物质、精神财富的总和。狭义指精神生产能力和精神产品，包括一切社会意识形式：自然科学、技术科学、社会意识形态。有时又专指教育、科学、文学、艺术、卫生、体育等方面的知识与设施。"[1] 本书的研究对象即指的是狭义的文化概念。

消费是指"人们消耗物质资料以满足物质和文化生活需要的过程。是社会再生产过程的一个环节，是人们生存和恢复劳动力的必不可少的条

---

[1]《辞海》，上海辞书出版社2000年版，第1858页。

件，而人们劳动力的恢复，又是保证生产过程得以继续进行的前提。生产决定消费，它为消费提供对象，决定消费的方式，并引起人们新的消费需要；而消费又反过来影响生产，促进或阻碍生产的发展。广义的消费还包括属于生产本身的生产消费"[1]。显然，这里的"消费"是经济行为过程之一。需要强调的是，消费不仅仅是为了生产和生活需要而消耗物质财富，它还与主体内在的精神享受、文化需求有关。这从《辞海》关于"消"的解释中可见一斑。"消"除了具有"消除、消灭"、"减削、耗费"、"溶解、散失"等意义之外，还有"受用、消受"、"禁受、承当"、"需要"之义。[2]后者明显与主体内在的文化需求、精神享受相关，正如堤清二所说："'消费'这个词的本来意义就是人们追求作为个性生活过程的多样性。"[3]

文化消费，即是对文化的消费，指明了文化是消费的客体。对文化消费这一概念，学界已有共识，主要是指人们为了满足自己的精神文化生活而消费精神文化类产品和精神文化性服务的行为，即文化消费就是指对精神文化类产品及精神文化性劳务的占有、欣赏、享受和使用等。其实质是对社会及他人提供的精神财富（物质形态和非物质形态）的消耗。[4]鲍曼的相关解读对我们理解这一概念有启发意义，他指出，人类除了生存所需的消费之外，还要满足各种社会需求，如体面、礼仪权力与时尚再生产和"美好的生活"等。因此，人类的消费需求总体高于单纯的生理性需求，而这多出的部分恰恰在很大程度上构成了文化的消费。[5]

文化消费具有多种内容和形式。具体内容主要包括：文化教育、书法、绘画、雕塑、影视、戏剧、音乐、舞蹈、杂技、体育、健身以及文物、出版读物、音像，等等。文化消费的形态包括两个基本方面：物质形

---

[1] 《辞海》，上海辞书出版社2000年版，第1118页。
[2] 《辞海》，上海辞书出版社2000年版，第1118页。
[3] 〔日〕堤清二：《消费社会批判》，朱绍文等译校，经济科学出版社1998年版，第98页。
[4] 参见徐淳厚：《关于文化消费的几个问题》，《北京商学院学报》1997年第4期；晏才群：《文化——正在兴起的消费热点》，《消费经济》2000年第1期；宋则、李伟：《提升我国消费层次的新思路》，《经济与管理研究》2000年第5期等文章。
[5] 〔英〕齐格蒙·鲍曼：《寻找政治》，洪涛、周顺、郭台辉译，上海人民出版社2006年版，第49页。

态和劳务形态。前者如音像制品、文化用品及娱乐设施等；后者如杂技表演、音乐演奏、综合文艺晚会等。文化消费是分层次的，一般可分为：普及型或大众化的文化消费和提高型或高品位的文化消费；自娱型的文化消费、专业型的文化消费；基于生存需要的文化消费、基于发展的文化消费。此外，有消遣娱乐型文化消费、享受型文化消费、社交型文化消费、发展型文化消费和智力型文化消费等。[1]

2. 文化消费与物质消费

文化消费因其客体的特性而与物质消费明显不同。正如洛威尔所说："文化产品是一种特殊的商品，原因是，确切地说部分是，它们满足的需要来自幻想而非肠胃，精神的需要与物质需要不同，当所需的商品满足需要的时候，商品并不总要用完。满足物质需要的商品的变化程度，的确取决于它们被使用时消费或消耗的程度。房屋比汽车的使用寿命长得多，而汽车又比（比如）食品的寿命长。但在所有情况下，使用的数量都和商品的损耗有一定联系。文化产品的变化则取决于它们满足'来自幻想'的需要的能力与它的物质形式之间的密切程度。这类产品，比如绘画或雕塑，很久才会损坏，它们的使用性与消耗没有直接关系。"[2] 具体来说，两者的不同之处表现在：（1）目的不同。物质消费主要满足人的基本生存需要，消费的客体是某种有形物质；文化消费主要满足人的精神生活需要，消费的客体是有形或无形的具有文化蕴涵的对象，与人的心灵诉求和文化交流息息相关。如果按照马斯洛需要层次理论来划分，物质消费属于生理和安全层次的需要，而文化消费属于归属和爱的需要、尊重的需要、自我实现的需要等更高层次的需要。（2）消费特征不同。物质消费具有明显的器质型消费特点，消费的过程必然导致使用价值的有形和无形耗费；文化消费却不是价值的纯粹耗损，它主要消费的不是其外在的物质载体和物质

---

[1] 徐淳厚：《关于文化消费的几个问题》，《北京商学院学报》1997年第4期。
[2] 〔英〕特里·洛威尔：《文化生产》，陆扬、王毅选编：《大众文化研究》，生活·读书·新知三联书店2001年版，第122页。

性的构成因素,而是其内含的精神因素和深层意义。这也使两者消费效果的持久性出现差异:物质消费,随着物质损耗殆尽,对人的作用效果也就终止;文化消费,消费过程终止,但它对人的作用效果会持续相当长的时期,它直接或间接、自觉或不自觉地影响着人们的思想、情感、心灵和行为。(3)消费作用、效果不同。物质产品属性决定了物质消费作用效果的同一性,比如吃饱穿暖,大部分人的感受是相同的;由于文化的内蕴性和富有张力性,使具有不同文化修养的人消费同一文化产品时,其感觉效果也会不同。正如鲁迅所评说的不同的人观看《红楼梦》的效果显著不同,"经学者看见《易》,道学者看见淫,才子看见缠绵,革命家看见排满,流言家看见宫闱秘事"①。产生这些差异的原因主要是消费者的社会阅历、文化水平、地位、心境、爱好和兴趣等差异造成的。(4)对消费能力的要求不同。在物质消费活动中,一般来讲只要拥有物质实体,就能消费;文化消费则要求消费者必须具备与文化消费相适应的知识、经验、鉴别力和理解力等。不同文化水平的消费者对文化产品的消费效果因能力的差异而不同。

3. 文化消费与消费文化

文化消费与消费文化两个概念既相似也有区别,文化消费是对精神文化类产品及精神文化性劳务的消费,聚焦于消费。而消费文化则是消费观念的体现,具有符号表达意义,更强调文化性,对此学界已有一定辨析。② 梳理国内学术界对文化消费与消费文化之间关系的理解,大体

---

① 鲁迅:《〈绛洞花主〉小引》,《鲁迅全集》第7卷,人民文学出版社1957年版,第419页。
② 如尹世杰认为消费文化"是消费领域中人们创造的物质财富和精神财富的总和,是人们消费方面创造性的表现,是人们各种合理消费实践活动的升华和结晶。消费文化包括优美的自然环境、人文环境,人们精心创造的实物生活资料和精神文化产品,以及富有创造性的有利于人的身心健康的消费行为"(尹世杰:《加强对消费文化的研究》,《光明日报》1995年4月30日);肖浩辉则指出:"从广义上讲,消费文化是指消费物质文化和消费精神文化的总和;从狭义上讲,消费文化就是消费在人们观念形态上的反映,包括消费哲学、消费价值取向、消费道德、消费行为、消费品位、消费审美、消费心理等,这是人们在消费实践中形成的反映消费特点和理解的观念形态的总和。"(肖浩辉:《加强消费文化研究,提高消费文明》,《消费经济》1994年第6期)

有三种观点:"包容说",即消费文化包括文化消费,文化消费只是消费文化的重要论题之一;"区别说",即消费文化与文化消费相对独立,消费文化是消费文化学的研究对象,文化消费是文化经济学的研究对象之一;"交叉说",即消费文化与文化消费既相对独立,又存在互相交叉的内容。[①]第三种观点显然更具有合理性,两者既有区别又有联系,文化消费更强调精神性的消费,消费文化则是以消费为目的的文化,不同层面的文化都渗透在消费之中而形成消费文化,是文化大类中的一类。总体比较而言,文化消费是具体的,而消费文化则是笼统的且更多是观念上的文化感受。

(二) 文化消费与生产的同一性——马克思的文化消费理论

1. 文化消费与文化生产的直接"同一性"

消费与生产之间具有辩证的"同一性",即"生产直接是消费,消费直接是生产。每一方直接是它的对方。可是同时在两者之间存在着一种媒介运动。生产媒介消费,它创造出消费的材料,没有生产,消费就没有对象。但是消费也媒介着生产,因为正是消费替产品创造了主体,产品对这个主体才是产品。产品在消费中才得到最后完成。……没有生产,就没有消费,但是,没有消费,也就没有生产,因为如果这样,生产就没有目的"[②]。"消费在观念上提出生产的对象,把它作为内心的图像、作为需要、作为动力和目的提出来。消费创造出还是在主观形式上的生产对象。没有需要,就没有生产。而消费则把需要再生产出来。"[③]生产与消费具有高度的依存性。

[①] 杨晓光:《文化消费对中国文化发展的影响》,吉林大学2006年博士学位论文。
[②] 〔德〕马克思、〔德〕恩格斯:《马克思恩格斯选集》第2卷,人民出版社1995年版,第9页。
[③] 〔德〕马克思、〔德〕恩格斯:《马克思恩格斯全集》第46卷,人民出版社1995年版,第28—29页。

同生产与消费的关系一样，文化生产与文化消费之间也具有"同一性"。对此，马克思说："宗教、家庭、国家、法、道德、科学、艺术等等，都不过是生产的一种特殊方式，并且受生产的普遍规律的支配。"① 这里，马克思所说的"生产的一些特殊方式"实质是指与物质生产相对应的精神文化生产。而且，文化生产与文化消费之间同样具有相互作用的同一性而不可分割："消费本身作为动力是靠对象作中介。消费对于对象所感到的需要，是对于对象的知觉所创造的。艺术对象创造出懂得艺术具有审美能力的大众，——任何其他产品也都是这样。"②

2. 文化消费与物质生产的间接"同一性"

如果说文化消费与文化生产具有"同一性"，那么文化消费与物质生产也具有不可分割的关系，具有间接的"同一性"。一般来说人们理解的文化消费更偏重于文化学意义，即关注的是具体的文化内涵，是对文化内容或各种文化文本的消耗，而往往忽略这种消费本身所具有的经济学意义，即实现文化内化的前提必须以支付一定的金钱为前提，而这种经济意义上的消费才是商品经济社会中文化消费的本质内涵。正是认识视角的不同，可能会产生文化消费与物质生产无关的观念误区。即可能会认为文化消费和与之对应的文化生产是少数人如艺术家、作家等人的事，与社会生产尤其是物质生产关系不大。这种看法是不全面的。实质上，文化消费与物质生产具有间接"同一性"。

首先，物质生产生产出文化消费得以实现的载体，是文化消费的前提之一。文化消费虽然是以无形的文化或文化内容作为对象，但其载体往往是物质的，如书中的内容是无形的，书籍本身却是物质的，无形的内容必须以有形的物质作为载体才能发挥出其价值；又如书法绘画艺术，人们欣赏的是其构图与用笔及其表现的内涵思想，但其载体也是一定的笔墨纸

---

① 〔德〕马克思：《1844年经济学哲学手稿》，人民出版社1985年版，第78页。
② 〔德〕马克思、〔德〕恩格斯：《马克思恩格斯选集》第2卷，人民出版社1995年版，第10页。

砚等用来书写的工具。

其次，文化消费带动了相关物质类生产。文化消费是对文化类产品及服务的消费，它不仅直接促进了文化类产品和服务的生产，更带动了相关物质生产，包括与人们生活密切相关的吃穿住用行等都会受到影响。如在旅游消费中，不只是在景点中的门票消费，而相关的旅馆业、饮食业及交通运输业都会受到影响；在娱乐百戏的消费中，也不仅是单一形式的门票消费，而有许多配套消费，最为显著的也是饮食业和一些时令物品等。这说明文化消费绝不是单纯的文化文本的消费，不是仅停留在精神享受上的心理满足感，它的背后是以消耗大量的物质为实现前提的，是一种不可忽视的经济行为。应该说文化消费带动或促进了一些物质生产，对社会经济的繁荣起到了积极作用。

（三）文化消费的阶层性——凡勃伦与布迪厄的文化消费理论

凡勃伦（Thorstein Bunde Veblen）是美国著名的经济学家，制度学派的创始人，他在消费理论方面的贡献主要体现于《有闲阶级论》一书。他认为有闲阶级的消费动机，已脱离了生存的目的，而是为了借助消费以显示其在金钱上的卓越成就，满足其虚荣心和自尊心的需要。因此，其消费具有明显的奢侈性，"在明显消费的整个演变过程中，不论从财物、劳务或人类生活方面来看，其间一个显著存在的含义是，为了有效地增进消费者的荣誉，就必须从事于奢侈的、非必要的事物的消费。要博取好名声，就不能免于浪费"。"奢侈品的消费，其真正意义指的是为了消费者本人的享受而进行的消费，因此是主人的一个标志。""要获得尊荣并保持尊荣，仅仅保有财富或权力还是不够的。有了财富或权力还必须能提出证明，因为尊荣只是通过这样的证明得来的。"这种证明就是通过有闲、代理有闲、炫耀型消费、代理消费等来实现的。"有闲"和"炫耀性消费"均是建构和维持阶级身份的重要手段。凡勃伦还强调一个人的消费水平和消费方式，必须符合他所归属的那个阶级所公认的准则，"某个人的生活水准应当是怎样的,这一点大部分决定于他所隶属的那个社会或那个阶级所公认的消费水准"。如果低于公认的消费标准则会受到该阶层的轻视,"遵守公认的消费水准是一个礼仪上的问题,因此不遵守这个水准是要受到轻视、受到排斥的"。① 通过炫耀性消费可以提升消费者自身的权力和身份,为消费者本人打上特定社会阶层的印记,从而使其自我满足和相应阶层的认同,这就是炫耀性消费的意义。而其中文化消费成为都市中产阶级日常生活中的重要内容,这既是其进行炫耀性消费的一个重要部分,也是展示他们财富和地位的重要途径。

皮埃尔·布迪厄(Pierre Bourdieu)是法国著名的社会学家,他的有关文化消费方面的论述主要集中于《区分:鉴赏判断的社会批判》一书。书中的核心观点是文化鉴赏与社会等级具有对应性。他从人们日常文化消费中的实践入手,探讨了鉴赏趣味与行动者在社会中所处的位置之间所具有的相关性,鉴赏能力或品味是由鉴赏者长期所处的社会空间及其阶级惯习二者共同作用的结果。品味的差异一定程度上是不同社会阶层的直观反映。可以说,鉴赏力和品位使对象分类,也使分类者分类。即文化消费与社会分层之间具有互构性:文化消费活动不仅是个人社会地位的体现,而且也对其社会地位起着重构的作用。他指出:"品味是对分配的实际控制,它使人们有可能感觉或直觉一个在社会空间中占据某一特定位置的个体,可能(或不可能)遭遇什么,因而适合什么。它发挥一种社会导向作用,引导社会空间中特定位置的占有者走向适合其特性的社会地位,走向适合位置占有者的实践或商品。在给定了被选定的实践或事物在社会空间中的分布,以及其他行动者就商品和群体之间的对应所具有的实际知识的情况下,它意味着一种实际的预期,即预期了这种实践或事物所具有的社会意义和价值是什么。"②

---

① 分别见〔美〕凡勃伦:《有闲阶级论》,蔡受百译,商务印书馆2007年版,第76、58、31、87页。
② Bourdieu Pierre, *Distinction: A Social Critique of the Judgement of Taste*, London: Routledge, 1984, pp. 466-467.

二、研究对象的界定和研究框架

(一) 研究对象的界定和划分

中国古代社会有"文化"、"消费"概念,但无"文化消费"的表述,文化消费是一个现代社会才出现的概念。[①]但在古代社会有文化消费现象,即存在文化产品和文化服务的商品化和市场化。这一现象在商品经济获得大发展的宋代表现得尤为突出。许多学者对宋代文化消费现象也表现出不同程度的关注,但由于研究视角和侧重点不同,目前宋代文化消费研究中还存在一些薄弱环节。大家都知道宋代文化发达,商品经济又很繁荣,文化消费应该也很繁荣。但具体到一些问题,比如,宋代文化消费包括哪些内容,每一类文化产品或服务有哪些消费者参与消费,各个消费者的具体消费过程如何,每一类文化产品或服务又有什么价格表现,受哪些因素制约,其消费特点如何,产生了什么影响,以及就整体宋代文化消费而言与经济社会发展之间具有何种关系,对后世有何影响等等问题还没有较深入系统的研究。而这一系列问题的探讨无疑有助于对宋代文化消费有一个全面深入的认识。

我们首先对所涉及的研究对象作一界定:

宋代文化消费的主体,指文化消费者,这些消费者所进行的消费行为属于个人行为或代表一些特殊组织(如书院)的行为,但不包括有行政色彩的皇室阶层或代表政府部门而进行相关消费的人。

宋代文化消费的客体(对象),指商品化或市场化的文化产品和文化

[①] 在1985年之前,未见国外学者对文化消费问题有明确的探索性论述,国内理论界也鲜有著作论及该问题。从1985年起国内学界才开始较明确、系统地研究文化消费问题(参看司金銮:《我国文化消费与消费文化研究之概观》,《兰州大学学报》2001年第6期;罗晓玲:《近年我国文化消费研究述评》,《华中农业大学学报》2004年第3期)。

服务。具体到本书,将从休闲娱乐、宗教信仰、文化教育和艺术品等四个方面对宋代文化消费作专题性质的研究。这四类基本上代表了宋代文化消费的主要方面,也基本能反映其整体情况。且前两类因为参与群体的广泛和普遍性,可归为"大众"类文化消费,后两类除有相当的经济实力外,更要求具备一定的文化素养,从广义上来看,属于"小众"类文化消费。由于文化本身是一个较庞杂的系统,尽管本书只关注狭义的精神文化方面,但它所涵盖的内容也是很丰富的,不可能面面俱到,在做到尽量全面的前提下,选取一些典型的文化消费内容作为研究客体。如休闲娱乐消费选取了赏舞看戏、旅游、赌博、色情消费等四类作为代表;宗教信仰消费论述了佛教、道教及占卜等方面的消费;文化教育消费中选取笔墨纸砚和书籍等文化用品的消费和求学教育发展消费三个方面作为代表;艺术品消费则选取了书画、花卉、奇石及金石等古器物消费作为研究对象。这里特别要提到的是在休闲娱乐消费中,笔者将色情和赌博消费也作为研究对象,是因为虽然它们一定程度上属于畸形消费现象,但不能由此否认其蕴涵的文化性。具体来说,色情消费中虽然载体是有形的女性,但实质上消费者是要满足声色之欲,即通过观看女性的歌舞表演和提供的性服务而得到精神和心理上的满足感,故符合文化的精神特性,其相应的消费行为自然属于文化消费。赌博的娱乐性更加明显,在通过遵循特定游戏规则借助一定工具而使财物发生转移的过程中,参赌者体验的是强烈的精神刺激,赢时的兴奋和输时的沮丧感受都十分明显,因此赌博所引起的消费行为也应属于文化消费。

宋代文化消费的媒介,指货币或某些实物。

宋代文化消费的手段,指市场交换,即进行文化消费的方式是消费品必须通过市场进行自由交换,如不通过市场,而以行政的手段(强买、强卖或者上贡等)进行的消费不在研究之列。

文化消费的目的,主要为满足精神上和心理上的需要,是一种相对较高级的消费形式,它一般是在满足基本生活需要之后的更高要求。但要注意的是,其实吃穿住用行中的很多物质性消费背后也体现了一种文化性，如吃不仅要吃饱还要吃好，其中的文化元素逐渐显现，从而形成饮食文化，但因其客体为物质，其文化是在物质基础上的延伸，故这种文化属于广义上的文化，是消费文化的范畴。因此也不在研究之列。

（二）研究框架

本书以文化消费的内容为线索，文化消费的主体（具体消费者）为切入点，从经济和社会史的视角，着眼于消费过程，钩稽史料，探索宋代的文化消费状况、特点及影响等问题。全书主要包括七个部分：

绪论首先对文化消费的内涵及相关理论进行概述；其次因为文化消费内容庞杂，书的内容和结构是关键，故对研究对象进行了界定，对研究框架作了简单说明。第一章回顾和总结了宋以前的文化消费情况，以期在对比中对宋代文化消费的变化有更深入的理解。第二至五章是以文化消费的具体内容作为线索进行论述的，分别对宋代的休闲娱乐消费、宗教信仰消费、文化教育消费以及艺术品消费四大类逐一进行专题性质的研究，概括消费内容、分析消费群体、探求具体支出情况及总结消费特点等。第六章是在前文基础上的总结与深化，探讨了宋代文化消费与经济社会发展之间的互动关系，认为经济社会发展奠定了文化消费基础；文化消费则推动了经济社会加速发展，表现在文化消费促进生产发展、助推行业分工、优化消费结构和推进社会流动。第七章进一步挖掘了宋代文化消费的当代价值和意义。

第一章
宋前文化消费概述

从广义上讲，文化消费活动应伴随着人类消费行为的产生而产生，并随着人类消费行为的发展而发展。但若从狭义的文化内涵理解，精神文化类的消费活动不仅要求是在商品经济的社会形态里，而且社会文化应发展至相当水平，文化消费水平与同时代的经济和文化发展水平相适应。在人类社会早期，主要是以物质消费为主，文化消费是零星且不成规模的，或只局限在某一方面，随着社会经济文化水平的提高，文化消费的种类逐渐增多，范围逐步扩大。这是由发展的规律决定的。考察宋代的文化消费发展情况，有必要对宋之前的文化消费情况作一历时性的梳理，了解其演进历程，才能更深入地认识宋代文化消费发展的特别之处，也有助于正确评价其发展水平和意义。

一、先秦时期

先秦时期是以自然经济为主的社会形态，生产力落后，物质生产不甚丰富。有限的精神文化生产和消费几乎完全被统治阶级所占有，与广大的人民基本无关。受时代生产水平所限，"唯有等到某种程度的物质条件能被满足,否则消费将被局限在基本或与文化无关的需求;只有在超越某个程度之上时,社会才能在所需的产品中,维持标志着消费文化意义的'文化'选择"①。尽管如此,春秋战国时期仍是中国古代闪耀的一个时代,不仅商品经济得到快速发展,文化上也形成了百花齐放、百家争鸣的局面,出现了中国历史上第一个文化发展的高峰期。在此背景下,文化消费在社会生活的一些层面表现出来。最明显的体现在文化教育方面。春秋战国是中国古代文化教育发展史上的重要时期,原来的"学在官府"的教育垄断局面被打破,学术下移,私学兴起,普通百姓也有了受教育的机会,由此也开启了中国最早的文化教育消费市场。所谓私学是由私人主持、经营、管理的一种教育活动,而交纳一定的学费是进入门槛的必要条件,比如孔门弟子的"束脩"之礼就是给孔子教学交纳的学费;郑国邓析教人学讼的费用则可以是衣裤等物,"子产治郑,邓析务难之,与民之有狱者约:大狱一衣,小狱襦袴。民之献衣襦袴而学讼者,不可胜数"②。学费虽多以实物形式交纳,但已能看到当时文化教育消费之雏形。

春秋战国时期,礼乐文化打破了王室贵族专断的局面,出现下移,孔子所谓的"礼崩乐坏"就是对这种现象的描述。商周以来宗法制度之下礼制规定有严格的等级区分,像编钟、石磬等器乐,不同等级的贵族享用的质量和数量都有所不同,一般人更是无权使用。而至春秋战国已打破了音乐消费等级的禁区,所谓的"钟鸣鼎食"之家的阶层范围扩大,一般的贵族或有钱人也已进入高于自己身份的礼乐消费级别。同时,民间娱乐文化消费也有出现,如《战国策》记载:"临淄甚富而实,其民无不吹竽、鼓瑟、击筑、弹琴、斗鸡、走犬、六博、蹹鞠者。"③《列子》中则记载了一位技艺高超的民间艺人的表演征服了宋元,并因此获得了丰厚赏赐的事例:"宋有兰子者,以技干宋元。宋元召而使见。其技以双枝,长倍其身,

---

① Don Slater:《消费文化与现代性》,林佑圣、叶欣怡译,台湾弘智文化事业有限公司2003年版,第26页。
② 《吕氏春秋·离谓篇》,张双棣、张万彬、殷国光等译注,中华书局2007年版,第178页。
③ 刘向:《战国策》卷8《齐策第一》,上海古籍出版社1985年版,第337页。

属其胫,并趋并驰,弄七剑迭而跃之,五剑常在空中。元君大惊,立赐金帛。"①

先秦时期非常重视祭祀活动。《左传·成公十三年》说:"国之大事,在祀与戎",《礼记·祭义》中有"礼之五经,莫重于祭"。说明祭祀是国家的头等大事。先秦时期的祭祀活动主要包括祭天、祭社、祭祖等内容。祭祀活动十分频繁,据史料记载,殷人每旬必祭,每日必卜。祭礼礼仪烦琐且等级分明,祭品讲究,包括三牲、水酒、币帛、五谷、各种蔬菜和调味品等。祭器则有鼎、彝、尊、觚等礼器,祭祀时,还要有音乐歌舞伴奏。比如六乐中的《大武》,据《周礼·大司乐》说是用来"享先祖"的,即是天子用于祭祀先祖的大乐,要求是八佾,六十四人表演。总的来看,先秦时人重视祭祀等宗教活动与当时的生产力落后及精神文化匮乏有关。

尽管春秋战国时期出现了中国文化发展的小高峰,但就消费的视角而言,受限于社会整体的发展水平,文化消费只能是局部的、零星的。即便如此,仍具有进步意义,尤其是文化下移现象,使更多的人有了受教育的机会,思想观念进一步活跃开放,直接促使先秦诸子百家争鸣的文化繁荣现象出现。

二、秦汉时期

秦汉是中国封建社会大一统的政治经济体制全面确立的时期,"独尊儒术"政策虽然限制了文化的多样性发展,可将儒学与选官相结合,大大激励了文化教育的发展。最显著表现在私学得到了蓬勃发展,出现"学校如林,庠序盈门"的景象。② 私学的一个重要特点是费用自理,不仅日

---

① 《列子·说符篇》,叶蓓卿译注,中华书局2016年版,第259页。
② 范晔:《后汉书》卷40《班彪传》,中华书局1973年版,第1368页。

常生活开支需要自理，还须缴纳一定的学费。考察史料，由于各学子的家庭经济状况千差万别，他们的学费来源渠道也是多样的，主要方式有自我谋生、他人资助、借贷等。① 而与文化教育密切相关的许多活动也开始有市场化的趋势，比如产生了专门从事书籍买卖的图书市场——书肆。王充年轻时"常游洛阳市肆，阅所卖书"；刘梁"少孤贫，卖书于市以自资"；② 荀悦年少时也经常"至市间阅篇牍"③。书肆的兴盛说明图书市场至迟在东汉已经形成并具有一定规模，人们已能在书肆上看到或买到各种书籍。相应的文具市场也有了雏形，《北堂书钞》卷73有"刘祐买书具"条，记载的即是刘祐买笔墨书具之事；汉桓帝时李仲甫，"卖笔辽东市上，一笔三钱，有钱亦与笔，无钱亦与笔"④。

汉代休闲娱乐方面有了较大发展，休闲娱乐的种类增多，有歌舞、百戏、戏车、飞丸、跳剑、绳技、倒伎、吐火、弄丸、六博、缴蹄、斗鸡、走狗、走马、斗牛、斗猪、斗虎等多种娱乐内容。如《盐铁论》中记载的"戏弄蒲人杂妇，百兽马戏斗虎，唐锑追人，奇虫胡妲"⑤ 就是百戏杂技的内容。乐舞艺术也有较大发展，不仅产生了诸如李延年等著名音乐家和长袖舞等乐舞艺术样式，而且积累了大量乐舞技术和理论，对后世产生了深远影响。此时的乐舞艺术从宗庙祭祀和宫廷雅乐中逐渐下移，更多的人开始享用，尤其是贵族富商阶层竞相追逐，成为筵席上的重要活动。比如马融家"前授生徒，后列女乐"⑥。这从出土的有汉代乐舞宴饮景象的画像石中即可看出。值得注意的是，虽然西汉时已有私家蓄养女乐现象，但还很少，并没有形成风尚。到东汉时，随着地主庄园经济发展，豪

---

① 参见郭海燕：《汉代平民教育研究》，山东大学2011年博士学位论文。
② 分别见范晔：《后汉书》卷49《王充传》、卷80《刘梁传》，中华书局1973年版，第1629、2635页。
③ 李昉等：《太平御览》卷614《学部八》，中华书局1960年版，第2760页。
④ 欧阳询等撰，汪绍楹校：《艺文类聚》卷58《杂文部四·笔》引《列仙传》，上海古籍出版社1999年版，第1054页。
⑤ 桓宽：《盐铁论》卷6《散不足》，中华书局2015年版，第296页。
⑥ 范晔：《后汉书》卷60《马融传》，中华书局1973年版，第1972页。

强地主势力日盛，贵族地主贪求淫侈的人越来越多，私家蓄养女乐现象也更为普遍。翟麦玲通过对出土画像石的分析佐证了这一点，认为："西汉晚期虽然出现乐舞图，但是数量很少，而到了东汉以后，乐舞图则大量出现。"① 虽然两汉时期出现私家蓄养女乐现象，女乐人一定程度上具有了商品的性质，但这些人并不是自由之身，她们往往寄身于贵族或官僚之家，和主人形成一定的从属关系，具有奴婢性质。

汉代的厚葬之风十分突出，"丧葬逾制，奢丽过礼，竞相放效"②，"死以奢侈相高，虽无哀戚之心，而厚葬重币者则称以为孝，显名立于世，光荣著于俗，故黎民相慕效，至于发屋卖业"③。这种风气盛行，甚至"法令不能禁，礼义不能止"。相比贵族富商的经济承受能力，对于大部分老百姓来讲，如果强行追求厚葬，只能"殚财"，如崔寔父亲去世，崔寔"剽卖田宅，起冢茔，立碑颂。葬讫，资产竭尽，因穷困，以酤酿贩鬻为业"④。事实上，风气是风气，虽也存在像崔寔这样不顾实际的跟风者，但对于普通百姓来说，日常生计尚有问题，厚葬更无从谈起。有考古材料为证，1955 年在洛阳涧西区发掘了 70 座西汉后期至东汉后期的小型贫民墓。墓葬形制为土圹竖穴和洞室。葬具简陋，有陶棺、砖棺和石棺。随葬品贫乏，仅有少量陶器或几枚铜钱。⑤ 可见，在现实生活中，大部分人还是理性的，对于崔寔的不量力行为，"时人多以此讥之"⑥，但受礼仪习俗等文化因素的影响，这种为逝者大破钱财的行为或是寻求孝的美誉或是从精神上对逝者的安慰和补偿，相应地，这种消费也即属于文化类消费。

秦汉时期，人们在宗教信仰方面的消费占精神文化类消费的比重较

---

① 翟麦玲：《先秦两汉"女乐"考》，《史学月刊》2005 年第 3 期。
② 范晔：《后汉书》卷 78《宦者传》，中华书局 1973 年版，第 2530 页。
③ 桓宽：《盐铁论》卷 6《散不足》，中华书局 2015 年版，第 320 页。
④ 分别见范晔：《后汉书》卷 1《光武帝纪》、卷 52《崔骃传》，中华书局 1973 年版，第 51、1731 页。
⑤ 李如森：《汉代丧葬制度》，吉林大学出版社 1995 年版，第 211 页。
⑥ 范晔：《后汉书》卷 52《崔骃传》，中华书局 1973 年版，第 1731 页。

大，社会各阶层都热衷于各类祭祀活动，如《盐铁论》中记载："今富者祈名岳，望山川，椎牛击鼓，戏倡舞像。中者南居当路，水上云台，屠羊杀狗，鼓瑟吹笙。贫者鸡豕五芳，卫保散腊，倾盖社场。"① 祭祀的种类、形式增多，消费支出也随之增加，甚至出现"财尽于鬼神，产匮于祭祀"② 的现象，如桓帝时，"郡土多山川鬼怪，小人常破赀产以祈祷"③。

综观秦汉时期的文化消费，表现突出的，一是文化教育方面，私学的发展满足了部分平民百姓对文化教育消费的需要，这一方面是生产力进步的结果，主要是东汉造纸术的发明，使纸张不再是稀缺品，为文化发展提供了技术支持；另一方面是商品经济的发展，使笔墨纸砚等文化必用品在市场上可自由购得，大大便利了读书人。二是宗教信仰方面的消费普遍增多，这与秦汉时期祭祀之风盛兴有关，从祭祀对象增加即可看出，史载："汉制：天地以下，群臣所祭凡一千五百四十。新益为万五千四十。"④ 总的来看，秦汉时期尽管下层人民也开始有文化消费现象，但相较而言，从更广泛的文化消费意义来说，文化产品或服务仍是权贵富人阶层的专享，他们"目极角抵之观，耳穷郑卫之声"⑤，"竭四海之妙珍兮，尽生人之秘玩"⑥。且对此并不能估计过高，即便是权贵阶层，他们仍以衣食住行等物质上的奢侈享受为追逐目标，如王符曾如此评论："今京师贵戚，衣服、饮食、车舆、文饰、庐舍，皆过王制，僭上甚矣。"⑦ 对于大多数平民百姓，首要是生存问题，文化类消费甚少。

---

① 桓宽：《盐铁论》卷6《散不足》，中华书局2015年版，第308页。
② 应昭撰，王利器校注：《风俗通义校注·怪神》，中华书局1981年版，第401页。
③ 范晔：《后汉书》卷57《栾巴传》，中华书局1973年版，第1841页。
④ 卫宏撰，孙星衍辑：《汉旧仪补遗》卷下，中华书局1990年版，第97页。
⑤ 范晔：《后汉书》卷49《仲长统传》，中华书局1973年版，第1647页。
⑥ 范晔：《后汉书》卷80《文苑传》，中华书局1973年版，第2641页。
⑦ 王符著，汪继培笺，彭铎校正：《潜夫论笺校正》卷3《浮侈》，中华书局1985年版，第130页。

三、魏晋南北朝时期

魏晋南北朝是中国古代最黑暗动荡的时期，长期处于分裂割据状态，政权交替频繁，人民生活困苦。而在消费领域，统治阶层的奢侈性消费却在这一时期表现得尤为突出。对此，刘爱文《六代豪华——魏晋南北朝奢侈消费研究》（香港励志出版社1995年版）和罗萍《两晋南朝门阀士族的奢侈性消费及其影响》（郑州大学2003年硕士学位论文）等已有充分研究，这种奢侈性消费集中体现在门阀士族吃、穿、住、用诸方面，而这种过度奢靡的消费方式是当时社会畸形发展的表现，也是门阀士族高度发展时期在政治经济上享有的特权在生活中的表现，与当时的社会生产力水平并不相适应。

与物质领域的奢侈性消费相呼应的是，门阀士族在精神文化领域的消费也是穷奢极欲，典型地表现在休闲娱乐方面。刘爱文就此有过专门研究，从筵宴酗酒、观赏表演艺术、游览与狩猎、弈棋与赌博、游戏与玩具的观赏、赛牛与斗鸡及驯养宠物、沉湎夜生活等方面展示了魏晋南北朝时期上层社会的奢靡无度。[①] 相比正常的精神文化消费需求，这一时期的休闲娱乐显示出纵欲的特点，从社会意义来看，具有消极性。如赌博，已经不仅是寻求放松的一种方式，更成为破坏礼教、败坏风气的推手，如桓温少时嗜赌，资产俱净，后来请高手袁耽代博，袁正守孝，但欣然应允而往，毫无责难之色。开赌时"十万一掷，直上百万。耽投马绝叫"[②]，旁若无人。袁在守孝期参与赌博而没有一丝顾虑，毫无廉耻感。这在魏晋南北朝时是常见的现象，从统治阶层到一般吏将，层层聚赌，且赌资巨大，在这种娱乐中弄得倾家荡产的不乏其人，如殷睿，"素好樗蒲"，输掉自己的家产之外，还"滥夺其妻妹及伯母两姑之分以还戏责"。[③]

---

① 刘爱文：《论魏晋南北朝大地主集团的休闲娱乐消费》，《邵阳学院学报》2005年第1期。
② 房玄龄：《晋书》卷83《袁瑰传》，中华书局1974年版，第2170页。
③ 沈约：《宋书》卷58《谢弘微传》，中华书局1974年版，第1593页。

同样地，在表演艺术领域，为寻求欢心，上层社会也极尽奢侈之能事，梁臣贺琛曾指出："歌谣之具，必俟千金之资。所费事等丘山，为欢止在俄顷"[①]，并痛斥了这种奢华之风。这一时期的演艺活动，多依靠自身雄厚的财力组建家庭表演艺术团体，成员以女性为主，表演器乐、歌舞以及杂技、魔术等，专为主人服务。如沈庆之家有"妓妾数十人，并美容工艺"；杜幼文家有"女伎数十人，丝竹昼夜不绝"；[②] 王椿家有"僮仆千余，园宅华广，声伎自适，无乏于时"。值得注意的是，这一时期的伎艺人与主人之间存在严重的人身依附，具有奴婢性质，因是主人的私有财产而没有人身自由。主人掌握着生杀予夺大权，她们常常被主人当作物品来随意处置，或赠送，甚至伤害。如卢宗道"尝于晋阳置酒，宾游满座，中书舍人马士达目其弹筝篌女妓，云手甚纤素，宗道即遗之"。高聪临死前令家里妓妾"烧指吞碳，出家为尼"。虽然魏晋南北朝时期的歌舞伎艺人多属私人性质的，但此时也开始出现一些具有一定人身自由而以卖艺为生的人。如祖珽"自解弹琵琶，能为新曲，招城市年少，歌舞为娱，游集诸倡家，与陈元康、穆子容、任胄、元士亮等为声色之游"。[③] 这里的"倡家"很可能就是以卖艺为生者，具有一定的人身自由。类似的还有"舞堂"，据考证，这种"倡家"、"舞堂"的卖艺组织为数不多，且受众多为士族群体。[④]

在文化教育方面，魏晋南北朝时期因政局动荡，官学兴废无常而私学却相对繁荣起来。不仅教学内容丰富，包含有儒、佛、道、玄、文、史、艺术、科技等各项内容，而且求学的人众多，一个老师往往能带出数

---

① 姚思廉：《梁书》卷38《贺琛传》，中华书局1973年版，第544页。
② 分别见沈约：《宋书》卷77《沈庆之传》、卷65《杜骥附杜幼文传》，中华书局1974年版，第2003、1722页。
③ 分别见李延寿：《北史》卷92《王叡附王椿传》、卷30《卢观附卢宗道传》、卷40《高聪传》、卷47《祖莹附祖珽传》，中华书局1974年版，第3020、1094、1479、1736页。
④ 参见刘爱文：《魏晋南北朝士家豪族的表演艺术消费》，《邵阳师范高等专科学校学报》2000年第6期。

千生徒，如西晋刘兆"从受业者数千人"，宋纤"弟子受业三千余人"①，北朝包恺"聚徒教授者数千人"，马光"初教授瀛、博间，门徒千数"②。当然，私学是典型的文化消费内容，必须交纳一定的学费。至于学费多少，则没有定数，甚至还有因特殊情况免除的，如魏时郗原幼年丧父，家贫，无钱读书，每过书舍就非常伤心，老师发现后，问他"欲书可耳"，"答曰：'无钱资。'师曰：'童子苟有志，我徒相教，不求资也。'于是遂就书"③。与私学的繁荣相似，这一时期的私家藏书异军突起，表现在藏书家人数众多，藏书量前所未有，藏书活动内容丰富，学术成果异彩纷呈，逐渐形成了私家藏书文化。④而更具有经济意义的是这些藏书其中很多是从市场购买所得，如魏时的"著作佐郎王遵业买书于市"⑤。南朝时王锋曾"遣人于市里街巷买图籍"，一些所谓"异书"，也"期月之间，殆将备矣"。⑥可见，当时书市应是较繁荣的。而且此时的佣书业已形成一个行业，专门有一个群体以抄书为职业作为谋生手段。如魏时崔亮"居家贫，佣书自业"。崔光"随父徙代。家贫好学，昼耕夜诵，佣书以养父母"。⑦刘宋时的余齐民"少有孝行，佣书以养"⑧。从文献记载看，佣书者不仅较易找到雇主，而且收入不菲。《魏书》记载刘芳："常为诸僧佣写经论，笔迹称善，卷直以一缣，岁中能入百余匹，如此数十年，赖以颇振。"⑨《云笈七签》卷107《纪传部·华阳隐居先生本起录》记载：刘宋陶贞宝，"家贫，以写经为业，一纸直价四十"。佣书业的形成无疑极大地促进了书籍的流通和文化教育的发展，这是魏晋南北朝时期文化教育

---

① 分别见房玄龄：《晋书》卷91《刘兆传》、卷94《宋纤传》，中华书局1974年版，第2349—2350、2453页。
② 李延寿：《北史》卷82《包恺传》《马光传》，中华书局1974年版，第2760、2761页。
③ 陈寿：《三国志》卷11《魏书·郗原传》，中华书局1959年版，第351页。
④ 陈德弟：《魏晋南北朝私家藏书兴盛原因初探》，《古籍整理研究学刊》2006年第1期。
⑤ 魏收：《魏书》卷24《崔玄伯传》，中华书局1974年版，第624页。
⑥ 李延寿：《南史》卷43《江夏王锋传》，中华书局1975年版，第1088页。
⑦ 分别见魏收：《魏书》卷66《崔亮传》《崔光传》，中华书局1974年版，第1476、1487页。
⑧ 于成龙等：《江南通志》卷158《人物志》，文渊阁四库全书影印本。
⑨ 魏收：《魏书》卷55《刘芳传》，中华书局1974年版，第1219页。

领域较为突出的现象,但随着唐时雕版印刷术的发明而逐渐衰落。

在婚丧嫁娶方面,魏晋南北朝时期,普遍奢侈,甚至出现成一婚而至倾家荡产的现象,如西南蜀国,"时俗奢侈,货殖之家,侯服玉食,婚姻葬送,倾家竭产"①。民间的这种不正常现象,引起统治者注意,北魏孝文帝时曾诏曰:"婚娉过礼,则嫁娶有失时之弊;厚葬送终,则生者有靡费之苦。……乃者,民渐奢尚,婚葬越轨,致贫富相高,贵贱无别。"②但数纸诏书难以改变这种奢侈风尚,在整个畸形消费的大背景下,这种奢靡现象只能加剧社会的动荡,促使其走向毁灭。

魏晋南北朝时期由于长期的战乱,灾难频仍,人们纷纷从宗教中寻找精神慰藉,使此时的宗教空前兴盛,不仅一大批统治者崇尚佛道,而且扩展至社会各阶层,可以说是"家家斋戒,人人忏礼,不务农桑,空谈彼岸"③。佛寺与佛塔被广为兴建,从著名的"南朝四百八十寺"的诗句中可见一斑,而这不是诗人的夸张,据《南史》记载:"都下佛寺五百余所,穷极宏丽。"④同时,信徒们在宗教消费方面也是空前的,主要表现在建塔寺、造像、举行斋会、炼丹药等方面。如《洛阳伽蓝记·序》记述了当时人们争相崇佛建寺的盛况,以至"笃信弥繁,法教愈盛。王侯贵臣,弃象马如脱屣,庶士豪家,舍资财若遗迹"⑤。斋会是宗教消费中极为重要的一项,许多官僚贵族都热衷于此。如刘义庆,"受任历藩,无浮淫之过,唯晚节奉养沙门,颇多费损"⑥。炼丹药在魏晋成为风尚,如嵇康"常修养性服食之事"⑦;张孝秀"服寒石散,盛冬能卧于石"⑧;拓跋珪"置仙人博士,

---

① 陈寿:《三国志》卷39《蜀书·董和传》,中华书局1959年版,第979页。
② 魏收:《魏书》卷7《高祖纪》,中华书局1974年版,第145页。
③ 李延寿:《南史》70《循吏传》,中华书局1975年版,第1720页。
④ 李延寿:《南史》70《循吏传》,中华书局1975年版,第1721页。
⑤ 杨衒之撰,周祖谟校释:《洛阳伽蓝记校释》,中华书局2010年版,第22页。
⑥ 沈约:《宋书》卷51《宗室传》,中华书局1974年版,第1477页。
⑦ 房玄龄:《晋书》卷49《嵇康传》,中华书局1974年版,第1369页。
⑧ 姚思廉:《梁书》卷51《张孝秀传》,中华书局1973年版,第752页。

立仙坊,煮炼百药"[1];拓跋嗣"服寒石散,频年药发"[2]。可以发现,魏晋南北朝时期宗教发展最显著的特点是贵族化,贵族们以宗教的名义巧取豪夺,不仅极大地消耗了社会财富,也促使社会矛盾激化。"诱于利欲"的宗教消费导致寺庙向城市集中。但对其过度发展批判的同时,我们还应看到魏晋南北朝的宗教消费一定程度上促进了艺术的发展。[3]

魏晋南北朝时期在艺术方面颇有成就,出现了一批精通琴棋书画的名士,包括像王羲之、王献之这样的在中国书法史上具有里程碑意义的书法家。著名美学家宗白华如此评价,这一时期"是中国政治上最混乱、社会上最苦痛的时代,然而却是精神上极自由、极解放,最富于智慧、最浓于热情的一个时代。因此也就是最富于艺术精神的时代"[4]。艺术发展的标志之一是艺术品走向市场化,其中突出表现在书画艺术品收藏方面,时人对名人字画趋之若鹜,虞龢在《论书表》中多有论述,如"卢循素善尺牍,尤珍名法,西南豪士,咸慕其风,人无长幼,翕然尚之,家赢金币,竞远寻求"。新渝惠侯大量购求书画,"悬金招买,不计贵贱"。尤其还记载了一件王羲之帮一老妪在扇面上写字促销的趣事,原来一件20钱的扇面经王的品题,马上升值为百钱,而且,"入市,市人竞市去",极为畅销。[5]购求书画的例子还有很多,足见此时的书画市场已见雏形。

综观魏晋南北朝时期文化消费,在休闲娱乐、婚丧礼俗及宗教信仰方面,奢侈性是突出特点,而消费群体多是上层门阀士族,在政治特权的庇佑下,经济来源相对有保障,使其在生活上的奢靡成为常态,贵族士族在这种消费中显示出身份的尊贵,互相的攀比更促使其走向畸形,也加剧了社会的动荡。在以批判视角看待这种超出正常需求的消费时,还要看到

---

[1] 魏收:《魏书》卷114《释老志》,中华书局1974年版,第3049页。
[2] 司马光:《资治通鉴》卷119"宋武帝太初三年"条,中华书局1956年版,第3745页。
[3] 参见刘爱文:《论魏晋南北朝时期的宗教消费》,《邵阳师范高等专科学校学报》1999年第3期。
[4] 宗白华:《论〈世说新语〉和晋人的美》,《宗白华全集》(二),安徽教育出版社1994年版,第267页。
[5] 虞龢:《论书表》,《历代书法论文选》,上海书画出版社1979年版,第50、50、53页。

其在文化教育和艺术品领域所具有的进步意义。私学的快速发展不仅弥补了官学的缺失，而且提高了下层人士的文化素质，为寒门摆脱阶级禁锢、争取到向上流动的机会奠定了文化和社会基础。而书画艺术品市场的初步形成，说明书画鉴赏与收藏已成为魏晋名士重要的精神活动，为其独特历史性格的形成增添了内涵。

四、隋唐时期

隋唐时期，结束分裂走向了统一，在政治、经济、社会、文化等诸领域均有大的发展，尤其是唐的繁华达到了中国古代的又一高峰，甚至引领世界潮流。在此背景下，文化消费作为一个社会经济文化发展水平的重要衡量指标，也有全面的展开。本书从宏观上择要述之。

在文化教育领域，最具有变革意义的是科举制度的确立，打破了自汉末以来门阀士族一统天下的格局，寒族有了公平仕进的机会，门阀的衰弱和科举制的兴起，使社会结构发生了变化，也深刻地影响了社会的整体运行机制。从消费视角来看，在求学教育方面的支出大大增加。最突出表现在求学群体急剧扩大，以求取功名为目的，世人不分士庶，皓首穷经，试图通过读书来改变命运。社会上崇尚读书之风深厚，甚至"五尺童子，耻不言文墨"。[①] 在求学途径上，除了完备的官学体系，私学也发展迅速，包括家学、私塾、乡学、巷学、社学、寺学、村学、书院等。当然，不管哪一种形式，交纳一定学费是必需的。如刘焯与刘炫二人在除官后，"专以教授著述为务，孜孜不倦"，"天下名儒后进，质疑受业，不远千里而至者，不可胜数。论者以为数百年已来，博学通儒，无能出其右者。然怀抱不旷，又啬于财，不行束脩者，未尝有所教诲，时人以此少

---

① 杜佑：《通典》卷15《选举三》，中华书局1988年版，第358页。

之"。① 再如中唐宋若莘、宋若昭所著《女论语》里载:"大抵人家,皆有男女……男入书堂,请延师傅。习学礼仪,吟诗作赋。尊敬师儒,束脩洒脯。"② 相比私学,官学的学费更高一些,且有具体规定,如唐时规定:"初入学,皆行束脩之礼礼于师,国子、太学各绢三疋,四门学绢二疋,俊士及律、书、算学、州县各绢一疋,皆有酒脯。其束脩三分入博士,二分助教。"③ 后唐时规定:"当监旧例,初补监生,有束脩钱二千,及第后光学钱一千。"④ 这些是日常教育中常年需要支出的费用。而参加科考从备考到登第后还需要一系列的费用,对此,已有专门研究⑤,不再赘述。与教育密切相关的私家藏书活动也值得一提,唐代藏书家多以达官贵族为主,且很多出自藏书世家,像李承依、李泌、李繁相继三代藏书,李廓、李栻、李磝、李沈四代藏书,张嘉贞、张延赏、张弘靖、张文观、张彦远则是"三世宰相、五世藏书"。而且,与前代相比还有一个突出特点是收藏数量明显增多,有许多人的藏书量都在万卷以上。吴兢有 1.3 万卷,蒋晓有 1.5 万卷,韦述、苏弁、李承依各有 2 万卷,李泌则达 3 万余卷等。⑥ 藏书的来源途径主要是从市场购买而来,如杜暹在其藏书里专门题跋"请俸买来手自校,子孙读之知圣教,鬻及借人为不孝"⑦,明确指出其藏书是用俸禄购得,且异常珍视,不允许子孙借给外人。

在休闲娱乐方面,因为唐时国力强盛,人民相对富足,在满足基本物质需求后,精神享受也成为追逐的重要内容。休闲娱乐的形式多样,蹴鞠、马球、斗鸡、百戏、戏绳、樗蒲等游乐活动已成为大众生活的组成部分。如博弈包括六博、双陆、长行、叶子戏等不同内容,时人痴迷于此,

---

① 魏徵:《隋书》卷 75《刘焯传》,中华书局 1973 年版,第 1719 页。
② 郭淑新编著:《女四书·女论语》,中国人民大学出版社 2016 年版,第 62 页。
③ 马端临:《文献通考》卷 41《学校考二·太学》,中华书局 2011 年版,第 1209 页。
④ 陈尚君辑校:《全唐文补编》卷 126《监司出给光学文抄奏》,中华书局 2005 年版,第 1555 页。
⑤ 参见张洁:《唐代城市消费经济研究》,上海师范大学 2006 年硕士学位论文。
⑥ 范凤书、张德新:《唐、五代私家藏书述略》,《图书馆理论与实践》2002 年第 1 期。
⑦ 王辟之:《渑水燕谈录》卷 6,中华书局 1981 年版,第 71 页。

据《唐国史补》记载："王公大人，颇或耽玩，至有废庆吊、忘寝休、辍饮食者。……有通宵而战者，有破产而输者。"① 唐代的体育活动尤以击球运动最为流行，有的人达到迷恋的程度，如杨浞喜欢击球运动，甚至晚上也会进行，不惜在球场上"燃十围之烛以击球，一烛费钱数万"②。百戏深受唐代市民的喜欢，且多是有偿演出，如有一陈姓豪民，"每年五月，值生辰，颇有破费，召僧道启斋筵，伶伦百戏毕备，斋罢，伶伦赠钱数万"③。这些娱乐项目在节日期间表现得尤为充分。在唐代，政府承认的正式节日假期就达 47 天之多，比较重要的岁时节日有元日、上巳节、中秋节、重阳节、除夕等，皇帝的诞节、中和节、降圣节、佛诞节是唐朝新创置的节日，再加之纪念性节日有寒食、清明、端午、乞巧节等，节日种类繁多。④ 人们在节日中尽情享受欢乐，而这种参与与消费紧密相关。隋时已有大臣就节日狂欢带来的危害专门上奏禁绝之：开皇三年（583），"或见近代以来，都邑百姓每至正月十五日，作角抵之戏，递相夸竞，至于糜费财力，上奏请禁绝之"，在具体描述时又专门强调这种活动"竭赀破产"⑤，可见，精神的享乐必须由一定的经济基础作为支撑。这在旅游活动中更为显现。据学者研究，唐时旅游主体是各级官宦和名人组成的中上层人士⑥，他们有钱有闲，甚至有些官员在重要节日还专门享有政府发放的旅游经费，如"其正月晦日、三月三日、九月九日三节日，宜任文武百僚选胜地追赏为乐。每节宰相及常参官共赐钱五百贯文，翰林学士一百贯文，左右神威、神策等军每厢共赐钱五百贯文，金吾、英武、威远诸卫将军共赐钱二百贯文，客省奏事共赐钱一百贯文，季度支每节前五日支付，永为常式"⑦。平常的休假也"例得寻胜地燕乐，谓之旬假，每月有

---

① 李肇：《唐国史补》卷下。
② 司马光：《资治通鉴》卷 266 "开平元年正月"条，中华书局 1956 年版，第 8667 页。
③ 李昉等：《太平广记》卷 257 "陈癫子"条，中华书局 1961 年版，第 2006 页。
④ 吴晓亮：《从城市生活变化看唐宋社会的消费变迁》，《中国经济史研究》2005 年第 4 期。
⑤ 魏徵：《隋书》卷 62《柳彧传》，中华书局 1973 年版，第 1484 页。
⑥ 刘勋、龚胜生、白月华：《唐代旅游资源结构与分布研究》，《旅游科学》2011 年第 5 期。
⑦ 刘昫：《旧唐书》卷 13《德宗纪》，中华书局 1975 年版，第 366 页。

之。……有司供设，或径赐金钱给费"①。而另一项花费不菲的是色情消费。在唐代，由于城市的发展，人口向大城市集中，加之商品经济的繁荣，使得娼妓业"存在巨大的消费市场"，十分兴盛。② 与前代不同的是，在官妓、家妓之外，出现了营业性质的娼妓，娼妓的人身依附关系逐渐弱化，更具有了商品性质。巴冰冰通过对《北里志》的研究，认为到唐代中后期，独立经营、自负盈亏、为社会群体提供宴饮及侍寝服务的市井妓女已活跃于历史舞台，并逐渐组织化、结构化、系统化，进而发展成一门行业。其消费群体大多是官吏、进士举子、富商等有一定资财的人群。③ 而狎客需要支付的费用是相当昂贵的，如冯垂为了见宣城名妓史凤，"罄囊有铜钱三十万，尽纳"④。河东薛迥与其徒十人于洛阳狎妓，"留连数夕，各赏钱十千"。《李娃传》中郑生沉迷于倡女李娃，"日会倡优侪类，狎戏游宴，囊中尽空。乃鬻骏乘及其家童。岁余，资财仆马荡然"。⑤ 储光羲在《长安道》一诗中曰："鸣鞭过酒肆，袨服游倡门。百万一时尽，含情无片言。"⑥ 虽说"百万"是概数，但也反映出狎妓费用的昂贵，普通百姓是承受不起的。

隋唐时宗教全面发展，信徒遍及各个阶层，相比前代，宗教逐渐走向了世俗化和大众化。因为经济的发展，人们在宗教领域的消费也达到了高峰。学者对此已有关注，认为："宗教消费是隋唐社会生活中一项独特的重大消费，兴建寺观、开窟造像、法会斋醮、炼丹服食以及僧道衣食等，靡费无度。"⑦ 虽然宗教活动已开始渗入百姓的日常生活，但从奢靡性

---

① 胡震亨：《唐音癸签》卷27《谈丛三》，上海古籍出版社1981年版。
② 宁欣：《唐代妇女的社会经济活动——以〈太平广记〉为中心》，邓小南主编：《唐宋女性与社会》上，上海辞书出版社2003年版。
③ 参见巴冰冰：《从〈北里志〉看唐代的市井妓业》，首都师范大学2007年硕士学位论文。
④ 冯贽：《云仙杂记》卷15《迷香洞》，丛书集成初编本，中华书局1985年版，第6页。
⑤ 分别见李昉等：《太平广记》卷450"薛迥"条、卷484"李娃"条，中华书局1961年版，第3375、3985页。
⑥ 储光羲：《长安道》，《全唐诗》卷139，中华书局1960年版，第1418页。
⑦ 介永强：《论隋唐时期的宗教消费》，《思想战线》2008年第4期。

来讲，其还是统治者权贵们的专属，如在建寺方面，隋唐时广为兴建[①]，建造费用"大则费耗百十万，小则尚用三五万余，略计都用资财，动至千万以上"[②]。其中一些即是由权贵们出资兴建的，如安乐公主修安乐寺，"用钱数百万"[③]；宰相王缙与杜鸿渐更是"舍财造寺无限极"[④]。在佛事上也用钱无度，如唐宪宗时迎奉法门寺佛骨舍利，"王公士民瞻奉舍施，惟恐弗及，有竭产充施者"[⑤]。"竭产充施者"虽有夸张，但反映出普通百姓在佛事上也是尽力而为，如唐京城坊曲有迎真身社，"居人长幼旬出一钱"，积少成多，"计其资积无限"。[⑥]道教作为中国的本土宗教，隋唐时有长足发展，尤其在炼制丹药以求长生上颇费财资，如武则天让洪州僧胡超合炼长生药，"三年而成，所费巨万"[⑦]；开元中，唐若山在润州炼制丹药，"家财迨尽，俸禄所入，未尝有余。金石所费，不知纪极，晚岁尤笃志焉"[⑧]。总之，在统治者的引领和广大百姓的积极参与下，隋唐时的宗教得到广泛传播，更多的人参与进来，促进了宗教的发展。

唐代的书画艺术取得了非凡的成就，不仅名家辈出，为世人留下一大批经典杰作，而且真正意义的书画市场开始形成，并具有一定规模。肖鑫从书画买卖供求群体的扩展、赝品获利的广泛存在两个方面分析了这一时期书画商品化特点，认为书画市场竞争激烈，且书画商大量涌现，书画买卖形式和场所日益多样化。而且，他还收集了行价资料，分析了影响行价的原因。[⑨]由于该文对此已有充分论述，本书不再赘述，但需要强调的一点

[①] 据学者统计，"隋代二君37年，全国共有佛教寺院3985所。有唐一代，太宗时有寺3716所，高宗时有寺4000余所，玄宗时有寺5358所，武宗时毁寺4600所，这还不算民间大大小小的招提、兰若"（参见介永强：《论隋唐时期的宗教消费》，《思想战线》2008年第4期）。

[②] 刘昫：《旧唐书》卷88《韦嗣立传》，中华书局1975年版，第2870页。

[③] 张鷟：《朝野佥载》卷1，中华书局1979年版，第10页。

[④] 刘昫：《旧唐书》卷118《王缙传》，中华书局1975年版，第3417页。

[⑤] 司马光：《资治通鉴》卷240"唐宪宗元和十四年"条，中华书局1956年版，第7758页。

[⑥] 康骈：《剧谈录》卷下《真身》，《唐五代笔记小说大观》，上海古籍出版社2000年版，第1496页。

[⑦] 司马光：《资治通鉴》卷206"则天后久视元年"条，中华书局1956年版，第6546页。

[⑧] 李昉等：《太平广记》卷27"唐若山"条，中华书局1961年版，第176页。

[⑨] 参见肖鑫：《唐宋时期的书画买卖和市场初探》，首都师范大学2003年硕士学位论文。

是，该文是从唐宋一个长时段的角度整体论述的，但就唐代来讲，其特点分析还不够明晰。仔细剖析，唐时书画市场上参与的群体确实扩大了很多，但仍是以有相当经济实力的权贵和富人群体为主，如户部尚书钟绍京好书画，"不惜大费，破产求书"[①]；历仕宰相王涯，好书画，"以厚货致之"[②]；张彦远"家代好尚，所聚书画可侔秘府"[③]。书画消费的奢侈与高端性，决定了其必然是上层人士的消费选择，一般百姓消费不起。

  综观隋唐时的文化消费，其突出特点是逐渐打破了以权贵统治阶层为主的消费格局，大众化和世俗性在众多领域已有展现。特别是科举制的兴起与发展，使得受教育群体迅速扩大并开始走向普及，寒门子弟有了上升的途径，促使门阀士族加速没落。而唐帝国繁荣昌盛的重要表现之一是民众精神上轻松自在、乐于享受生活，这在文化娱乐方面表现充分，不仅玩乐的种类增多，参与群体也有扩大，普通百姓在各种节日中享受生活的美好。在宗教消费方面，还是以权贵和富人阶层作为主导力量，但其世俗性的一面不容忽视。以书画为主的艺术品市场在唐时形成相当规模，一些商品性因素的出现标志着艺术品市场的繁荣，鉴于书画艺术品市场属于高层次的精神消费，其消费群体仍主要是有经济实力作为支撑的富贵阶层。尽管如此，唐时在艺术领域的贡献是巨大的，深刻地影响了后世，一大批书画名家流芳百世，一批珍贵的作品也成为后世追捧的对象，其开创的文化盛世不自觉地熏陶了国人，丰富了国人的文化基因，也为宋人再创文化高峰打下了坚实的基础。

  综上所述，宋代以前的社会文化消费呈现出如下特点：一是消费的水平与社会生产力发展水平紧密相关。生产力水平高，文化消费水平则提升，反之，则衰弱。二是由于与社会发展速度相关，宋代以前社会文化消费呈现波段形（波浪向上形态）特征，也就是说，从总体趋势来看，是向前发展的，但由于各个朝代发展水平的不均衡出现不同的峰谷状态，具体

---

① 张怀瓘：《书估》，《法书要录》，上海书画出版社1986年版，第112页。
② 刘昫：《旧唐书》卷169《王涯传》，中华书局1988年版，第4405页。
③ 张彦远：《历代名画记》卷1《叙画之兴废》，人民美术出版社1964年版，第8页。

说来，先秦和魏晋南北朝时期处在相对谷地，秦汉和隋唐处于相对峰地。三是尽管随着生产力的发展，文化消费水平有所提升，但不能估计过高，绝大多数文化消费类型及大部分时间仍仅限于达官贵族、富商大贾中上阶层，下层人民以维持生存的物质消费为主，与大多具有奢侈性的精神娱乐消费活动无缘。

第二章
宋代休闲娱乐消费

一、宋代休闲娱乐消费的主要内容

宋代是一个休闲娱乐活动大发展的时期，不仅产生了许多新的娱乐方式，参与的人也大大增加，扩展至社会的各阶层，而且许多娱乐项目商业化气息越来越浓，人们在娱乐消费中体会休闲的快乐。本书择要述之。

（一）歌舞百戏消费

歌舞百戏是在舞榭戏台上表演的所有伎艺的总称。宋代歌舞百戏从种类和内容上都有极大丰富，粗略统计《东京梦华录》《都城纪胜》《梦梁录》《武林旧事》诸书所记载，其种类就达100种左右。根据表演形式的不同，可分成说唱、戏剧、舞蹈和杂耍4大类（见下表）：

表2—1 宋代歌舞百戏之内容

类型	子类	具体内容
说唱	说话类	小说、讲史、说铁骑儿、说经（参请、浑经）、说浑话、背商谜、学乡谈、学像生、说药等
	演唱类	诸宫调、唱赚、覆赚、弹唱因缘、唱京词、唱耍令、叫果子、唱《拔不断》、小唱、吟叫、嘌唱、陶真、涯词、合生等

续表

类型	子类	具体内容
戏剧	正戏	正杂剧、院本杂剧、南戏、北杂剧等
	傀儡戏	悬丝傀儡、杖头傀儡、法傀儡、水傀儡、肉傀儡等
	影戏	手影戏、乔影戏等
舞蹈		装神鬼、砑刀、舞蛮牌、抱罗、哑杂剧、舞旋、舞䓨乐、耍大头、舞剑、扑旗子、讶鼓、车船舞、狮舞等
杂耍	杂技	上索、踏索、踢瓶、踢碗、顶撞、举重、弄椀、弄斗、花鼓槌、壁上睡、虚空挂香炉、踢跷、打交辊、乔相扑等
	魔术	吃针、藏针、藏人、烧烟火、放爆竹、火戏儿、水戏儿等
	兽戏	教虫蚁、教走兽、弄熊、猴呈百戏等

表2—1所列并非宋代歌舞百戏等伎艺的全部内容，但仅此而论，也是宋之前社会所望尘莫及的。其中的很多种类是在继承前代基础上有所创新，或是至宋代才出现的新的艺术形式，正如清人宋翔凤所论"汴京繁庶，歌台舞席，竞赌新声"[1]。可谓"新声"辈出，如诸宫调、叫果子、手影戏、乔影戏、杂剧等都是诞生于宋的新的艺术形式。试举几例。说唱类诸宫调是在原宫调基础上发展起来的一种比较高级的说唱艺术。据《都城纪胜》记载："诸宫调本京师孔三传编撰传奇、灵怪入曲说唱。"[2]该书对南宋诸宫调的演出内容、所用乐器都作了详细介绍。《武林旧事》还记录了演出诸宫调的著名艺人的名字。诸宫调深受宋人欢迎。又如叫果子，它是受宋代城市经济发展影响而产生的一种说唱伎艺。《事物纪原》上说："市井初有叫果子之戏，其本盖至和嘉祐之间，叫紫苏丸泊乐工杜人经十叫子始也。京师凡卖一物，必有声韵，其吟哦俱不同。故市人采其声调，间以词章，以为戏乐也。今盛行于世，又谓之吟叫也。"[3]这些异调新声的加入，使宋人娱乐生活更加丰富多彩。由于本书重点关注消费方面的内容，对歌舞百戏等伎艺的具体表现形式不再一一阐述。

---

[1] 宋翔凤：《乐府余论》,《词话丛编》第3册，中华书局1986年版，第2499页。
[2] 耐得翁：《都城纪胜·瓦舍众伎》，上海古籍出版社1993年版，第8页。
[3] 高承：《事物纪原》卷96，中华书局1989年版，第493页。

(二) 旅游消费

旅游是旅行与观光游览及休闲娱乐活动相结合的行为过程，常常集食、住、行、游、购、娱于一体，是典型的文化娱乐消费项目。宋代旅游资源丰富，既有山、湖、溪、岩、洞之类的自然资源，又有寺观、园林、亭台、楼阁及古迹之类的人文资源，均是人们游玩观赏的好去处。试举几例。

山水之游是宋代旅游的主要内容之一。宋人尤其是士大夫阶层对山水情有独钟，如赵季仁平生三愿中的一愿即是"看尽世间好山水"[1]。王安石游钟山时言："终日看山不厌山，买山终待老山间。"[2] 表达了对山的超然喜爱。范纯仁曾说："予自少喜为山水之游，凡所至有名山胜概，虽遐险必造焉。"[3] 宋人热爱山水之情从其留下的大量游记作品中也可看出。欧阳修有《浮槎山水记》，王安石有《游褒禅山记》，苏轼有《石钟山记》《游兰溪》，晁补之有《新城游北山记》，范成大有《游峨眉山记》，王质有《游东林山记》，朱熹有《百丈山记》等。

寺庙宫观是宋人常选择的旅行之地，一些寺宫里经常游人如织。如袁褧曾记："淳化三年冬十月，太平兴国寺牡丹红紫盛开，不逾春月，冠盖云拥，僧舍填骈。"[4] 苏辙有咏金山寺诗："谁知江海多行舟，游人上下夺岩幽。老僧心定身不定，送往迎来何时竟。"[5] 苏轼有诗咏宫观的旅游盛况："道人应怪游人众，汲尽阶前井水浑。"[6] 江州普照院也"为邦人游乐

---

[1] 罗大经：《鹤林玉露》丙编卷3《观山水》，中华书局1983年版，第281—282页。
[2] 王安石：《王安石全集》卷64《游钟山》，上海古籍出版社1999年版，第500页。
[3] 范纯仁：《安州白兆山寺经藏记》，曾枣庄、刘琳主编：《全宋文》第71册，上海辞书出版社、安徽教育出版社2006年版，第298页（下文只简略为册数和页码）。
[4] 袁褧：《枫窗小牍》卷上，《宋元笔记小说大观》(5)，上海古籍出版社2001年版，第4759页。
[5] 苏辙：《苏辙集·栾城集》卷4《和子瞻金山》，中华书局1990年版，第63页。
[6] 苏轼：《苏轼诗集》卷5《自清平镇游楼观、五郡、大秦、延生、仙游，往返四日，得十一诗，寄子由同作·楼观》，中华书局1982年版，第192页。

之地"①。寺庙宫观之所以如此受人欢迎，除了其优美的自然环境以外，丰富的人文内涵更加引人入胜。那里有高超的书法绘画艺术、珍贵的文物古迹、罕见的奇花异木等。以书画艺术为例，大相国寺是著名的旅游景点，《大相国寺碑》中所称的寺有"十绝"是其主要特色，"十绝"中有五绝就是绘画。另外，寺庙宫观里较完善的服务设施也满足了游客需要，除了提供住宿、饮食，还可以洗浴，甚至还有导游服务。②总之，寺庙宫观以其优美的自然环境和丰富的人文内涵以及完善的服务设施，成为人们的主要旅游目的地。

随着坊市制的崩塌及城市经济文化的繁荣，宋代城市本身也成为重要的旅游资源之一，"四方之人，以趋京邑为喜"③。如上元观灯、金明池水戏和相国寺游乐是东京最著名的旅游内容。苏辙曾说："上元已过欲收灯，城郭游人一倍增。"④《东京梦华录》中记载了三月十八金明池百戏表演的精彩场面⑤，那一天游客众多，甚至"村姑无老幼皆入城也"⑥。大相国寺在节日里更是人满为患，如上元节去相国寺的游人纷然，"贵家车马，自内前鳞切，悉南去游相国寺"⑦。而相比城东京来说，作为西京的洛阳旅游之盛也不相上下，洛阳有著名的牡丹花会、园林旅游和名胜旅游。成都旅游资源丰富，也是宋代的优秀旅游城市之一。其最具特色的是三大项目，即游江、蚕市药市、学射山游乐。杭州作为南宋都城，最具特色的是钱塘观潮、"诸库迎煮"、上元观灯和中秋赏月，以及寺庙道观等其他旅游项目。⑧

---

① 楼钥：《江州普照院记》，《全宋文》第265册，第33页。
② 参见王福鑫：《宋代旅游研究》，河北大学出版社2007年版，第154页。
③ 洪迈：《容斋随笔·五笔》卷9《欧公送慧勤诗》，中华书局2005年版，第934页。
④ 苏辙：《苏辙集·栾城三集》卷3《正月十六日》，中华书局1990年版，第1186页。
⑤ 孟元老著，邓之诚注：《东京梦华录注》卷7《驾幸临水殿观争标锡宴》，中华书局1982年版，第184—185页。
⑥ 金盈之：《新编醉翁谈录》卷3《京城风俗记·三月》，辽宁教育出版社1998年版，第12—13页。
⑦ 孟元老著，邓之诚注：《东京梦华录注》卷6《十六日》，中华书局1982年版，第172页。
⑧ 参见王福鑫：《宋代旅游研究》，河北大学出版社2007年版，第157—183页。

（三）赌博消费

宋代赌博内容众多纷繁，李清照在其《打马图序》中曾对赌博历史及当时流行的种类有过介绍："且长行、叶子、博簺、弹棋，世无传者；若打揭、大小猪窝、族鬼、胡画、数仓、赌快之类，皆鄙俚不经见；藏酒、樗蒲、双蹙融，近渐废绝；选仙、加减、插关火，质鲁任命，无所施人智巧；大小象戏、奕棋，又惟可容两人。独彩选、打马，特为闺房雅戏。"① 仅从名称中即可看出赌博的名目繁多。按其用具的不同大致可分为以下几类②：

球类。主要有蹴鞠、击鞠和捶丸。承袭隋唐以来的蹴鞠和击鞠，在宋时大为发展，尤其是蹴鞠，由于得到宋皇帝的垂青而迅速流行。击鞠和蹴鞠类似，但击鞠为骑马击球，类似于马球。捶丸则是一种杖击球入窝的博戏，以击球入窝所用杖数少者为胜。蹴鞠、击鞠和捶丸本是体育运动，但被用来赌博的现象在当时非常普遍。球类赌由于受场地、规则等限制，一般多流行于上流社会。

弈棋类。主要指围棋和象棋。尽管在隋唐时博弈开始分离，博戏进一步粗俗化，成为一种谋取财物的手段，弈棋则成为与琴、书、画并称的所谓雅戏，不过，这种分离只是相对的，实际生活中弈棋赌从未中止，仍是当时一种重要的赌博方式，在文人阶层中广为流行。如前李清照的叙述，就认为大小象戏（象棋）、弈棋均为博戏。洪遵也明确指出："博之名号不同，其志于戏一也。然弈棋、象戏，家澈户晓，至双陆、打马、叶子，视明琼为标者，非图则无以得仿佛。"③

掷骰类。此类赌博品种主要有承袭隋唐的双陆、彩选以及宋元时期新出现的打马、除红。流行的打马，由李清照对当时源于双陆的几种打马进行精简而成，并施以文采，附有专著《打马图》。而此时出现的响

---

① 李清照：《打马图序》，《全宋文》第 174 册，第 116 页。
② 以下参考陶立明、朱冠艾：《宋元时期赌风再探》，《淮北煤炭师范学院学报》2002 年第 3 期。
③ 洪遵：《谱双序》，《说郛三种》卷 101，上海古籍出版社 1988 年版，第 4659 页。

屡，玩法同打马类似，但也有用美女代替棋子在地毯上行走的玩法，称之为"肉棋"。宋扬无咎对之进行研究，著有《响谱》一书。至于除红则是仅用4粒骰子和1份图谱，不用棋子，简洁易行，俗称"猪窝"。其中彩选和打马至明清时期仍流行不衰。由于此类掷骰赌赌注较大，玩法相当复杂，除掷彩需凭运气外，还需在行棋过程中斗智。显然，这类赌戏是达官贵族、娴雅文士的专利。

斗禽虫类。斗鸡、斗鸭、斗鹅、斗鹌鹑、走马、走犬及斗促织等在宋代也很常见。尤其是斗促织，更受人欢迎，甚至出现多部研究此道的专著，其中以贾似道的《促织经》影响最大。由于这类赌戏不受场地、人员、赌注等限制，故风行于各个阶层。

钱币赌。钱币赌通常有两种：一为摊钱，又称意钱，办法是随手取钱币若干放入器皿中摇动，开时数钱币，以四为盈数，其余数为零，押中者胜。《容斋随笔》曰："今人意钱赌博，皆以四数之，谓之摊。"[①] 另一种为捻钱，又称掷钱。"今人掷钱为博者，戏以钱文面背分胜负，曰字、曰幕。"[②] 字、幕即正面、反面。这种赌博方式简单快捷，主要流行于中下层社会。

关扑。这是宋时形成的一种新的赌博方式，由钱币赌发展而来。关扑双方约定好价格，用头钱（即铜钱）在瓦罐内或地下掷，根据头钱字幕的多少来判定输赢。赢可折钱取走所扑物品，输则付钱。商人的所有商品既可以卖，亦可以扑。由于关扑和商业活动紧密相连，关扑一般不赌钱，而是赌物，颇具娱乐性。但其仍具有赌博性质，且当时的关扑已不仅限于日常生活用品，"有以一笏扑三十笏者。以至车马、地宅、歌姬、舞女，皆约以价而扑之"[③]。关扑这种亦商亦赌的方式，简单易行，多流行于

[①] 洪迈：《容斋随笔·五笔》卷1《俗语有出》，中华书局2005年版，第836页。
[②] 孙宗鉴：《西畲琐录》，转引自朱瑞熙等编：《宋辽西夏金社会生活史》，中国社会科学出版社1998年版，第291页。
[③] 孟元老著，邓之诚注：《东京梦华录注》卷7《池苑内纵人关扑游戏》，中华书局1982年版，第198页。

民间。

此外还有叶子格戏（后世的纸牌）、宣和牌（牌九）等。由于赌和社会生活紧密相连，赌的方式多种多样，在此难以一一叙述。其中双陆、弈棋、钱币赌、关扑和各类斗戏最为流行。

宋时赌风日盛。城市里有许多赌博场所，如南宋临安城外的瓦子里"中做夜场，赌赛输赢每日如此。宽阔处踢球，放胡哮，斗鹌鹑"[1]。甚至茶肆也设赌场，"燕京茶肆设双陆局，或五或六，多至十，博者蹴局，如南人茶肆中置棋具也"[2]。并出现了专业的出九（赌头）、和合（撮合聚赌）之人，"出九、和合，有名者任大头、快活三之类"[3]。南宋时，甚至出现了"穷富赌钱社"[4]这样的专门组织。

（四）色情消费

宋代的色情业发展迅速，不仅规模空前，消费市场也趋于成熟，成为服务业中的一大消费热点。宋代富贵人士不但广纳姬妾、蓄婢养妓，而且热衷于青楼买欢，形成一股买妾、蓄妓、狎妓、冶游、纵乐的消费风气。本书将宋人满足色欲之欢的途径主要分为买妾、蓄妓[5]和逛妓院三种

---

[1] 西湖老人：《西湖老人繁胜录》，《宋史资料萃编》第3辑，台湾文海出版社1981年版，第40—41页。
[2] 洪皓：《松漠纪闻》，《宋元笔记小说大观》（3），上海古籍出版社2001年版，第2803页。
[3] 孟元老著，邓之诚注：《东京梦华录注》卷7《池苑内纵人关扑游戏》，中华书局1982年版，第198页。
[4] 吴自牧：《梦粱录》卷19《社会》，三秦出版社2004年版，第297页。
[5] 妾虽与男主有正当的婚姻关系，但不同于妻，地位较低，除有续嗣目的，很大程度也是为满足色欲之需。作为一种特殊的色欲消费，本书将以市场途径购买的妾作为研究对象之一。妓指以歌舞伎艺为载体出卖色相或专以卖笑为生的女性，主要分为官妓、家妓和私妓。官妓即编入乐籍的妓女，一般由各级政府配备，主要包括朝廷的教坊妓、军中的营妓和附属于地方州郡县的歌妓。她们主要出现在州府县衙的各种集会、游乐、宴享上，为"歌舞佐酒"，原则上官妓献艺不献身。家妓指家庭女乐，即以歌舞伎艺向家主提供声色服务，她们大多是主人的私有财产。私妓是相对于官妓而言的，专指那些不隶乐籍而以卖笑为生的妓女，服务于私家经营的妓院。私妓的服务对象要复杂得多，文人、商人等各阶层的人都有，而且她们的服务内容除了歌舞献艺之外，还会向客人提供有偿的性服务，属于经营性质。本书将以市场途径购买的家妓和私妓作为主要研究对象。

形式进行论述。

1. 买妾

宋人多蓄媵妾,如石曼卿邻家"家妾曳罗绮者数十人"[①];医师能太丞"晚岁于城外买名园,畜姬妾十辈"[②];吴敏"厚费金钱数百千置婢妾三二人以供娱乐"[③];韩侂胄"有爱妾十四人";王晏"妓妾甚众";[④] 留怙"年八十余尚有少妾十辈"[⑤];甚至皇帝亲自赐钱为大臣买妾,"真宗临御岁久,中外无虞,与群臣燕语,或劝以声妓自娱。王文正公性俭约,初无姬侍。其家以二直省官治钱。上使内东门司呼二人者,责限为相公买妾,仍赐银三千两。二人归以告公,公不乐,然难逆上旨,遂听之"[⑥]。

妾作为满足男主性欲发泄的主要对象之一,大多是从市场购买而得的。[⑦]《夷坚志》中就有许多买妾的相关记载,如张渊"每以高价往都城买佳妾,列屋二十人";郑畯"买妾以居";窦公迈"靖康中买一妾";一逆旅主人"为(董国庆)买一妾"等。[⑧] 史料中还有一些卖人为妾的事例,如马魁之妾就是因葬其父,母亲将其卖于人为妾,"母乃见鬻得直,将毕葬事"[⑨];"潭州贫民某人,无夫,挟二女改嫁。稍长,悉售之为人妾";宋

---

① 沈括:《梦溪笔谈》卷9《人事一》,《全宋笔记》第2编(3),大象出版社2006年版,第74页。
② 洪迈:《夷坚志》乙志卷9《金刚不坏身》,中华书局2006年版,第259页。
③ 徐梦莘:《三朝北盟会编》卷54《九月壬申吴敏责授崇信军节度副使涪州安置》,上海古籍出版社1987年版,第404页。
④ 分别见脱脱等:《宋史》卷247《师䇫传》、卷252《王晏传》,中华书局1985年版,第8749、8849页。
⑤ 洪迈:《夷坚志》丁志卷19《留怙香囊》,中华书局2006年版,第692页。
⑥ 苏辙:《龙川别志》卷上,中华书局1982年版,第74页。
⑦ 纳妾的方式有多种,除通过市场途径的买雇,还有略、诱而为妾;有赠、媵为妾;有以婢、娼为妾。参见吕永:《宋代的妾问题研究》,安徽师范大学2007年硕士学位论文。
⑧ 分别参见洪迈:《夷坚志》三志辛卷1《张渊侍妾》、甲志卷16《郑畯妻》、乙志卷3《窦氏妾父》、乙志卷1《侠妇人》,中华书局2006年版,第1391、143、205、190页。
⑨ 何薳:《春渚纪闻》卷1《马魁二梦证应》,中华书局1983年版,第7页。

孝宗时池州娼女李妙,"郡为落籍,许自便,后鬻于染肆为妾"①等。可以说,在宋代商品经济大潮的冲击下,"甘为贵人妾"的婚姻观的出现使买卖妾现象愈加频繁,《吴民女》诗中即有所反映:"吴民嗜钱如嗜饴,天属之爱亦可移。养女日夜望长成,长成未必为民妻。百金求师教歌舞,便望将身赠门户。一家饱暖不自怜,傍人视之方垂涎……今人甘为贵人妾,得意失意花上月。"②

2. 蓄妓

蓄妓主要指富贵人家蓄养在家庭中供其玩乐娱赏且色艺俱全的女艺人。在私人聚会上,让精心调教的家妓佐酒助兴,这在当时是相当风雅的事情,而且也是炫耀自己财势和品位的好机会。沈松勤称:"与唐代一样,宋代士大夫在官府得以官妓歌舞佐酒,在家则蓄养歌舞妓女,每逢宴饮,命家妓奏乐唱词,以助酒兴,成了宋代士大夫家庭中普遍流行的娱乐方式。"③蓄养家妓已成为宋时的社会风尚。如韩琦"家有女乐二十余辈"④;欧阳修有歌妓"八九姝"⑤;文天祥"性豪华,平生自奉甚厚,声伎满前"⑥;张镃家"园池、声妓、服玩之丽甲天下",王简卿去他家赴宴亲眼目睹了女乐表演场面的豪奢,"歌者、乐者,无虑数百十人,列行送客。烛光香雾,歌吹杂作,客皆恍然如仙游也"⑦。王继先父子均蓄养家妓,"继先又于宅傍刱一别馆,专以收蓄俳人。继先则蓄临安府名妓刘荣奴,其子悦道则蓄金盼盼,父子聚麀伤风败教"⑧。由于朝臣家中大多有家

---

① 分别见洪迈:《夷坚志》支乙卷 10《赵主簿妾》、支戊卷 3《池州白衣男子》,中华书局 2006 年版,第 869、1071 页。
② 厉鹗:《宋诗纪事》卷 72《陈润道·吴民女》,上海古籍出版社 1983 年版,第 1788 页。
③ 沈松勤:《唐宋词社会文化学研究》,浙江大学出版社 2004 年版,第 57 页。
④ 江少虞:《宋朝事实类苑》卷 8《韩魏公》,上海古籍出版社 1981 年版,第 79 页。
⑤ 葛立方:《韵语阳秋》卷 15,上海古籍出版社 1984 年版,第 4 页。
⑥ 脱脱等:《宋史》卷 418《文天祥传》,中华书局 1985 年版,第 12534 页。
⑦ 周密:《齐东野语》卷 20《张功甫豪侈》,中华书局 1983 年版,第 374 页。
⑧ 徐梦莘:《三朝北盟会编》卷 230《十一日辛亥王继先依旧致仕令福建路居住子孙并勒停》,上海古籍出版社 1987 年版,第 1657 页。

妓，还出现相互比较家妓的现象，据《齐东野语》记载："范石湖尝云：'朝士中姝丽有三杰'，谓韩无咎、晁伯谷家妓及赵彦博家妓小琼也。"① 显然，范成大的这一评判是在经过比较后才得出的。随着官僚士大夫们官位的上升，家妓数量还时有增添："两府、两制家中，各有歌舞，官职稍如意，往往增置不已。"② 总之，家妓的蓄养在宋代非常普遍，家妓的歌舞助兴已成为官僚士大夫家中娱乐活动的重要内容。

在色欲消费巨大需求的刺激下，宋京城地区甚至形成了一种独特而畸形的社会风尚："京都中下之户，不重生男。每育女，则爱护如擎珠捧璧。稍长则随其资质，教以艺业，用备士大夫采择娱侍。"③ "吴下风俗尚侈，细民有女必教以乐艺，以待设宴者之呼。使令莫逆，奉承惟恭，盖觊利赡家，一切不顾，名为私妓，实与公妓无异也。长大鬻为妾，狠戾则籍之官，动以千计，习俗薄恶，莫此为甚。"④ 淳祐年间的知南剑州徐元杰对此现象评论道："臣观都人生女，自襁褓而教歌舞，计日而鬻之，不复有人父母之心。……此风积习，转转日甚，连甍罕良家矣。"⑤ 深刻揭露了其功利性目的及对社会的不良影响。

事实上，家妓和妾难以区分，有交集存在，如苏轼的家妓——朝云，称其为"妾"、"妓"、"家姬"的均有之，其内涵也很相近，身份在妾与婢女之间。家妓作为家内满足男主色欲之欢的重要对象，虽然与主人无配偶名分，但同样有义务侍奉枕席。特别要提到的是，无论是妾还是家妓，对她们的购买大多要通过牙侩，即专门从事人口买卖中介活动的人。如北宋汴京"觅女使即有引至牙人"⑥。南宋时，"如府宅官员，豪富人家，欲买宠妾、歌童、舞女、厨娘、针线供过、粗细婢妮，亦有官私牙嫂，及

---

① 周密：《齐东野语》卷15《周陆小词》，中华书局1983年版，第282页。
② 朱弁：《曲洧旧闻》卷1，中华书局2002年版，第89页。
③ 潘永因：《宋稗类钞》卷7《饮食》，书目文献出版社1985年版，第685页。
④ 陈郁：《藏一话腴》，《说郛三种》卷60，上海古籍出版社1988年版，第910页。
⑤ 黄淮、杨士奇等：《历代名臣奏议》卷117《风俗》，上海古籍出版社1989年版，第1551页。
⑥ 孟元老著，邓之诚注：《东京梦华录注》卷3《雇觅人力》，中华书局1982年版，第115页。

引置等人,但指挥便行踏逐下来"①。这里的牙嫂即女性牙侩。周辉在《清波杂志》中云:"士大夫欲永保富贵,动有禁忌,尤讳言死,独溺于声色,一切无所顾避。闻人家姬侍有惠丽者,伺其主翁属纩之际,已设计贿牙侩,俟其放出以售之。虽俗有热孝之嫌,不恤也。"②又如韩侂胄"有爱姬,小故而出。钱塘知县程松闻之,亟赂牙侩,以八百千市之"③。王从事妻被人诱骗"至女侩家而货于宰。……宰以为侧室"。《夷坚志》中还记载有一例,即孙朝请设计以买妾为由骗得郑主簿钱财之事。而其中买妾的过程即先同去牙侩家相看,"俱出到侩处"。④可见,当时妾妓等人口性质的买卖,均需牙侩等中间人的参与,这大大节省了交易时间,提高了效率,也印证了宋代商品经济的繁荣。

3. 逛妓院

逛妓院的史料俯首可拾。如柳永"居京华,暇日遍游妓馆"⑤;"江东士人多好游蔡河岸妓家"⑥;"政和间,一贵人未达时,尝游妓崔念四之馆"⑦;贾似道"日纵游诸妓家,至夜即燕游湖上不反"⑧;南宋时,唐仲友之子弟乃至"白昼公然乘轿出入娼家"⑨;吴兴乌墩镇沈承务对吴名妓徐兰慕名,"遂驾大舟往游焉……凡留连半年,糜金钱数百万而归"⑩。甚至有

---

① 吴自牧:《梦粱录》卷19《顾觅人力》,三秦出版社2004年版,第301页。
② 周辉撰,刘永翔注:《清波杂志校注》卷3《士大夫好尚》,中华书局1994年版,第101—102页。
③ 沧州樵叟:《庆元党禁》,《笔记小说大观》第8册,江苏广陵古籍刻印社1984年版,第323页。
④ 分别见洪迈:《夷坚志》丁志卷11《王从事妻》、补卷8《郑主簿》,中华书局2006年版,第632、1621页。
⑤ 罗烨:《新编醉翁谈录》丙集卷2《三妓挟耆卿作词》,辽宁教育出版社1998年版,第23页。
⑥ 洪迈:《夷坚志》丁志卷11《蔡河秀才》,中华书局2006年版,第631页。
⑦ 潘永因:《宋稗类钞》卷4《闲情》,书目文献出版社1985年版,第347页。
⑧ 脱脱等:《宋史》卷474《贾似道传》,中华书局1985年版,第13780页。
⑨ 朱杰人、严佐之等主编,朱熹撰:《朱子全书·晦庵先生朱文公文集》卷18《按唐仲友第三状》,上海古籍出版社、安徽教育出版社2002年版,第831页。
⑩ 周密:《癸辛杂识》续集卷下《吴妓徐兰》,中华书局1988年版,第167页。

因去狎妓而丢掉性命的。江东一名叫孙行中的秀才深夜失踪，后官府在一妓女住所发现了秀才的帽子，抓住妓女及老鸨后，她们交代说："向夕有孙秀才独来买酒款曲，以其衣裘华絜而举止生梗，又无伴侣，辄造意杀之，投尸于河。斥卖其物皆尽，只余此帽。"[1] 妓女们如此胆大妄为，与妓院来往的人多而杂有关，也从侧面反映出妓院生意的火爆。

从消费的角度看，供给与需求相伴生，繁荣的色情业，不仅有大量的消费群体（嫖客）的存在，而且卖淫场所的到处充斥，也引诱着人们的消费欲望。一般来说，越是商业繁荣、人口流动性强的城市，各种艺妓、色妓也就越集中。如"成都富春坊，群倡所聚"[2]；豫章城（今南昌地区一带）"画阁倚空家十万，红妆斗夜妓三千"[3]。一些市镇中妓馆也不少，如在兼跨嘉兴和湖州的乌青镇，北瓦子巷系"妓馆、戏剧上紧之处"；波斯巷南瓦子"有八仙店，技艺优于他处"，"鼓乐歌笑至三更乃罢"[4]。两宋都城汴京和临安的娼妓和卖淫场所为最。据宋人陶穀记载北宋开封的娼妓数量："今京师鬻色户将及万计，至于男子举体自货，进退恬然，遂成蜂窠巷陌，又不止烟月作坊也。"[5] 在开封这个百万人口的城市里，妓女竟将及万计，而男妓尚不在内。其数目之大令人咋舌。无怪乎时人感慨道"京师之娼最繁盛于天下"[6]。妓馆和卖淫场所也充斥各处。据《东京梦华录》记载，北宋开封城内妓馆比较集中地分布在以下街巷和场所：西大街街北薛家分茶、羊饭、熟羊肉铺，"向西去皆妓馆舍，都人谓之院街"；朱雀门外东边麦秸巷，状元楼外，"余皆妓馆，至保康门街"，"杀猪巷亦妓馆"；南北斜街，"两街有妓馆"；牛行街"亦有妓馆，一直抵新城"；马行街鹩儿市之东、西鸡儿巷，"皆妓馆所居"；相国寺东之录事巷妓馆，

---

[1] 洪迈：《夷坚志》丁志卷11《蔡河秀才》，中华书局2006年版，第631页。
[2] 周煇撰，刘永翔注：《清波杂志校注》卷8《富春坊》，中华书局1994年版，第339页。
[3] 陈起编：《江湖小集》卷13《邓林·豫章》，文渊阁四库全书本。
[4] 董世宁、卢学溥：(乾隆)《乌青镇志》卷4《古迹》，上海书店1992年版。
[5] 陶穀：《清异录》卷上《人事门·蜂窠巷陌》，《宋元笔记小说大观》(1)，上海古籍出版社2001年版，第18页。
[6] 刘斧：《青琐高议》后集卷7《温琬》，上海古籍出版社2012年版，第111页。

寺北之小甜水巷内,"妓馆亦多",再北之薑行后巷,"乃脂皮画曲妓馆";景德寺前"有桃花洞皆妓馆"。除了固定的妓馆,城内大大小小的酒楼也是妓女们经常出入的营业场所,"凡京师酒店……南北天井两廊皆小阁子,向晚灯烛荧煌,上下向照,浓妆妓女数百,聚于主廊檐面上,以待酒客之呼唤,望之宛若神仙"。①

到南宋时,临安的娼妓业进一步发展,法国汉学家谢和耐曾说:"在13世纪中国杭州的城市生活中,卖淫业占据着很重要的地位。"②据《武林旧事》记载,临安城分布着众多的妓院娼馆,"平康诸坊,如上下抱剑营、漆器墙、沙皮巷、清河坊、融和坊、新街、太平坊、巾子巷、狮子巷、后市街、荐桥,皆群花所聚之地"。此外,各酒楼、茶肆和瓦舍等处也有妓女出入,"外此诸处茶肆、清乐茶坊、八仙茶坊、珠子茶坊、潘家茶坊、连三茶坊、边二茶坊,及金波桥等两河以至瓦市,各有差等,莫不靓妆迎门,争妍卖笑,朝歌暮弦,摇荡心目"。《武林旧事》中还提到临安城众多的官办酒楼和酒库中有大量妓女,如"和乐楼"、"和丰楼"、"中和楼"、"太和楼"、"春风楼"等,"每库设官妓数十人",在这类酒楼中,"每库有祗直者数人,名曰:'下番'。饮客登楼,则以名牌点唤侑樽,谓之'点花牌'。元夕,诸妓皆并番互移他库。夜卖各戴杏花冠儿,危坐花架。然名娼皆深藏邃阁,未易招呼。凡肴核杯盘,亦各随意携至库中。初无庖人,官中趁课,初不藉此,聊以粉饰太平耳。往往皆学舍士夫所据,外人未易登也"。可见这些官营酒楼,有官妓陪客,客人要买笑尽欢,只要"点花牌"便可任意选择。著名的私家大酒楼里一般各分小阁十余个,每处又各设有私名妓数十辈,以待风流才子买笑追欢,她们皆时妆衱服,巧笑争妍,凭栏招邀,谓之"卖客"。她们"歌管欢笑之声,每夕

---

① 分别见孟元老著,邓之诚注:《东京梦华录注》卷2《宣德楼前省府宫宇》《朱雀门外街巷》《潘楼东街巷》《寺东门街巷》《上清宫》《酒楼》,中华书局1982年版,第52、59、70、102、106、71页。

② 〔法〕谢和耐:《蒙元入侵前夜的中国日常生活》,刘东译,江苏人民出版社1995年版,第124页。

达旦，往往与朝天车马相接。虽风雨暑雪，不少减也"。① 当然，一般情况只是佐酒卖艺，并不公开卖淫，但也有一些大酒楼偷偷地留客嫖宿，时称"庵酒店，谓有娼妓在内可以就欢，而于酒阁内暗藏卧床也。门首红栀子灯上，不以晴雨，必用匿赣盖之，以为记认。其他大酒店，娼妓只伴坐而已；欲买欢，则多往其居"②。酒楼和酒库设妓，同经营有关。宋代实行官府卖酒制度，城内的许多酒楼和酒库将引入妓女作为重要的促销手段，据《梦粱录》记载："自景定以来，诸酒库设法卖酒，官妓及私名妓女数内，拣择上中甲者"，该方法颇为有效，"官府公筵及三学斋会、络绅同年会、乡会，皆官差诸库角妓只直"。茶肆也多娼妓，"大街有三五家开茶肆，楼上专安著妓女，名曰'花茶坊'"。③ 马可·波罗对南宋末年妓女的盛况有过描述："（行在）其他街道，娼妓居焉。其数之多，未敢言也，不但在市场附近此辈例居之处见之，全城之中皆有。衣饰灿丽，香气逼人，仆妇甚众，房舍什物华美。此辈工于惑人，言词应对皆适人意，外国人一旦涉足其所，即为所迷，所以归去以后，辄谓曾至天堂之城行在，极愿重返其地。"④

二、宋代休闲娱乐的消费群体

宋代参与休闲娱乐的群体遍及各阶层，不同群体参与游乐项目和程度虽有所区分，但整体来讲，呈现出一副全民游乐图。试分析其中的几个主要群体。

---

① 分别见周密：《武林旧事》卷6《酒楼》，上海古籍出版社1993年版，第246、246、245、246页。
② 耐得翁：《都城纪胜·酒肆》，上海古籍出版社1993年版，第4页。
③ 分别见吴自牧：《梦粱录》卷20《妓乐》、卷16《茶肆》，三秦出版社2004年版，第314、232—233页。
④ 〔意〕马可·波罗：《马可波罗行记》，冯承钧译，中华书局2004年版，第580—581页。

(一) 官僚士大夫

官僚士大夫既有钱又有闲，因此无论是哪种娱乐活动均有其身影，尤其在需要花费大量钱财的项目上更是中坚力量。如在旅游上，许多官僚士大夫不仅是爱好者，甚至堪称旅游大家，范仲淹、欧阳修、梅尧臣、苏轼、邵雍、黄庭坚、范成大、陆游、楼钥、朱熹、周必大等都有很多旅游活动被记载，如欧阳修曾"两游嵩岳"。[1]秦观，"如越省亲，会主人见留，辞不获去，又贪此方山水胜绝，故淹留至岁暮耳"[2]。"韩郡王既解枢柄，逍遥家居，常顶一字巾，跨骏骡，周游湖山之间"[3]，悠然旷达。周密老年"居清波门，日往来湖山间，把酒赋诗，悠然自得其乐"[4]。周必大闲居老家吉州永和镇时同亲友一起遍游当地及周边名胜，"九月己丑朔，游清都观"，"庚寅，早谒辅顺庙威远侯"，"十月戊午朔，丙寅，游青原山靖居寺"，"己巳，早，同子澄、季怀游洞岩"，"十一月戊子朔，乙未，游西峰寺"[5]等。他们在饱览名胜后，还留下许多精彩的游记，如至和元年（1054），王安石游褒禅山后写下了不朽名篇《游褒禅山记》；朱熹的《南岳游山后记》《云谷记》《百文山记》《记游南康庐山》《游蜜庵记》等也都是他旅游之后的杰作。可见，官僚士大夫是旅游的主体力量，旅游已成为他们生活的重要组成部分。他们在买妾、蓄妓等耗资不菲的项目上同样也是主力军，这可从前文消费内容的列举中看出，不再赘述。

虽然乐舞伎艺百戏等活动的受众多是平民百姓，但其中也不乏官僚士大夫的身影，"临安中瓦在御街中，士大夫必游之地"[6]。也有在酒楼、

---

[1] 欧阳修：《欧阳修全集》附录卷1，中华书局2001年版，第2598页。
[2] 秦观著，徐培均笺注：《淮海集笺注》卷30《与李乐天简》，上海古籍出版社1994年版，第1008页。
[3] 潜说友：《咸淳临安志》卷93《纪遗五》，《宋元方志丛刊》(4)，中华书局1990年版，第4209页。
[4] 周煇撰，刘永翔注：《清波杂志校注》卷12，中华书局1994年版，第533页。
[5] 周必大：《闲居录》，《全宋文》第231册，第331—334页。
[6] 张端义：《贵耳集》卷下，《宋元笔记小说大观》(4)，上海古籍出版社2001年版，第4319页。

茶坊、妓馆等相对开放场所寻欢作乐的。如鲁宗道经常偷偷到南仁和酒楼饮酒,宋真宗责问时,他辩解称:"酒肆百物具备,宾至如归。"[1] 想必酒楼里的歌舞表演也是吸引他的重要因素。再如酒楼里的名妓一般深藏楼阁中,"往往皆学舍士夫所据,外人未易登也"[2]。反映了士大夫们常光临此地。茶肆也是重要的文化娱乐活动场所,许多茶肆以说话表演、音乐欣赏、体育活动招揽顾客,如南宋临安著名的大茶坊"黄尖嘴蹴球茶坊"、"一窟鬼茶坊"、"大街车儿茶肆"、"蒋检阅茶肆"等,皆"士大夫期朋约友会聚之处"。[3] 寺院也有演出活动,观众中就有士大夫的身影,如王安石在相国寺观看完演出后,作诗曰:"侏优戏场中,一贵复一贱。心知本自同,所以无欣怨。"[4] 相较官僚士大夫们来说,其子弟们就开放得多了,他们才是酒楼、茶肆、瓦舍勾栏的常客。临安茶坊中有"富室子弟、诸司下直等人会聚,习学乐器,上教曲赚之类"。瓦舍是"顷者京师甚为士庶放荡不羁之所,亦为子弟流连破坏之门……今贵家子弟郎君,因此荡游,破坏尤甚于汴都也"。[5] "遇雪,公子王孙赏雪,多乘马披毡笠,人从油绢衣,毡笠红边。……深冬冷月无社火看,却于瓦市消遣。"[6]

宋代官僚士大夫参与博弈活动的记载也不绝于书,如安国军节度使郭进,"倜傥任气,结豪侠,嗜酒蒱博"。而"(李)煜子仲寓雅好蒱博饮宴,(张)洎因切谏之,仲寓谢过。复数月,人有言仲寓蒱博如故,洎随与之绝"。宰相寇准也曾"与杨亿饮博"。而杨亿赌性更大,"得象尝与(杨)亿戏博李宗谔家,一夕负钱三十万,而酣寝自如。他日博胜,得宗谔金一

---

[1] 欧阳修:《归田录》卷1,中华书局1981年版,第2页。
[2] 周密:《武林旧事》卷6《酒楼》,上海古籍出版社1993年版,第245页。
[3] 吴自牧:《梦粱录》卷16《茶肆》,三秦出版社2004年版,第233页。
[4] 王安石:《王安石全集》卷46《相国寺启向天节道场行香院观戏者》,上海古籍出版社1999年版,第389页。
[5] 分别见吴自牧:《梦粱录》卷16《茶肆》、卷19《瓦舍》,三秦出版社2004年版,第232、294页。
[6] 西湖老人:《西湖老人繁胜录》,《宋史资料萃编》第3辑,台湾文海出版社1981年版,第37—38页。

衾。数日博又负,即反衾与宗谔,封识未尝发也"。① 无独有偶,章得象与丁谓赌博将赢来的钱也未开封,再一次赌时又原封不动退回,"章郇公作正字日,寒食,与丁晋公会博,胜且厚。丁翌日封置所负银数百两归公。明年寒食复博,而郇却负于丁,丁督索甚急,郇即出旧物以偿之。而封缄如旧,尘已昏垢。丁大服其量"②。刘审琼也好赌,"审琼尝给事外诸侯,雅善酒令博鞠"。周翰"喜蒲博,惟以饮戏为务"。贾似道长期迷恋于赌事,"少落魄,为游博,不事操行",以至执掌中枢后,仍旧习不改,"惟故博徒日至纵博",具有讽刺意味的是"尝与群妾踞地斗蟋蟀,所狎客入,戏之曰:'此军国重事邪?'"③ 时人讥之为"蟋蟀宰相"。更有甚者,刚刚招降的戚方在去杭州的临行之际都不忘赌一把:"至行在日,与中贵人蒲博,不胜,取黑漆如马蹄者,用火燎去,皆黄金也,以偿博负。每博不下数枚。"④

(二) 一般文人群体

一般文人群体主要指受过教育但没有官职或官职较低的群体,这一群体虽没有权贵阶层的资财实力,但有相当的鉴赏能力和文化品位,又因很多是科举不顺或官场失意,有发泄的心理需求,故在休闲娱乐中也是一支重要力量。

在歌舞百戏中,许多文人不仅是观众,如宋仁宗朝有建州人江沔曾"游相国寺,与众书生倚殿柱观倡优"⑤;"士人便服日至瓦市观优,有临坐

---

① 分别见脱脱等:《宋史》卷273《郭进传》、卷267《张泊传》、卷281《寇准传》、卷311《章得象传》,中华书局1985年版,第9334、9215、9531、10204页。
② 吴曾:《能改斋漫录》卷12《章郇公与丁晋公会博》,上海古籍出版社1979年版,第352页。
③ 分别见脱脱等:《宋史》卷274《刘审琼传》、卷439《梁周翰传》、卷474《贾似道传》,中华书局1985年版,第9365、13003、13779、13784页。
④ 李心传:《建炎以来系年要录》卷34"建炎四年六月戊子"条,《宋史资料萃编》第2辑,台湾文海出版社1980年版,第1315页。
⑤ 潘永因:《宋稗类钞》卷7《怪异》,书目文献出版社1985年版,第646页。

者，士人与语颇狎"①。而且有些文人还是剧本的创作者。以说唱艺术中的话本创作为例，据罗烨《新编醉翁谈录》记载，仅宋人话本数目就有近120种。② 这些话本的内容以讲述市民的爱情和公案为主，非常贴近生活，因此，创作者很可能是生活在市井之中的一般文人。据《武林旧事》记载宋代演史说话人的名单是：

演史：乔万卷　许贡士　张解元　周八官人　檀溪子　陈进士　陈一飞　陈三官人　林宣教　徐宣教　李郎中　武书生　刘进士　巩八官人　徐继先　穆书生　戴书生　王贡士　张小娘子　宋小娘子　陈小娘子　李黑子　陆进士　丘机山

此外，说商谜的还有东吴秀才；说合生的有双秀才等。③ 说话人的名字中有贡士、解元、进士、贡元、秀才之称，足以说明其文人身份。

一般文人士子也是活跃的旅游群体，他们酷爱自然，纵情山水，陶冶情操，湖山风景区随处可见其身影。或作春日之游，或尽诗酒之兴。如学士林外"在上庠，暇日独游西湖，幽寂处得小旗亭，饮焉"④。"诗人才子，遇此景则以腊雪煎茶，吟诗咏曲，更唱迭和。或遇晴明，则邀朋约友，夜游天街，观舞队以预赏元夕。"⑤

在色情消费领域，尤其在逛妓院的人群中士人举子是主要成员。宁欣通过对唐宋都城妓女群体进行比较后得出："北宋东京的变化是服务对象的扩大。虽然官贵士人、进京举子仍是主要顾客，外来商贾、手工业工匠和其他外来人口也成为顾客的大宗。"⑥ 一些士人举子也参与赌博活动，

---

① 郭彖：《睽车志》卷5，《宋元笔记小说大观》（4），上海古籍出版社2001年版，第4117页。
② 罗烨：《新编醉翁谈录》甲集卷1《小说开辟》，辽宁教育出版社1998年版，第3—4页。
③ 周密：《武林旧事》卷6《诸色伎艺人》，上海古籍出版社1993年版，第291页。
④ 周密：《齐东野语》卷13《林外》，中华书局1983年版，第241页。
⑤ 吴自牧：《梦粱录》卷6《十二月》，三秦出版社2004年版，第87页。
⑥ 宁欣：《由唐入宋都市人口结构及外来、流动人口数量变化浅论》，《中国文化研究》2002年夏之卷。

甚至有些高手竟公开招赌。如刘仲甫在一次旅途中"于邸前悬一帜云：江南棋客刘仲甫，奉饶天下棋先"。这可不是一般的切磋棋艺，因为刘仲甫"并出银盆酒器等三百星，云以此偿博负也"。吸引了大批当地嗜赌之人，"翌日，数土豪集善棋者会城北紫霄宫，且出银如其数，推一棋品最高者与之对手"，以至一时"观者如堵"。① 李清照平生热衷于赌博，她自己曾说："予性喜博，凡所谓博者皆耽之，昼夜每忘寝食。但平生随多寡未尝不进者何？精而已。"② 在宋人好赌的整体氛围下，想必对此喜好的士人不在少数。

（三）市民群体

宋代新崛起的市民群体是大众娱乐活动的主要参与和推动者。如歌舞百戏内容形式多样，演出地点分布广泛，已成为宋市民的主要娱乐方式。以瓦舍为例，每天光顾瓦舍勾栏的观众络绎不绝，难以计数。北宋汴京瓦舍，"不以风雨寒暑，诸棚看人，日日如是"。"诸酒肆瓦市，不以风雨寒暑，白昼通夜，骈阗如此。""构肆乐人，自过七夕，便般《目连救母》杂剧，直至十五日止，观者增倍。"③ 南宋临安"十三座勾栏不闲，终日团圆"。瓦舍里"衣山衣海，卦山卦海，南山南海，人山人海"。④ 露台演出时，"万姓皆在露台下观看，乐人时引万姓山呼"。观众是些什么人呢？笔者认为因为歌舞百戏演出形式的开放性及内容的娱乐性，观众实多为包括妇女儿童在内的广大市民，"动鼓乐于空闲，就坊巷引小儿妇女观看"。⑤ "王彭尝云：'途巷中小儿薄劣，其家所厌苦，辄与钱，令聚坐听

---

① 何薳：《春渚纪闻》卷2《刘仲甫国手棋》，中华书局1983年版，第26页。
② 李清照：《打马图序》，《全宋文》第174册，第115页。
③ 分别见孟元老著，邓之诚注：《东京梦华录注》卷5《京瓦伎艺》、卷2《酒楼》、卷8《中元节》，中华书局1982年版，第133、71、212页。
④ 西湖老人：《西湖老人繁胜录》，《宋史资料萃编》第3辑，台湾文海出版社1981年版，第39、346页。
⑤ 分别见孟元老著，邓之诚注：《东京梦华录注》卷6《元宵》、卷3《诸色杂卖》，中华书局1982年版，第165、119页。

说古话'。"①

在旅游活动中,市民也是重要力量之一。如吴自牧所描绘的:"都人不论贫富,倾城而出,笙歌鼎沸,鼓吹喧天。"② 这"都人"中的绝大多数就应是他们。也有商人旅游的例子:如"襄阳宜城刘三客,本富室,知书,以庆元三年八月往西蜀作商。所赍财货数千缗,抵关下五里间,喜其山林秀粹,疑为神仙洞府,虽身作贾客,而好尚清虚之意甚切,欲深入游眺,置橐装于外,挟五仆皆往"③。

在狎妓纵乐方面也有其身影,宁欣经过考证认为外来商贾是东京妓女群体的大宗顾客。④ 尤其是商贾,他们除了是各地妓馆的主要客人外,因职业的需要,他们还常常携妓远游:"江、淮、闽、楚商贾,涉历远道经日月久者,多挟妇人俱行,供炊爨薪水之役,夜则共榻而寝,如妾然,谓之婶子,大抵皆猥娼也。"⑤

在宋代炽盛的赌风影响下,一般市民百姓也涌入赌博狂潮。如"昔薛奎为军事推官,时有民常聚博僧舍"⑥。"抚州南门黄柏路居民詹六、詹七,以接鹭缣帛为生。其季曰小哥,尝赌博负钱,畏兄棰责,径窜逸他处,久而不反。"⑦ 在民间更盛行的是各类斗戏及关扑等。《岭外代答》称:"番禺人酷好斗鸡,诸番人尤甚。"这些斗戏多同赌博相结合,而且有时"注以黄金,观如堵墙"⑧。这种炽热的赌风以至影响到少数民族地区。陆游曾记载,他在叙州(今四川宜宾)无等佛殿西庑堂,见"群蛮聚博其上。骰子亦以骨为之,长寸余而扁,状若牌子,折竹为筹,以记胜负"⑨。

---

① 苏轼:《东坡志林》卷1《途巷小儿听说三国语》,中华书局1981年版,第7页。
② 吴自牧:《梦粱录》卷2《清明节》,三秦出版社2004年版,第22页。
③ 洪迈:《夷坚志》三志辛卷2《宜城客》,中华书局2006年版,第1400页。
④ 宁欣:《由唐入宋都市人口结构及外来、流动人口数量变化浅论》,《中国文化研究》2002年夏之卷。
⑤ 洪迈:《夷坚志》支乙卷1《翟八姐》,中华书局2006年版,第802页。
⑥ 陈襄:《州县提纲》卷3《疑似必察》,文渊阁四库全书本。
⑦ 洪迈:《夷坚志》丁志卷15《詹小哥》,中华书局2006年版,第664页。
⑧ 周去非著,杨武泉校注:《岭外代答校注》卷9《斗鸡》,中华书局1999年版,第378页。
⑨ 陆游:《老学庵笔记》卷3,中华书局1979年版,第36页。

"关扑"因是宋代城市中商贩常用的交易手段,同时还具有游戏娱乐的功能,且简单易行,老少咸宜,故在市井社会十分流行。《东京梦华录》中的相关记载很多:如在一些宅舍宫院前,每天都有人"博卖冠梳、领抹、头面、衣着、动使、铜铁器、衣箱、瓷器之类"。临近春节时关扑之风更盛:"宣德门元夜点照,门下亦置露台,南至宝箓宫,两边关扑买卖。"一些皇家池苑,如金明池、琼林苑有时也向百姓开放,"纵人关扑游戏"。"池苑内,除酒家艺人占外,多以彩幕缴络,铺设珍玉、奇玩、疋帛、动使、茶酒器物关扑。"[①] 南宋时,关扑之风更盛。无论节日与否,市井之中,随处可见。时人对此深有感触地说:"关扑食物,法有禁。惟元正、冬至、寒食之节,开封府出榜放三日,或以数十笏银,或以乐艺女人,为一掷;其他百物,无不然,非如今常得关扑也。"[②] 关扑的内容也更加丰富,从食品、用具到土地田宅、歌儿舞女无不可以以关扑形式交易,随着季节时令的变化,关扑的内容也有变化,南宋临安的街市中,关扑之物琳琅满目:"大街关扑,如糖蜜糕、灌藕、时新果子、鲜生花果、鲜鱼猪羊蹄肉,及细画绢扇、细色纸扇、漏尘扇柄、异色影花扇、销金裙、段背心、段小儿、销金帽儿、道遥巾、四时玩具、沙戏儿。春冬扑卖玉栅小球灯、奇巧玉栅屏风、捧灯球、快行胡女儿沙戏、走马灯、闹蛾儿、玉梅花、元子槌拍、金橘数珠、糖水、鱼龙船儿、梭球、香鼓儿等物。夏秋多扑青纱、黄草帐子、挑金纱、异巧香袋儿、木樨香数珠、梧桐数珠、藏香、细扇、茉莉盛盆儿、带朵茉莉花朵、挑纱荷花、满池娇、背心儿、细巧笼仗、促织笼儿、金桃、陈公梨、炒栗子、诸般果子及四时景物,预行扑卖,以为赏心乐事之需耳。"[③] 可以说,无物不可扑卖。之所以关扑市场如此繁盛,与广大市民百姓的积极参与有密切关系。

---

① 分别见孟元老著,邓之诚注:《东京梦华录注》卷3《诸色杂卖》、卷6《十六日》、卷7《池苑内纵人关扑游戏》,中华书局1982年版,第119、173、198页。
② 赵彦卫:《云麓漫钞》卷5,中华书局1996年版,第81页。
③ 吴自牧:《梦粱录》卷13《夜市》,三秦出版社2004年版,第197页。

（四）农民群体

作为农业社会，宋代的农民群体仍是社会主流。自给自足的生活模式使其空闲时间相对较少。但即便如此，在一些大众娱乐的活动中，也不乏其身影，尤其是歌舞百戏的演出地点已伸入到农村，更方便了农民看戏。如西湖老人说："十三军大教场，教奕军教场院，后军教场院，南仓内，前权子里，贡院前，佑圣观前宽阔所在，扑赏并路歧人在内作场……唱涯词，只引子弟；听淘真，尽是村人。"[1]陆游有诗云："斜阳古柳赵家庄，负鼓盲翁正作场。死后是非谁管得，满村听说蔡中郎。"[2]诗中的蔡中郎即是一位活跃于农村的艺人。刘后村也有诗描述讲史艺人乡下演出的情形："儿女相携看市优，纵谈楚汉割鸿沟。山河不暇为渠惜，听到虞姬直是愁。"[3]当然，也有农民进城看戏的例子，如北宋开封府有个农民淳泽"尝入戏场观优"，回家途中遇桶匠而取桶戴在头上，模仿戏中的样子装扮刘备[4]；杜仁杰在《庄家不识勾栏》中描写一位村民进城"花了二百钱"[5]入勾栏看戏的情景。

与此相类似，农民也忙里偷闲积极加入旅游行列，正如苏轼诗中所云，农人是"千人耕种万人食，一年辛苦一春闲。闲时尚以蚕为市，共忘辛苦逐欣欢"[6]。洛阳牡丹花开之时，包括乡人的各地游人纷纷涌入洛城看花，"都人士女必倾城往观，乡人扶老携幼，不远千里，其为时所贵重如此"[7]。又如上巳，"自元丰初，每开一池日，许士庶扑博其中，自后游人益盛。旧俗相传，里谚云：'三月十八，村里老婆风发。'盖是日村姑无老

---

[1] 西湖老人：《西湖老人繁胜录》，《宋史资料萃编》第3辑，台湾文海出版社1981年版，第27—28页。
[2] 陆游：《陆游集·剑南诗稿》卷33《小舟游近村舍舟步归》，中华书局1976年版，第870页。
[3] 吴之振等：《宋诗钞·后村诗钞·田舍即事十首》，中华书局1986年版，第2569页。
[4] 洪迈：《容斋随笔·三笔》卷2《平天冠》，中华书局2005年版，第443页。
[5] 隋树森：《全元散曲》，中华书局1964年版，第31页。
[6] 苏轼：《苏轼诗集》卷4《和子由蚕市》，中华书局1982年版，第162—163页。
[7] 周叙：《洛阳花木记》，《说郛三种》卷26，上海古籍出版社1988年版，第464页。

幼皆入城也。是日郡府为盛会，争标水秋千之戏，都皆如上巳，而观者杂还过之远甚"①。

在各类斗戏及关扑等博弈项目中，农民也有参与。如临安官巷南北，"常有三五十火斗者。乡民争捉入城货卖，斗赢三两个，便望卖一两贯钱。苔生得大，更会斗，便有一两银卖。每日如此"。这种赌博方式，每年直至"九月尽，天寒方休"。②而在狎妓纵乐方面，少有记载，这可能与其参与较少有关，也与其经济实力相匹配。

三、宋代休闲娱乐的消费支出

（一）赏舞听戏

歌舞百戏的演出方式多样，地点不相同，其收费方式也有区别。如在酒楼茶肆里，女伎歌舞演出完毕后，看客们或"临时以些小钱物赠之而去"③。如靖康年间，陈东曾在京师酒楼中饮酒，"有倡打坐而歌者"，"歌罢，得数钱下楼"④；或赠给一些锦罗布帛，"舞罢缠头怎得无"、"酬歌何惜锦缠头"、"一曲清歌一束绫"等诗句即为明证。而专业的大型娱乐场所——瓦舍勾栏演出则实行门票入场制。可从元杂剧中窥见一斑，《庄家不识勾栏》云："见一个人手撑着椽做的门，高声地叫请请"，"要了二百钱放过咱"。⑤这里反映的时间虽在元初，但与宋相距很近，且又与宋代瓦肆勾栏的说唱伎艺等演出形式具有相承性，应具有参考意义，也就是

---

① 金盈之：《新编醉翁谈录》卷3《京城风俗记·三月》，辽宁教育出版社1998年版，第12—13页。
② 西湖老人：《西湖老人繁胜录》，《宋史资料萃编》第3辑，台湾文海出版社1981年版，第29页。
③ 孟元老著，邓之诚注：《东京梦华录注》卷2《饮食果子》，中华书局1982年版，第73页。
④ 洪迈：《夷坚志》甲志卷7《蔡真人词》，中华书局2006年版，第57页。
⑤ 隋树森：《全元散曲》，中华书局1964年版，第31页。

说，宋时的瓦肆勾栏里也实行入场收费制度。除了瓦舍勾栏演出向观众收入场费，也有人搭建临时场所实行门票入场制。如元祐年间，有人携带海鱼至京师开封，谓之海哥（即海豹），"都人竞观，其人以槛置鱼，得金钱则呼鱼，应声而出，日获无算。贵人家传召不少暇"。显然这也是收门票的。至于门票是多少，不得而知，但凡是应邀到富贵人家展示者，价钱是1贯，"贵人千金求一视唯恐后"①。与此相类似，南宋初有北方客商赶一骆驼来到广西博白，当地人从没见过这种高大怪异的动物，十分稀奇："博白人小大为鼓舞，争欲一识。客辄阖户蔽障，丐取十数金，即许一入。如是，遍历濒海诸郡，藉橐驼致富矣。"②这里的门票是十余文，因来观看的人多，故此人很快致富。另一种收费形式是在开场或演出过程中，由演员向观众逐个讨赏。"宋人凡勾栏未出，一老者先出，夸说大意，以求赏，谓之'开呵'。"③《南宋志传》有相关记载：大雪小雪在南京御勾栏演唱，"大、小雪唱罢，台下子弟无不称赞。小雪持过红盘子，下台遍问众人索缠头钱。豪客、官家各争赏赐"④。夏庭芝在《青楼集》中也记有瓦舍勾栏里的观众向伎者赏钱的事例："内而京师，外而郡邑，皆有所谓勾栏者，辟优萃而隶乐，观者挥金与之。"⑤这两例虽是明元时代的作品，但也应可作为宋代情形的参照。

歌舞百戏的演出已经有偿化、商业化，许多艺人以此谋生。如张寿山人"于都下三十余年，但生而为十七字诗，鬻钱以糊口"⑥；贾耐儿"本歧路小说人，俚语诙嘲，以取衣食"⑦。"又有村落百戏之人，拖儿带女，

---

① 朱彧：《萍洲可谈》卷2《海哥》，《宋元笔记小说大观》（2），上海古籍出版社2001年版，第2326页。
② 蔡絛：《铁围山丛谈》卷6，中华书局1983年版，第115页。
③ 徐渭：《南词叙录》，《中国古典戏曲论著集成》第3册，中国戏剧出版社1959年版，第246页。
④ 侯忠义主编：《明代小说辑刊》第2辑，巴蜀书社1995年版，第111页。
⑤ 夏庭芝：《青楼集》，《中国古典戏曲论著集成》第2册，中国戏剧出版社1959年版，第7页。
⑥ 王辟之：《渑水燕谈录》卷10《谈谑》，中华书局1981年版，第125页。
⑦ 脱脱等：《金史》卷104《完颜寓传》，中华书局1975年版，第2301页。

就街坊桥巷，呈百戏伎艺，求觅铺席宅舍钱酒之赏。"[1] 太常博士姜愚在开封，"说论语，士人乐听之，为一讲会，得钱数百千"[2]。史书虽乏载伎艺人的具体收入，但养家糊口已不成问题，甚至还有较优裕阔绰的。如南宋瓦舍讲史伎艺人王六大夫，《紫桃轩又缀》记载其"以说书得官，兼有横赐，既老，筑委顺堂以居，士大夫乐与之往还"，俨然一副士大夫派头。有人评价其"温饱逍遥八十余，稗官元自汉虞初。世间怪事皆能说，天下鸿儒有弗如"[3]。而《风雨像生货郎旦》中的张三姑只不过是一个"打牌儿出野村"唱货郎儿的，但她"穿的衣服，这等新鲜，全然不像个没饭吃的"，而且敢于承诺"凭着我说唱货郎儿，我也养的你到老"[4]。

伎艺人挣钱非常辛苦，且所获并不多，"街市有乐人三五为队，擎一二女童舞旋，唱小词，专沿街赶趁。元夕放灯、三春园馆赏玩及游湖看潮之时，或于酒楼，或花衢柳巷妓馆家只应，但犒钱亦不多，谓之'荒鼓板'"[5]。再如元夕大街上歌舞队为获取一些谋生资本，常辛苦至深夜也所获不多，"都城自旧岁冬孟驾回，则已有乘肩小女，鼓吹舞绾者数十队，以供贵邸豪家次之玩……三桥等处，客邸最盛，舞者往来最多。每夕楼灯初上，则箫鼓已纷然自献于下。酒边一笑，所费殊不多，往往至四鼓乃还"[6]。这说明在市场化的环境下，艺人们要想挣钱，就必须疲于奔命辛苦付出。

最后要注意的是，虽然歌舞百戏的演出一定程度上已经有偿化、商业化，但因大部分受众为一般市民，故可以推断其收费水平并不高，最起码在多数人可承受的范围之内，甚至可能有不收费的现象存在，如有的在空地、露台、路歧之地"打野呵"的艺人们，其观众应不会全部都给赏钱，因此，其收入也会有较大的随机性。

---

[1] 吴自牧：《梦粱录》卷20《百戏伎艺》，三秦出版社2004年版，第316页。
[2] 邵伯温：《邵氏闻见录》卷18，中华书局1983年版，第194页。
[3] 陆友：《砚北杂志》卷下，文渊阁四库全书本。
[4] 佚名：《风雨像生货郎旦》，《元曲选》，浙江古籍出版社1998年版，第742页。
[5] 吴自牧：《梦粱录》卷20《妓乐》，三秦出版社2004年版，第313页。
[6] 周密：《武林旧事》卷2《元夕》，上海古籍出版社1993年版，第193页。

（二）游山玩水

旅游本身意味着一种消费行为，包括旅途中住宿、吃饭、交通费、门票费及一些购物消费等。对此，我们分别加以考察。

1. 食宿消费

古代交通不便，旅行往往不能在短时间内完成，一般情况下都需要一天以上的时间，故住宿和饮食成为各类旅游活动中不可或缺的环节。

宋代的餐饮业和旅馆业都有很大发展，这已是共识，不再赘述。旅游过程中首要的是食宿问题。如吕焕"一日游滁州，过丰山，谒汉高祖庙。……是夕，生乃寝于逆旅"[1]。李退夫"携一子游京师，居北郊别墅"[2]。陈造，"黎明策杖出钱湖门，饭于旅邸主人。入刘氏寺，遍览其胜处。度慈云岭，窥易安斋，酌虎跑、真珠二泉。登六和塔，就市楼小饮"[3]。再如唐矩喜欢旅游并"狂于歌酒"，当他在淳化年间游五羊时，却死于旅舍[4]，说明他旅游是住在旅馆的。旅游多入住旅馆，这在宋人的诗中（如《丰桥旅舍》《芜湖过繁昌旅舍萧然偶书》《钱塘旅舍》等）也有所反映。

从供给角度看，在旅游景点已普遍开设旅店和饮食店铺，极大地满足了旅游者的饮食住宿之需。如东京大相国寺是著名的旅游景点，在其东门街巷的第三条甜水巷，是一条旅店集中的街市，最为著名的就是熙熙楼客店。临安西湖的游人众多，周边布满了饮食店铺，最著名的是丰乐楼。每逢旅游旺季，"店舍经营，辐辏湖上，开张赶趁"。寒食节游人"于赏茶处借坐饮酒"[5]。城郊是市民旅游踏青的场所，也是饮食业较盛的地方。

---

[1] 李献民：《云斋广录》卷7《奇异新说·丰山庙》，中华书局1997年版，第53页。
[2] 文莹：《湘山野录》卷中，中华书局1984年版，第30页。
[3] 陈造：《游山记》，《全宋文》第256册，第374页。
[4] 阮阅编：《诗话总龟》前集卷28《寄赠门下》，人民文学出版社1987年版，第283页。
[5] 西湖老人：《西湖老人繁胜录》，《宋史资料萃编》第3辑，台湾文海出版社1981年版，第13、19页。

这在陈允平《春游曲》诗中可看出："都人欢呼去踏青，马如游龙车如水。两两三三争买花，青楼酒旗三百家。"①

那么，食宿消费水平如何？王福鑫对此已有一定考察，就住宿价格，宋代旅馆呈现出高低不等的状态，但总体来说已形成了一种随行就市的定价机制，房屋价格因地区、时节的不同而有所差异。如王福鑫通过考察秦九韶出的一则有关房间价格算术题的例子得出宋代旅馆房间价格一天为150文左右。②当然这只是个参考价格，因时间、地理位置及时节不同，会有较大差异。如熙宁六年（1072），日本僧人成寻一行，曾住"张九郎家"，所付的房赁钱"五十文"。③成寻一行共8人，每晚50文的住宿钱，人均尚不到7文，这与上例中的150文相差20多倍。再如旅游旺季时房价也会上涨。如钱塘观潮是临安的标志性旅游项目之一，每当此时，"自庙子头直至六和塔，家家楼屋，尽为贵戚内侍等雇赁作看位观潮"④。这里虽没说房价上涨，但涨价应是肯定的，正如周密所说，其时，"江干上下十余里间，珠翠罗绮溢目，车马塞途，饮食百物皆倍穹常时，而僦赁看幕，虽席地不容闲也"⑤。既然"饮食百物皆倍穹常时"，那么，旅馆房价上涨也是必然的。再如宋仁宗时，成都僧司作大会，"四路州军人众，悉来观年，填溢坊巷，有践踏至死者，客店求宿，一夜千钱"⑥。客人爆满情况下的成都旅店，房价竟涨至一人一夜一贯（铁）钱。

宋代饮食店铺的商品价格多样，同一商品因不同品质、不同店铺（地区）、不同时段，也会有不同的价格。程民生对宋代食品价格与餐费有过详细的考察。他指出宋代城市的肉类价格比较贵。大观年间，牛肉每

---

① 陈起编：《江湖小集》卷17《陈允平西麓诗稿》，文渊阁四库全书本。
② 王福鑫：《宋代旅游研究》，河北大学出版社2007年，第258—262页。
③ 成寻：《参天台五台山记》第1，转引自程民生：《宋代物价研究》，人民出版社2008年版，第57页。
④ 吴自牧：《梦粱录》卷4《观潮》，三秦出版社2004年版，第51页。
⑤ 周密：《武林旧事》卷3《观潮》，上海古籍出版社1993年版，第204页。
⑥ 范镇：《东斋记事》卷4，中华书局1980年版，第34页。

斤 100 文；绍兴末，平江府羊肉每斤 900 文，连薪俸低的小官员也吃不起；宋徽宗时的冬季，开封市场上从黄河等外地运来的鱼，每斤不上 100 文；宋徽宗时，开封市场上的笼饼每枚 7 文，一份小吃价格一般在 10—20 文之间。熙宁年间，一位民夫吃顿带酒水的饭一般在 10 文左右；端平年间的临安城，饭店内酒菜的价格比较贵，最少也要 100 文，多者 5 贯；南宋官员之间的宴请，一次花费数千贯。而高官的一场豪华宴席，一般会上万贯。通过具体的数字，程民生总结说宋代普通食品和餐费并不贵，适应着广大人民群众的需要和购买力。除了个别大城市外，鱼类等水产品一般比较便宜。但在大多数情况下，肉类比较贵，底层百姓轻易消费不起。高档食品和筵席是上层社会的享用，其价格在一般百姓看来，不啻天价，彰示着富贵人家的奢侈和官场的公款挥霍，也反映了贫富差距。① 基于这种价格差异，想必旅行的人会根据经济情况有所选择。有经济实力的人可能会吃住的好一点，相反则差一点，但总体而言不会影响旅游过程中带来的精神上的满足感。

2. 交通消费

旅游，是游客的空间位移，常需借助一定的交通工具来实现。受历史条件限制，宋时人们能够借助的交通出行工具大体有舟船、车轿、驴马几类。通常情况下，官僚士大夫们和有钱的豪家富室都拥有自己的交通工具，如文彦博退居洛阳，"日挟家童数辈肩舆，与宾客姻亲共游无虚时"②。这里的"肩舆"又称檐子或轿担，是一种肩抬的代步工具，文彦博出游时还带着家童，想必肩舆也是自家的；符彦卿卸任后，"八年间乘小车驷，遍游佛寺名园"③；邵雍居住洛阳期间，"春秋时出游城中，风雨常

---

① 程民生：《宋代食品价格与餐费考察》，《河北大学学报》2008 年第 4 期。
② 叶梦得：《岩下放言》卷下，《全宋笔记》第 2 编（9），大象出版社 2006 年版，第 344 页。
③ 王称：《东都事略》卷 19《符彦卿》，《宋史资料萃编》第 1 辑，台湾文海出版社 1979 年版，第 337 页。

不出，出则乘小车，一人挽之，惟意所适"①。尽管这里没有说明是自家小车，但因出游的频繁，为方便快捷，交通工具应是必备用品。陆游就曾花1贯钱买得一小船，"千钱买轻舟，不复从人借"②。当然，交通工具因为其外显性，也是一种身份地位的象征，故有些人家颇为讲究。如杭州西湖上的游船中，"更有豪家富宅，自造船支游嬉，及贵官内侍，多造采莲船，用青布幕撑起，容一二客坐，装饰尤其精致"③。

相比富贵人家，一般民众出游则大多需要租赁。应运而生的宋代租赁业也较发达，常用交通工具均有租赁，比如在东京汴梁，檐子、车子、舟船、驴马等交通工具"自有假赁所在"，而且"皆有定价"。百姓"寻常出街市干事，稍似路远倦行，逐坊巷桥市，自有假赁鞍马者，不过百钱"。④《麈史》记载："京师赁驴，涂之人相逢，无非驴也。"⑤陆地上车马驴为主要交通工具，水路上则要靠舟船，如范成大在赴桂林任官途中游览了沿途名胜，其中许多都是乘舟往游的，如经湖州时，"将游北山石林，薛守愿同行。乘轻舟十余里，登篮舆，小憩牛氏岁寒堂，自此入山"⑥。吕祖谦在绍兴游览时，"买舟泛鉴湖"⑦。吴龙翰在秀州用1贯钱租船，"天与东风便，千钱买一舟。嘉禾三月路，阴木四山秋"⑧。因为旺盛的需求，租赁舟船业也甚为发达，如在宣政年间，在池苑内有"假赁大小船子，许士庶游赏，其价有差"⑨。临安因其水域众多，又有西湖风景区，其舟船出租

---

① 脱脱等：《宋史》卷 428《邵雍传》，中华书局 1985 年版，第 12727 页。
② 陆游：《陆游集·剑南诗稿》卷 39《扁舟皆到门》，中华书局 1976 年版，第 1016 页。
③ 吴自牧：《梦粱录》卷 12《湖船》，三秦出版社 2004 年版，第 184 页。
④ 孟元老著，邓之诚注：《东京梦华录注》卷 4《杂货》，中华书局 1982 年版，第 125 页。
⑤ 王得臣：《麈史》卷中《论文》，中华书局 1986 年版，第 91 页。
⑥ 范成大：《范成大笔记六种·骖鸾录》，中华书局 2002 年版，第 42 页。
⑦ 吕祖谦：《入越录》，《全宋文》第 261 册，第 401 页。诗中的"买舟"即租船。它在宋人文集中常常出现，如秦观有诗句曰："买舟江上辞公去，回首蓬莱梦寐中。"（《淮海集笺注》卷 8《别程公辟给事》）释觉宽也有诗名曰《送实上人还东林时余亦买舟东下四首》（释觉范《石门文字禅》卷 14）；廖行之有《丰城舟中》诗："踏遍江湖路几千，买舟因得憩江天。"（《省斋集》卷 3《丰城舟中》）这说明了宋人租船旅行很普遍，也反映出宋代交通业的发达。
⑧ 吴龙翰：《古梅遗稿》卷 1《嘉禾舟中》，文渊阁四库全书本。
⑨ 孟元老著，邓之诚注：《东京梦华录注》卷 7《池苑内纵人关扑游戏》，中华书局 1982 年版，第 199 页。

服务更为发达。"行都左江右湖，河运通流，舟船最便……无论四时，常有游玩人赁假。舟中所需器物，一一毕备，但朝出登舟而饮，暮则径归，不劳余力，惟支费钱耳。"①《梦粱录》中有更详细记载："杭州左江右湖，最为奇特，湖中大小船只，不下数百舫……若四时游玩，大小船只，雇价无虚日。遇大雪亦有富家玩雪船。如二月八及寒食清明，须先指挥船户，雇定船只。若此日分舫船，非二三百券不可雇赁。至日，虽小脚船亦无空闲者。船中动用器具，不必带往，但指挥船主一一周备。盖早出登舟，不劳为力，惟支犒钱耳。"②

总之，无论是自己家的交通工具还是租赁，都需支付一定费用。前者是一次性的购买而得，因仅作为私人交通工具，无论是轿子还是船只，造价都不能与官方相比③，一般情况下较为便宜，如上文所提到的陆游只花了1贯钱就买得一条小船。后者则是不时之需。郑介夫有诗云："未言路上舟车费，尚欠城中酒药钱。"④明确指出了"舟车费"，即乘坐舟车是要付钱的。那么，宋代的舟车费即交通工具租赁费该如何付？又该付多少？王福鑫认为宋代旅游交通租赁业价格具有随行就市性，而且地方州县的交通工具租赁价格一般要低于京城。本书不再详引具体例子，仅从数字上看，"假赁鞍马者，不过百钱"、"每人每程一百文足"、"若此日分舫船，非二三百券不可雇赁"、"小船赁三百文钱与了"、"轿子担二人，各五十文"、"担轿二人，各与六十文钱了"⑤等，单笔开支并不算贵，但如果是经常性的，累积起来也不可小视，毕竟这只是旅游消费链中的一项内容。

---

① 耐得翁：《都城纪胜·舟》，上海古籍出版社1993年版，第10—11页。
② 吴自牧：《梦粱录》卷12《湖船》，三秦出版社2004年版，第182—184页。
③ 官方所用要贵得多，如船只的价格大多在数百贯或数千贯之间，高者达数万贯，如治平年间的三司使蔡襄所言："一舟之费，小者五百千，大者七百千。"（参见蔡襄：《蔡襄集》卷22《论兵十事》）
④ 陆游：《老学庵笔记》卷9，中华书局1979年版，第118页。
⑤ 参见王福鑫：《宋代旅游研究》，河北大学出版社2007年版，第324—327页。

3. 门票消费

宋代旅游者在旅游地（风景区、寺观祠庙、私家园林等）游览观光是否需要付钱？该付多少钱？又如何付钱？王福鑫认为宋代旅游地不仅存在收费现象，而且有的还有具体的收费标准。他认为寺院对游客有收费行为，如封禅寺、五台山僧的"求钱"都反映了这一事实，只不过寺院的收费尚未见诸具体标准，而且其收费也是以游客的"檀施"、香油钱、香火钱等形式表现出来的。[①] 笔者认为将"檀施"、香油钱、香火钱等算为"门票"收入有些勉强，因为这笔花销不是强制性的，而是旅客自愿的，更何况，很多游人去寺观旅游更大程度上是为烧香许愿求富贵保平安的，旅游可能已是次要目的。关于宋人为宗教信仰而进行的消费，笔者会在后文有专门考察。总之，游客和香客不能绝对区分，他们之间有交集，即本是香客却以游客的方式表现出来，本是游客去参观寺观时也免不了许个心愿求个平安而充当了香客的角色。

园林是宋代旅游资源中的重要内容之一，一些私家园林确实存在收费现象。这将在后文的"赏花付费"中论及。但整体来看，现存大量的旅游资料中较少见有收费记载，笔者认为旅游景点收费现象尽管存在，但却是个别的、零星的，一般情况下不存在强制行为。这应与许多旅游资源属于公共资源有关。即使园林因具有私人性而收一定门票，也应不是普遍现象。如魏花"初出时，园吏得钱，以小舟载游人往观，他处未有也"[②]。"他处未有也"说明了这种行为的不常见性。不过，旅游景点收费现象的存在，说明宋代旅游业正向商业化、专业化方向发展。但因不是普遍现象，只是处于初级阶段，不应估计过高。尽管如此，它也是宋代商品经济高度发展的又一印证。

---

① 王福鑫：《宋代旅游研究》，河北大学出版社 2007 年，第 385 页。
② 邵伯温：《邵氏闻见录》卷 17，中华书局 1983 年版，第 186 页。

4. 购物消费

购物活动也是旅游过程中的重要环节，如临安的清明节，"都人不论贫富，倾城而出……又使童仆挑著木鱼、龙船、花篮、闹竿等物归家，以馈亲朋邻里"[1]。旅游者买的"木鱼、龙船、花篮、闹竿等物"大概都是些玩具纪念品。三月开金明池，"细民作小儿戏弄之具，而街卖者甚众，而龙船为最多。大率仿御座龙船及竞渡龙虎头船，其巨细工拙，不一制也"[2]。这些"小儿戏弄之具"显然是种旅游商品。东京和临安的七夕节均卖一种叫"磨喝乐"[3]的玩具。如在东京，"七月七夕，潘楼街东宋门外瓦子，州西梁门外瓦子，北门外，南朱雀门外街，及马行街内，皆卖磨喝乐，乃小塑土偶耳。悉以雕木彩装栏座，或用红纱碧笼，或饰以金珠牙翠"[4]。在临安，"御街扑卖摩侯罗，多着乾红背心，系青纱裙儿；亦有著背儿、戴帽儿者"[5]。磨喝乐"有极精巧，饰以金珠者"[6]，"有一对直数千者"[7]。金盈之也记载："京师是日多博泥孩儿，端正细腻，京语谓之摩睺罗，小大甚不一，价亦不廉。或加饰以男女衣服，有及于华侈者。南人目为巧儿。"[8]可见，磨喝乐作为吉祥商品，虽然价格不菲，但深受游人喜欢。北宋东京每遇大礼年就有"预教车象"，而且每当这时，"御街游人嬉集，观者如织。卖扑土木粉捏小象儿，并纸画看人，携归以为献遗"[9]。

---

[1] 吴自牧：《梦粱录》卷2《清明节》，三秦出版社2004年版，第22页。
[2] 金盈之：《新编醉翁谈录》卷3《京城风俗记·三月》，辽宁教育出版社1998年版，第12页。
[3] 磨喝乐，又写作摩睺罗、魔合罗等，是一种精制的泥娃娃，它来源于佛教，是佛教天龙八部之一的童佛，六岁出家成佛。宋代磨喝乐成为七夕时的上贡品。正由于磨喝乐这种既是进贡品，民间也争玩的性质，使之形成市场并异常活跃。
[4] 孟元老著，邓之诚注：《东京梦华录注》卷8《七夕》，中华书局1982年版，第208页。
[5] 西湖老人：《西湖老人繁胜录》，《宋史资料萃编》第3辑，台湾文海出版社1981年版，第28页。
[6] 周密：《武林旧事》卷3《乞巧》，上海古籍出版社1993年版，第203页。
[7] 孟元老著，邓之诚注：《东京梦华录注》卷8《七夕》，中华书局1982年版，第208页。
[8] 金盈之：《新编醉翁谈录》卷4《京城风俗记·七月》，辽宁教育出版社1998年版，第15—16页。
[9] 孟元老著，邓之诚注：《东京梦华录注》卷10《大礼预教车象》，中华书局1982年版，第235页。

这"土木粉捏小象儿"也是一种小玩具纪念品。除了这种有纪念意义或吉祥寓意的商品外，宋代市场上还出现了类似今天的旅游交通图——《朝京里程图》。《古杭杂记》载："驿路有白塔桥，印卖朝京里程图，士大夫往临安，必买以披阅。有人题于壁曰：'白塔桥边卖地经，长亭短驿甚分明。如何只说临安路，不数中原有几程。'"① 从诗中所反映的情况看，《朝京里程图》详细介绍了临安城的交通、驿馆等情况，这为人们在临安旅行游览提供了很大的方便。导游图的出现再次说明了宋代旅游业的繁荣发展，也说明了宋人已经产生了自觉的旅游意识，在旅行之前，先对旅游目标有一定了解，做到心中有数。有需求就有供给，有供给就有需求。想必很多喜欢旅游的人去临安，也会买一份《朝京里程图》作为指导，这也算是旅行中的一种必需品吧。

旅行中的购物消费体验是独特的，尤其带回一些纪念品使旅行的快乐回忆保留地更加持久，使旅行的意义更加丰富。当然，是否购物或购物的多少与旅行者的经济实力挂钩，在实际中，有钱的可能买得贵、买得多，没钱的可能买便宜的或干脆不买。就如上文所说的磨喝乐玩具，有的价格很高，穷人孩子可能买不起，但买不起也不必扫兴，可以买来新鲜荷叶，把自己装扮出磨喝乐的样子，也可自得其乐，"小儿女多衣荷叶半臂，手持荷叶，效颦摩睺罗"②。需注意的是旅行中的购物消费是自愿行为，不像食宿、交通是必需消费项目，故有随机性。但基于一般消费心理，在快乐的气氛里游客常常会有购买欲望，继而有购物行为，因此，旅游过程中的购物消费常常不可避免，它也因此成为旅游消费中的一项支出。

（三）呼卢赌博

赌博因本身具有的投机性与人的贪婪性，本是娱乐，却常常不受控

---

① 李有：《古杭杂记》，《说郛三种》卷4，上海古籍出版社1988年版，第84页。
② 周密：《武林旧事》卷3《乞巧》，上海古籍出版社1993年版，第203页。

制，不仅花费的数额巨大，时人所说"呼卢百万"①应当不是夸张说法，而且可能远远超出自己实际承受能力，具有显著的奢侈性。对有钱的参赌者来说赌资巨大，一掷千金，如前文提到的杨亿一晚上的赌资竟达30万贯，全部输后仍能"酣睡自如"。章得象一次赢来"银数百两"，对这些赢来的钱看都没看过又全部输出。这说明他们对此早已习以为常了。再如郑戬，"与同辈赌彩选，一坐尽负，独戬赢数百缗"②。一会儿工夫赢得数百缗当是豪赌无疑。而戚方则用黄金来赌，且"每博不下数枚"③。另据《陈辅之诗话》载："冯衮牧苏州日，多纵饮博。因大胜，以所得均于座客。吟云：'八尺台盘照面新，千金一掷斗精神；合是赌时须赌物，不堪回首乞闲人。'"④诗中反映出赌者一掷千金的豪爽之气，其奢侈性显而易见。由于关扑所具有的娱乐性，达官显贵们也热衷于此，不过，他们所扑之物较普通小民贵重了许多，"以至车马、地宅、歌姬、舞女，皆约以价而扑之"⑤。《夷坚志》中还讲述了一个因关扑一黄柑而输了上万钱的例子："会有持永嘉黄柑过门者，生呼而扑之。输万钱，愠形于色。曰：'坏了十千而一柑不得到口。'"⑥如果通过正常的买卖途径，想必万钱可以买不计其数的黄柑。这样的结果也正体现了赌博的风险性和刺激性，同时也说明了其奢侈的一面。

对普通百姓来讲，在有限的财力下参与赌博，常常血本无归。赌徒们抱着侥幸心理在赌场上做着发财梦。即使穷困潦倒，也寄希望于此翻身，如盐官县黄天荡的余三乙，已到行乞于市的地步，幸亏妻子存了数匹布，他便以此为资，跑到临安，"扑卖头须篦掠"为生去了。⑦

---

① 周密：《武林旧事》卷3《西湖游幸》，上海古籍出版社1993年版，第199页。
② 吴处厚：《青箱杂记》卷3，中华书局1985年版，第31页。
③ 李心传：《建炎以来系年要录》卷34"建炎四年六月戊子"条，《宋史资料萃编》第2辑，台湾文海出版社1980年版，第1315页。
④ 陈辅之：《陈辅之诗话·饮博》，《说郛三种》卷81，上海古籍出版社1988年版，第3743页。
⑤ 孟元老著，邓之诚注：《东京梦华录注》卷7《池苑内纵人关扑游戏》，中华书局1982年版，第198页。
⑥ 洪迈：《夷坚志》补卷8《李将仕》，中华书局2006年版，第1618页。
⑦ 洪迈：《夷坚志》补卷3《余三乙》，中华书局2006年版，第1575页。

宋话本《史弘肇龙虎君臣会》记载了一个指望通过扑鱼来获利的人，但还"不曾扑得一文"，扑物就被扑走，不得已向扑者索要扑物的事例。类似的例子在《续夷坚志》中也有记载：

> 冯翔土人王献可，字君和。元丰中，试京师，待榜次，一日晨起，市人携新鱼至，掷骰钱赌之。君和祝骰钱以卜前程，一掷得鱼，市人拊膺曰："我家数口，绝食已二日，就一熟分人赊此鱼，望获数钱，以为举家之食，子乃一掷胜之，我家食禄尽矣。"①

这些例子是宋代市民关扑的生动写照，本钱微薄甚至没有，因侥幸心理仍要大胆一试，希望通过赌博赢钱，以改善境遇或谋到好处。可是扑起来是凶是吉，无法把握，常常连本钱也输进去，这对赌者来讲无疑是一种奢侈性消费，只不过被赌博的投机性所掩盖了。

赌博的奢侈性还体现在欲罢不能的持续性上，它的投机特性使人不觉上瘾，一次又一次地下赌注，直至倾家荡产。如《名公书判清明集》记有这样一个案例："支乙于衢州南市楼上，开置柜坊，楼下开置茶肆，以妻为饵。徐庆三、何曾一、王寿、余济皆与逾滥，与以钱物，群聚赌博，实为欺骗渊薮。"名为茶肆，实为妓院赌场。一次支乙、郑厨司诱陆震龙至，其同伙余济等"能将骰子两只，当留六面大采靠拢"，使陆震龙很快输光了身上的250贯。二鼓时分，不愿服输，且不明就里的陆震龙，回家取来仅有的156贯，孤注一掷。余济等故伎重演出老千，"共骗赢陆震龙一人钱物"。陆震龙再次典当身上全部衣物来赌，但照样一去不回，且倒欠20贯。以致他"深夜欲归，无衣可着"。但无赖支乙仍"急欲陆震龙赎当还钱"。因"取之既急，恐之又甚"，陆"在家自缢而死"。② 急切求胜的心态使之不考虑自己的实际经济状况，最终无奈自杀，酿成悲剧。

---

① 元好问：《续夷坚志》卷4《盗谢王君和》，中华书局1986年版，第70页。
② 《名公书判清明集》卷14《惩恶门·赌博·因赌博自缢》，中华书局1987年版，第530—532页。

(四)色欲之欢

色情消费属于享受性精神类消费,一般情况下,一旦陷入色欲情海往往不能自拔,其消费欲望无有止境。那么宋人在这方面开支情况如何?我们对蓄养妾妓费用和逛妓院花费作一粗略考察。

1. 蓄养妾妓费用

(1)一次性购买花费

根据史料记载来看,不同于普通商品,妾妓一次性购买费用相当多,数百贯甚至上千贯是基本行情,这可从下表看出:

表2—2 宋代妾妓之价格[①]

时间	买主	价格	资料出处
宋太祖时	太祖遣某人	500贯	李焘《续资治通鉴长编》卷8
宋真宗时	寇准	约100贯(银百星)	曾慥《类说》卷52《纪闻谈》
宋真宗时	某商人	400贯	洪迈《夷坚志》补卷3《曾鲁公》
宋真宗时	王旦	银3000两	苏辙《龙川别志》卷上
宋仁宗时	王仲义	1000贯(二女)	曾慥《高斋漫录》
北宋中期	赵仲騑	数百贯	脱脱等《宋史》卷327《王安礼传》
北宋中期	王安石	900贯	邵伯温《邵氏闻见录》卷11
北宋中期	张方平	数百贯	《朱子语类》卷130《本朝四·自熙宁至靖康用人》
北宋中期	韩琦	100贯	陶宗仪等《说郛三种》卷81
北宋中期	时邦美父	白金百星(按北宋中期银价约为每两2贯,约合200贯)	刘斧《青琐高议》后集卷2《时邦美》

---

① 表时间一栏中若无明确说明者,以买者的大致生活时代为著录依据,不明者为空,且时间以通常的三分法大致分为前期、中期与后期。

续表

时间	买主	价格	资料出处
北宋中后期	冯京	白金数笏（存疑）	罗大经《鹤林玉露》乙编卷4《冯三元》
北宋中后期		3000贯	吕祖谦《宋文鉴》卷13《诗·妾命薄》
北宋中后期		5000贯	朱彧《萍州可谈》卷1
约北宋后期	某通判者	700贯	廉宣《清尊录》，《说郛》卷34
约北宋后期	胡道修	数千（应是"数千文"，即数贯）	张邦基《墨庄漫录》卷5
绍兴初	西安宰	300贯	洪迈《夷坚志》丁志卷11《王从事妻》
1134	周生	1000贯会（约合770贯）	洪迈《夷坚志》补卷22《王千一姐》
1131—1162	吕颐浩	数千缗	李心传《建炎以来系年要录》卷109
1131—1162	蒋教授	500贯	洪迈《夷坚志》乙志卷2《蒋教授》
绍兴后期		70贯	洪迈《夷坚志》支戊卷9《董汉州孙女》
	部主事某人	250贯	潘永因《宋稗类钞》卷3《厚德》
	某宗室	100贯	洪迈《夷坚志》三志己卷1《长安李妹》
	虞孟文	140贯	洪迈《夷坚志》丙志卷15《虞孟文妾》
	高子勉	数百贯	洪迈《夷坚志》丁志卷16《玉真道人》
	林氏	1000贯	洪迈《夷坚志》乙志卷16《张抚干》
1174—1189	郑主簿	80贯会（约合56贯）	洪迈《夷坚志》补卷8《郑主簿》
1174—1189	孙朝清	600贯（二人）	洪迈《夷坚志》补卷8《郑主簿》
1195—1207	程松	100贯	脱脱等《宋史》卷396《程松传》
宋理宗时	朱某	800贯会（约合560贯）	张端义《贵耳集》卷中

（2）蓄养费用

购买回来，要供其吃穿住用，有的还会对之进行再教育，这些总和起来将是一笔不小的数目。否则不会出现蓄妓无资只能借贷的事情，如李霞"其子勃不肖蓄妓,家贫无以为资,遇保义郎杜远于万州,欲从之假贷"。因为常人都非常看重女性的容貌,而用来修饰的衣服、首饰不可或缺。又由于蓄养妓妾已不单单是某个人的一时消费,某种程度上已经成为蓄养者身份和地位的象征。而作为最具外显力的衣饰的重要性就不言而喻了。如李纲所蓄养的"侍妾歌童衣服饮食,凡资身之具,极于美丽";① 张镃,"其园池、声妓、服玩之丽甲天下",他家举办的一场宴饮,仅群妓穿的衣服和簪的花"凡十易",怪不得周密要说其豪侈了。② 比张镃更豪侈的不得不提南宋权臣韩侂胄:

> 侂胄有四妾,皆郡夫人。……其次有十婢均宠。有献北珠冠四枚者,侂胄喜,以遗四夫人。十婢者皆愠曰:"等人耳。我辈不堪戴耶?"侂胄患之。时赵师择以列卿守临安,闻之,亟出十万缗,市北珠冠十枚。瞰侂胄入朝献之,十婢者大喜,分持以去。侂胄归,十婢咸来谢。翌日,都市行灯,十婢皆顶珠冠而出,观者如堵。③

十冠十万缗,更不用说其他服饰了,就在韩侂胄失势后,"有司籍其家,多乘舆服御之饰,其僭紊极矣"④。当然,好的衣饰价格非常昂贵,"妇女饰簪之微,至当十万之直"⑤;"一袭衣其直不翅千万"⑥;"一袜一领,费至千钱"⑦;章献皇后为张文节买了二女奴,首饰服用,不只三十余万⑧。可见蓄养妓妾,仅衣饰这项就花费不少。

---

① 分别见李心传:《建炎以来系年要录》卷53"绍兴二年夏四月庚辰"条、卷94"绍兴五年冬十月乙卯"条,《宋史资料萃编》第2辑,台湾文海出版社1980年版,第1814、3042页。
② 周密:《齐东野语》卷20《张功甫豪侈》,中华书局1983年版,第374页。
③ 潘永因:《宋稗类钞》卷2《谄媚》,书目文献出版社1985年版,第112页。
④ 脱脱等:《宋史》卷474《韩侂胄传》,中华书局1985年版,第13777页。
⑤ 王迈:《丁丑廷对策》,《全宋文》第324册,第333页。
⑥ 李焘:《续资治通鉴长编》卷118,中华书局1985年版,第2777页。
⑦ 袁褧:《枫窗小牍》卷上,《宋元笔记小说大观》(5),上海古籍出版社2001年版,第4760页。
⑧ 江少虞:《宋朝事实类苑》卷10《张文节》,上海古籍出版社1981年版,第116页。

买来的妓妾主要目的即为满足男主的色欲之欢,因此,除了貌美和华丽服饰外,也要有歌舞伎艺,每逢私人聚会或自娱自乐时,这些妓妾的唱词舞蹈佐酒不可或缺。因此男主也经常对她们进行歌舞技艺的教习。李邦直在写给韩魏公的信中,曾谈到聘请伶人教侍妾歌舞,以便友人聚会时侑觞助酒之事:"然常山颇多老伶人,吹弹甚熟,日使教此五六人者。近稍便串,异时愿侍饮,期一醑觞也。"①袁采则说:"夫置婢妾,教之歌舞,或使侑尊,以为宾客之欢。切不可蓄姿貌狡黠过人者。"②那么,既然是聘请人教习,自然要花钱,可从刘承勋所蓄养妓乐学习技艺的花费情况探知一二。刘承勋"家畜妓乐数十百人,朱门甲第,穷极富贵。尝指妓乐中一青衣云:'此女妓教其优剧,止学师巫持刀敕水一艺,凡费二千缗,他可知也。'"③

(3)逛妓院花费

妓院是卖淫场所,具有经营性质,其消费对象为妓女,妓女的肉体被用之于商业目的。逛妓院的人只要走入妓院,在老鸨和妓女的精心设计下,无不倾囊而出,如前文讲到的吴妓徐兰精心奉迎巨富沈承务,最终使其"糜金钱数百万而归"。色情之欲是一个无底洞,只要陷进去,往往不可自拔,故与妓有染的人常常出现"财匮"现象,《清波杂志》就记载了一个非常有意思的例子:

> 元祐间,敏求斋有治春秋陈生与宋门一倡狎。一日,会饮于曹门,因用春秋之文题于壁曰:"春正月,会吴姬于宋;夏四月,复会于曹。"有继其文戏之曰:"秋饥,冬大雪,公薨。"其意以谓财匮当有饥寒之厄也。此固知非典语,亦切中后生泆游迷而不返之病。④

---

① 张邦基:《墨庄漫录》卷7《李邦直侍姬名玉梳金篦》,中华书局2002年版,第207页。
② 袁采:《袁氏世范》卷下《治家·美妾不可蓄》,文渊阁四库全书本。
③ 江少虞:《宋朝事实类苑》卷74《刘承勋》,上海古籍出版社1981年版,第983页。
④ 周煇撰,刘永翔注:《清波杂志校注》卷4《两学人物》,中华书局1994年版,第167页。

正如文中所评那样，事情并不一定就完全按诗中所说发展，但一定会为此而付出大量的钱财和精力，若沉迷其中"财匮"也属正常。总之，嫖妓花费巨大是不争的事实，有的人为了筹集嫖资，想尽办法，甚至不惜冒险犯法，如王永年"盗卖官文书，得钱费于娼家，畏其妻知之，乃伪为籍曰'买物若干遗某、遗某'，其实无有也"[1]。

卖笑为生的妓女们使尽浑身解数展示万种风情，只为取悦嫖客慷慨解囊。我们从"艳词"高手柳永的词作中即可看到："一曲阳春定价，何啻值千金"；"王孙若拟赠千金，只在画楼东畔住"；"佳人巧笑值千金"[2]；等等。在佳人们的巧语笑声中，看客们一般出手大方，除了直接给金钱，还流行送锦罗布帛，《全宋词》中经常提到"缠头"，即指女妓歌舞演毕，赠送给她们布帛财物的通称。如"舞罢缠头怎得无"、"不用缠头千尺锦"、"蜀锦缠头无数"、"缠头一斛明珠"[3]，等等。而这些缠头并不廉价，《癸辛杂识》续集中记载张于湖为多景楼题匾，"公库送银二百两为润笔。于湖却之，但需红罗百匹。于是大宴合乐，酒酣，于湖赋词，命妓合唱甚欢，遂以红罗百匹犒之"[4]。红罗百匹的价值应不少于银200两。

四、宋代休闲娱乐消费的特点

（一）市场性

所谓市场性是强调其商品性，即消费者在市场上用货币购买商品，其价格受供求关系与产品质量等因素影响。作为一种资源配置方式，市

---

[1] 李焘：《续资治通鉴长编》卷281，中华书局1986年版，第6888页。
[2] 分别见柳永：《瑞鹧鸪》、《木兰花》其一、《少年游》其十，唐圭璋：《全宋词》，中华书局1965年版，第49、34、33页。
[3] 分别见王之道：《减字木兰花》、苏轼：《减字木兰花》、晏殊：《山亭柳》、黄庭坚：《清平乐》，唐圭璋：《全宋词》，中华书局1965年版，第1143、322、106、393页。
[4] 周密：《癸辛杂识》续集下《多景红罗缠头》，中华书局1988年版，第209页。

场化的商品经济会促使形成更高的专业化与劳动分工，逐利动机成为支配性的动机形式。成熟的市场经济一般认为发端于19世纪的工业革命，在国家力量的推动下，自我调节市场得以形成，市场成为支配性的资源配置方式。① 这是基于西方经济学理论的认识，而事实上在宋时，市场经济已有相当发展，基于此，有宋史专家认为我国资本主义萌芽出现于宋代。② 这些市场因素不仅出现在手工业、农业等生产部门，在消费领域也有所体现。

市场性最基本的表现是价格由市场调节形成，主要受供求关系与产品质量等因素影响。上文考察旅游消费的食宿价格时，与现在相似，在旅游旺季普遍上涨，"饮食百物皆倍穹常时"，这主要受供求关系的影响。在考察宋人购买妾妓时，价格差异较大，少则数十贯，多则数千贯，这种差异主要受女子自身条件和供求关系的市场因素影响。自身条件体现在女子的姿容、声伎与品性方面。王安礼说："妾之所以直数十万者，以姿首也。"③ 兴元府李翁之女，"姿容绝丽，人目之为花羞，豪贵竞纳金珠，求以为妾，有至数千缗者"④。若既有姿色又能歌善舞者，价格更贵。如兴元府民，有子"绝警慧，美姿首"，其父母饰子为女，"教以新声"，女伶及好事者接踵其门，民为此收得"看钱"就达数千，一通判终以70万成券，后方知受骗。⑤ 许多人正是看在"美"这一点上舍得出钱。而常州人胡道修所买的村女"寝陋可骇"，才花了数千文即数贯。⑥ 作为商品而被交易的女子，其价格也明显与市场的供求关系有关。《萍洲可谈》记载："京

---

① 正如斯威德伯格所述："19世纪的英国革命性地尝试去引入完全崭新类型的经济，在此类型的经济中，一切事情都环绕市场展开。无论是政治或是宗教权威在经济事务方面都没有权威；所有一切都由市场（自我调节的市场）决定。19世纪四五十年代，一系列法律被引入来将这一方案变为现实，这些法律使得土地和劳动力转变为公共商品，能够随意买卖。"（参见〔瑞典〕斯威德伯格：《经济社会学原理》，周长城译，中国人民大学出版社2005年版，第19页）
② 葛金芳、顾蓉：《从原始工业化进程看宋代资本主义萌芽的产生》，《社会学研究》1994年第6期。
③ 脱脱等：《宋史》卷327《王安礼传》，中华书局1985年版，第10555页。
④ 彭□：《续墨客挥犀》卷3《小民不为利动》，中华书局2002年版，第445页。
⑤ 廉宣：《清尊录》，丛书集成本。
⑥ 张邦基：《墨庄漫录》卷5《胡道修璧怪》，中华书局2002年版，第147页。

师买妾,每五千钱名一个,美者售钱三五十个。近岁贵人,务以声色为得意,妾价腾贵至五千缗,不复论个数。"①按 30 个计,每名的价格是 150 贯;按 50 个计,每名的价格是 250 贯,而至北宋末年时,已涨至 5000 贯,价格涨了二三十倍。即使考虑进北宋末物价普遍上涨的因素,仍涨价不少。当然,价格的形成是复杂的,除了受市场因素影响,还受其他一些偶然因素影响,比如人为干预、发生自然灾害或战争等情况,价格都会有较大波动。如阿陈之女,在短短的一年又七个月间,经三牙侩转卖,"身子钱"由最初的 220 贯增至 700 贯②,这即与牙侩哄抬价格有关。有些妓女在得到名人品题后,身价也应声而涨,如柳永是深受市井喜欢的词人,被妓女追捧,直接原因即"一经品题,声价十倍"③。官妓李琦在得到苏轼的品题后,"自此声价增重"④。而当遇到灾荒疾疫之年,流民甚众,这时女性被卖首要是解决生计问题,价格自然不会高。如理宗宝庆四年(1228)春"大疫",平江一富民子仅"持粟数斗"便买得一妾(流民)。⑤遇战争时,为了生存有些女子不要分文甘为人妾,《夷坚志》中记载的"王氏二妾"即属此情况。⑥

市场性还体现在商贩迎合消费者喜好以达到促销目的。宋代"关扑"深受民众喜欢,就与扑卖商贩大多是根据民众的生活需要制造和安排关扑物品有关。如天气最热时,扑卖商贩就在街市上扑卖蒲合、生绢背心、黄草布衫、苎布背心、黑伞、花手巾、凉伞、凉簟、凉枕、紫纱裙、凉鞋等。⑦并且随着时令节序的转移,商贩也随之变换着关扑物品,像春、冬

---

① 朱彧:《萍洲可谈》卷 1《买妾价贵捉婿费多》,《宋元笔记小说大观》(2),上海古籍出版社 2001 年版,第 2306 页。
② 《名公书判清明集》卷 9《户婚门·雇赁·卖过身子钱》,中华书局 1987 年版,第 357—358 页。
③ 罗烨:《新编醉翁谈录》丙集卷 2《三妓挟耆卿作词》,辽宁教育出版社 1998 年版,第 23 页。
④ 周煇撰,刘永翔注:《清波杂志校注》卷 5《海棠诗》,中华书局 1994 年版,第 197 页。
⑤ 佚名:《鬼董》卷 3,知不足斋丛书本。
⑥ 洪迈:《夷坚志》丙志卷 16《王氏二妾》,中华书局 2006 年版,第 503 页。
⑦ 西湖老人:《西湖老人繁胜录》,《宋史资料萃编》第 3 辑,台湾文海出版社 1981 年版,第 27 页。

之际，就扑卖玉栅小球灯、奇巧玉栅屏风、棒灯球、走马灯、闹蛾儿、玉梅花、元子槌拍、金橘数珠、糖水、鱼龙船儿、梭球、香鼓儿等时令之物。夏、秋时节则关扑青纱、黄草帐子、挑金纱、异巧香袋儿、木樨香数珠、梧桐数珠、藏香、细扇、茉莉盛盆儿、挑纱荷花、满地娇、背心儿、细巧笼杖、促织笼儿、金桃、陈公梨、炒栗子、诸般果子等应景之物。① 以市场需求为导向适时调整所扑卖物品，正是市场性的突出表现。

市场性在歌舞百戏领域有更充分的体现。宋代歌舞百戏空前繁荣，演出方式不再限于以前单纯的献艺供乐，而发展为以获取一定报酬为目的的商业性演出。即表演者是以精神产品出售者的身份来从事演出活动的，而此时的观赏者作为买方则为消费者，以支付货币的方式，换取对伎艺的欣赏机会，以求得感官享受。这种买卖双方的等价交换关系是一种赤裸裸的经济关系，也恰恰是其商业市场性的本质所在。另外，其商业市场性还表现在演出内容的市场性、演出场所的市场性和演出方式的市场性等几个方面。

演出内容的市场性，主要体现在为了吸引更多的观众，演出内容具有世俗化、多元化的特点，演出的题材符合大众审美需求。以说话伎艺为例，现存话本中可以确定为宋人作品的，据胡士莹先生考证约40种，其题材大致可分为爱情婚姻、神鬼怪异、因果报应、讼诉公案、仕途际遇等几类。而就话本中的主人公身份而言，有匠人、铺主、秀才、宰相、举子、妻妾、盗贼、神仙、鬼怪、农民、巡检、僧尼、皇帝、重臣、尚书、市民、村妇、舍人、押司、节度使、义士、娼妓、执拷等30余种，上至帝王，下至村夫，尽含其中。② 通过塑造各色人物的生动形象，并使用通俗的语言向观众描述出现实的世俗生活，不仅能很快拉近观众的距离，使之产生共鸣感，也使之在观赏中得到娱乐。再如《新编醉翁谈录》里的"小说开辟"将话本小说分为"灵怪、烟粉、传奇、公案、兼朴刀、

---

① 吴自牧：《梦粱录》卷13《夜市》，三秦出版社2004年版，第197页。
② 胡士莹：《话本小说概论》，中华书局1980年版，第200—234页。

杆棒、妖术、神仙"8种。① 它们都是大众喜闻乐见的题材。宋人话本小说中有《西山一窟鬼》的故事,据《梦粱录》记载汴梁"中瓦内王妈妈茶肆名一窟鬼茶坊",就可见话本小说与大众审美趣味的一致性。郑振铎曾说:"宋朝的小说是市民文学,是在瓦市里讲唱的,是真正出于民间为广大市民所喜欢的东西。"② 而题材之所以具有如此特点,与歌舞百戏的商业市场性运作有关,它们的内容紧扣大众的审美需求,就是为了讨观众喜欢,吸引其前去观看。也因此在演出创作上会出现浓厚的商业化气息。

演出场所的市场性集中体现在瓦舍勾栏的出现。它以商业经营的方式从事文化娱乐活动而迥然有别于传统的非经营型的文化娱乐活动。其商业经营方式不仅表现在门票入场制上,还表现在瓦舍所有权与经营权的分离上。瓦舍勾栏的所有权应属于宋政府,否则政府不会派专门的官员来管理。③ 并且瓦舍勾栏伎艺者应多是以租赁场地的方式进行经营的。《西湖老人繁胜录》记载:"小张四郎,一世只在北瓦,占一座勾栏说话,不曾去别瓦作场。"可见,小张四郎并非这座勾栏的拥有者,而是租赁者。否则,便无所谓"占"的问题,也无须说"不曾去别瓦作场"之类的话。总之,瓦舍勾栏的经营方式已经某种程度上具有了文化市场的性质,标志着我国城市表演艺术商品化市场已成雏形,商业性的居民休闲娱乐专设空间的开始,也昭示着城市娱乐文化的发展进入了一个质变的、飞跃的新时代。

演出方式的市场性主要体现在演员的日益专业性和行会组织的出现及演出前进行的广告宣传上。商业化的演出方式必然促使各演出团体内部或团体之间产生激烈的竞争,而取胜的关键是演员的好坏,这也给演员自身带来压力,他们需要不断地提高技艺,并向职业化、专业化方向发

---

① 罗烨:《新编醉翁谈录》甲集卷1《小说开辟》,辽宁教育出版社1998年版,第3页。
② 郑振铎:《中国古典文学中的小说传统》,《郑振铎古典文学论文集》,上海古籍出版社1984年版,第292页。
③ 有学者根据《东京梦华录》的相关记载认为瓦舍勾栏"大概是由宫廷委派官员或乐官来管理"(参见吴晟:《试论瓦舍文化的商业性与娱乐性》,《江西师范大学学报》2000年第3期)。

展,否则会被降级或淘汰。正如《梦粱录》所云:"或有路歧人,不入勾栏,只在耍闹宽阔之处做场者,谓之'打野呵',此又艺之次者。"想必在勾栏处的演员多是技艺精湛之人。《东京梦华录》中列举出瓦舍勾栏里各色伎艺的专业艺人①,《武林旧事·诸色伎艺人》中也列举了南宋的大量专业艺人,不再详细列出。但要强调的是,宋代艺人已有了自己的行会组织,如"绯绿社杂剧、齐云社蹴鞠、遏云社唱赚、同文社耍词、角紙社相扑、清音社清乐、锦标社射弩、锦体社花绣、英略社使棒、雄辩社小说、翠锦社行院、绘革社影戏、净发社梳剃、律华社吟叫、云机社撮弄"②。艺人行会组织的出现表明宋代伎艺已不再是个别分散的活动,而具有相当的独立性和组织性。为了招揽观众,某些演出团体进行了广告宣传工作,如常在演出前张贴"招子"、"招牌"、"纸榜"、"纸额"等广告宣传品,如吕德卿等人在茶肆中"见幅纸用绯帖,尾云:'今晚讲说《汉书》'"③。话本小说中也有类似记载,如《宦门子弟错立身》中记载有"侵早已挂了招子"。这些"招子"、"招牌"等是中国传统集市中从事商业活动的一种"民俗标志",它们"事实上已有商业广告的性质"。④

(二) 大众性

大众性主要指消费主体不再局限于统治阶级,而扩展至社会各阶层,尤其是占比较大的普通民众。在前文的论述中,已分析了参与休闲娱乐的消费群体,除了传统意义上的有钱有闲的权贵阶层,更为广大的市民和农民群体也参与进来,相较于前代,这显然具有积极意义,体现了宋代社会政治的宽松、经济的发展、文化的繁荣,标志着宋代社会的开放和进步。

---

① 孟元老著,邓之诚注:《东京梦华录注》卷 5《京瓦伎艺》,中华书局 1982 年版,第 132—133 页。
② 周密:《武林旧事》卷 3《社会》,上海古籍出版社 1993 年版,第 200 页。
③ 洪迈:《夷坚志》支丁卷 3《班固入梦》,中华书局 2006 年版,第 991 页。
④ 乌丙安:《中国民俗学》,辽宁大学出版社 1987 年版,第 77 页。

大众性的特点集中表现在节日狂欢上。一方面是因为节日为大众休闲娱乐提供了正当理由，人们纷纷走上街头；另一方面各商家也抓住机会，纷纷拿出各种手段招揽顾客。在双方的互动下，宋代出现了每逢节日而全民狂欢的情景，节日越来越成为大众的娱乐时尚。谢和耐曾在书中描绘了临安人在节日里的娱乐生活："最热闹的时候还是在节庆期间，这时人们倾城出动，在街市上开心取乐，通宵达旦地畅饮，到处寻找好玩的去处，故露天的娱乐活动亦最是繁多。"①

宋代节日众多，包括除夕、元宵节、寒食节、端午节、乞巧节、中秋节、重阳节、冬至、元旦等传统节日以及一些宗教节日和帝后生日等。在节日里，歌舞百戏的演出者们纷纷走上街头表演文艺节目，其多至成百上千，连绵数十里，大街小巷到处都热闹非凡。如正月十五，御街"两廊下奇术异能，歌舞百戏，鳞鳞相切，乐声嘈杂十余里，击丸蹴踘，踏索上竿。赵野人，倒吃冷淘。张九哥，吞铁剑。李外宁，药法傀儡。小健儿，吐五色水、旋烧泥丸子。大特落。灰药。榾柮儿，杂剧。温大头、小曹，嵇琴。党千，箫管。孙四，烧炼药方。王十二，作剧术。邹遇、田地广，杂扮。苏十、孟宣，筑球。尹常卖，《五代史》。刘百禽，虫蚁。杨文秀，鼓笛。更有猴呈百戏，鱼跳龙门，使唤蜂蝶，追呼蝼蚁。其余卖药，卖卦、沙书地谜，奇巧百端，日新耳目"。在宗教节日也不例外，如六月六日崔府君生日、二十四日神保观神生日之时，"自早呈拽百戏，如上竿、踢弄、跳索、相扑、鼓板小唱、斗鸡、说诨话、杂扮、商谜、合笙、乔筋骨、乔相扑、浪子杂剧、叫果子、学像生、倬刀、装鬼、砑鼓牌棒、道术之类，色色有之。至暮呈拽不尽"。②再如"二月八日为桐川张王生辰，霍山行宫朝拜极盛，百戏竞集"③。

---

① 〔法〕谢和耐：《蒙元入侵前夜的中国日常生活》，刘东译，江苏人民出版社1995年版，第170页。
② 分别见孟元老著，邓之诚注：《东京梦华录注》卷6《元宵》、卷8《六月六日崔府君生日，二十四日神保观神生日》，中华书局1982年版，第164—165、206页。
③ 周密：《武林旧事》卷3《社会》，上海古籍出版社1993年版，第200页。

节日里人们纷纷出游。元旦之日,"不论贫富,游玩琳宫梵宇,竟日不绝。家家饮宴,笑语喧哗"①。元宵节全城上下遍饰彩灯,并有各式龙灯表演:"南至龙山,北至北新桥,四十里灯光不绝。"②"异巧华灯,珠帘低下,笙歌并作,游人玩赏,不忍舍去。""公子王孙,五陵年少,更以纱笼喝道,将带佳人美女,遍地游赏。"二月望为花朝节,此时"百花争放之时,最堪游赏",城内居民纷纷到郊外或城内名园游赏奇花异木。③孔平仲则说:"都人士女正月十五后,乘车跨马郊野中,为探春之宴。"④寒食清明节本是祭祖思亲的活动,但至宋时则多了份世俗性,人们纷纷借机踏青郊游。如北宋汴京"都城人出郊"以致"四野如市,往往就芳树之下,或园囿之间,罗列杯盘,互相劝酬。都城之歌儿舞女,遍满园亭,抵暮而归"。⑤清明节的临安"南北两山之间,车马纷然"。出郊祭扫者,"寻芳讨胜,极意纵游,随处各有买卖赶趁等人,野果山花,别有幽趣"。⑥名为省坟祭扫,实则旅游休闲。吴自牧描述道:"车马往来繁盛,填塞都门。宴于郊者,则就名园芳囿,奇花异木之处;宴于湖者,则彩舟画舫、款款撑驾,随处行乐。此日又有龙舟可观,都人不论贫富,倾城而出。"⑦这些描述里都见不到祭祀扫墓的影子,似已成为一种单纯的郊游活动,说明宋代传统节日由祭祀活动所引起的娱情功能的加强。端午节时,观看龙舟表演是主要的游览项目,最为著名的是西湖竞渡,在这一天,"内珰贵要赏犒无算,都人士女两堤骈集,几于无置足之地"⑧,"不特富家巨室为然,虽贫乏之人,亦且对时行乐也"。中秋节时,"王孙公子,富家巨室,莫

---

① 吴自牧:《梦粱录》卷1《正月》,三秦出版社2004年版,第1页。
② 西湖老人:《西湖老人繁胜录》,《宋史资料萃编》第3辑,台湾文海出版社1981年版,第2页。
③ 吴自牧:《梦粱录》卷1《元宵》《二月望》,三秦出版社2004年版,第6—7、15页。
④ 孔平仲:《孔氏谈苑》卷4《探春之宴》,《宋元笔记小说大观》(2),上海古籍出版社2001年版,第2270页。
⑤ 孟元老著,邓之诚注:《东京梦华录注》卷7《清明节》,中华书局1982年版,第178页。
⑥ 周密:《武林旧事》卷3《祭扫》,上海古籍出版社1993年版,第201页。
⑦ 吴自牧:《梦粱录》卷2《清明节》,三秦出版社2004年版,第22页。
⑧ 周密:《武林旧事》卷3《西湖游幸》,上海古籍出版社1993年版,第199页。

不登危楼,临轩玩月,或开广榭,玳筵罗列,琴瑟铿锵,酌酒高歌,以卜竟夕之欢。至如铺席之家,亦登小小月台,安排家宴,团圆子女,以酬佳节。虽陋巷贫窭之人,解衣市酒,勉强欢迎,不肯虚度。此夜天街买卖,直到五鼓,玩月游人,婆娑于市,至晓不绝"。观潮是中秋节前后特有的游览活动,"每岁八月内,怒潮胜于常时,都人自十一日起,便有观者,至十六、十八日倾城而出,车马纷纷,十八日最为繁盛"。重阳节时,"禁中与贵家皆此日赏菊,士庶之家,亦市一二株玩赏"。① 冬至时,"京师最重此节,虽至贫者,一年之间,积累假借,至此日更易新衣,备办饮食,享祀先祖。官放关扑,庆贺往来,一如年节"②。南宋时,"都人最重一阳贺冬,车马皆华整鲜好。五鼓已填拥杂逯于九街,妇人小儿服饰华炫,往来如云。岳祠、城隍诸庙,炷香更盛,三日之内,店肆皆罢市,垂帘饮博,谓之做节"③。可见,一年四季的节日均是人们游乐狂欢的好日子。

其他地方城市的节日游乐活动也很盛行,如会稽城:"三月五日,俗传禹生之日,禹庙游人最盛,无贫富贵贱,倾城俱出,小民尤相矜尚,虽非富饶,亦终岁储蓄以为下湖之行。春欲尽数日,游者益众,千秋观前一曲亭,亦竞渡,不减西园。……五月六日观荷花、亦乘画舫,多集于梅山本觉寺,同时又游容山、项里、六峰,观杨梅。"④ 再如成都,成都人的好游乐行为宋时已被"四方咸传"。⑤ 任正一说:"成都之俗,以游乐相尚。"⑥ 祝穆在《方舆胜览》中概述成都游乐盛况时说"甲于四蜀",同时还援引时人的诗句描写各地的遨游之风,如引王梅溪诗云:"好遨蜀风俗,夔人贫亦遨。"邵伯温诗云:"从昔遨游盛两川,充城人物自骈阗,万家灯

---

① 分别见吴自牧:《梦粱录》卷3《五月》、卷4《中秋》、卷4《观潮》、卷5《九月》,三秦出版社2004年版,第40、49、51、55页。
② 孟元老著,邓之诚注:《东京梦华录注》卷10《冬至》,中华书局1982年版,第234页。
③ 周密:《武林旧事》卷3《冬至》,上海古籍出版社1993年版,第205页。
④ 施宿:《嘉泰会稽志》卷13《节序》,《宋元方志丛刊》(7),中华书局1990年版,第6950—6951页。
⑤ 田况:《成都遨乐诗·序》,《成都文类》卷9,文渊阁四库全书本。
⑥ 任正一:《游院花记》,《成都文类》卷46,文渊阁四库全书本。

火春风陌,十里绮罗明月天。"陆游阆中诗云:"遨乐无时冠巴蜀。"① 四川各地遨游之盛尚且如此,作为首府,且"甲于四蜀"的成都可想而知。对此,曾任知益州的田况曾作了考察,他撰文说:"四方咸传蜀人好游娱无时,予始亦信然之。逮忝命守益,扼轮越月,即及春游,每民与乐……其间上元灯夕、清明重九、七夕岁至之类,又皆天下之所共。岂曰无时哉!传之者过矣。"② 田况认为成都人游乐多是在岁时节庆时进行,"无时"之说过于夸张。作为当地官员,他的说法是可信的,但专门就此进行考察,说明此说法在当时的广布,也反映出当地人喜欢游乐的事实。

关扑游戏的流行也与节日的推动有关。北宋时关扑活动一般在节日时进行。《东京梦华录》记载:"正月一日年节,开封府放关扑三日。士庶自早,互相庆贺。坊巷以食物、动使、果实、柴炭之类,歌叫关扑。"在这一天,甚至一向深居简出的贵家妇女也禁不住诱惑,走出深闺,到这些场所去"纵赏关赌,入场观看"。三月一日,"开金明池琼林苑","殿上下回廊,皆关扑钱物饮食","桥上两边,用瓦盆内掷头钱,关扑钱物、衣服、动使"。③ 南宋时,关扑日盛,已不再限于政府规定的日子,但每逢节日"尤盛","其夜市除大内前外,诸处亦然,惟中瓦前最盛,扑买奇巧器皿百色物件,与日间无异。其余坊巷市井,买卖关扑,酒楼歌馆,直至四鼓后方静;而五鼓朝马将动,其有趁卖早市者,复起开张。无论四时皆然。如遇元宵尤盛"。④ 范成大《灯市行》序云:"风俗尤竞上元,一月前已买灯,谓之灯市,价贵者数人聚博,胜则得之,喧盛不减灯市。"⑤ 由于关扑既具有一定的经济刺激,又有娱乐性,深受市井百姓的喜爱,每逢节日,便有些关扑高手四处出击,"往往以竹竿

---

① 祝穆:《方舆胜览》卷51《成都府路》,中华书局2003年版,第905页。
② 田况:《成都遨乐诗·序》,《成都文类》卷9,文渊阁四库全书本。
③ 分别见孟元老著,邓之诚注:《东京梦华录注》卷6《正月》、卷7《三月一日开金明池琼林苑》,中华书局1982年版,第154、181页。
④ 耐得翁:《都城纪胜·井市》,上海古籍出版社1993年版,第3页。
⑤ 范成大:《范石湖集》卷30《灯市行》序,上海古籍出版社2006年版,第409页。

挑挂终日关扑所得之物而归"①。正因为关扑所具有的娱乐性,当时一些达官显贵还有在家中模仿市井中关扑游戏的,"蒋苑使有小圃,不满二亩,而花木匼匝市,亭榭奇巧。春时悉以所有书画、玩器、冠花、器弄之物,罗列满前,戏效关扑"②。甚至有皇帝也热衷于此,宋理宗常让小太监们在"内苑效市井关扑之戏","以供一笑"。③

(三) 分层性

消费本是社会再生产的一个环节,当经济发展到一定阶段时,消费具有了分层的社会意义。一些著名的社会学家如波德里亚、布迪厄、道格拉斯与费瑟斯等都分析了消费与社会分层的关系,认为某种消费文化意味着消费的阶层特征,特定的消费品与消费方式成为区分社会地位群体的符号。消费成为分析社会分层的一个重要维度。④

休闲娱乐在宋时发展迅速,不仅种类繁多,而且参与的群体扩大,显示出大众化的趋势与特点。从消费的视角来看,已具有了分层的社会意义。这比较明显地体现于花费较大的项目上,如旅游,虽然已有社会大众(主要包括普通市民和农民)的参与,但大多花费也只是在自己经济能力承受的范围之内,有钱的可能一掷千金,没钱的更注重体会这个过程。在分析消费群体时,虽然我们已经发现有农民的积极参与,但在诸如旅游等花钱费时的项目中,农民仍是少数。正如王福鑫所论:"由于社会经济地位的相对低下,经济实力的弱小,因而农民旅游者的人数是有限的,其旅游的范围也不广,时间也不长,农民的旅游活动大多集中在节庆时期,其他时间里的旅游活动则少见。"⑤ 该评价应是中肯的。这也同样适用于歌舞

---

① 孟元老著,邓之诚注:《东京梦华录注》卷7《驾回仪卫》,中华书局1982年版,第200页。
② 周密:《武林旧事》卷3《放春》,上海古籍出版社1993年版,第200页。
③ 周密:《癸辛杂识》续集上《纯色骰钱》,中华书局1988年版,第154页。
④ 李怀、程华敏:《消费分层:一个社会分层的重要维度》,《江汉论坛》2010年第1期。
⑤ 王福鑫:《宋代旅游研究》,河北大学出版社2007年版,第44页。

百戏的受众，歌舞百戏的活动空间虽已扩展至农村，但以瓦舍勾栏为代表的专业性的演出地点仍主要集中于城市，又因"村人罕得入城"[①]，故受众中以市民阶层为主体。无论是旅游还是看戏，不同阶层人的消费水平显然具有差异性。但因整个参与群体的扩大，这种差异往往会被淹没在全民狂欢的表象上。而差异性最明显地表现在色情消费上。

色情消费具有明显的分层性特征，即不同阶层的人基本对应于相应阶层的消费方式。这种分层性首先表现在其本身所具有的奢侈性基础之上。奢侈消费具有两个基本特征，即从价格表象特征上看，在商品社会中，消费的商品或服务价格高昂；从心理深层特征上看，奢侈消费具有炫耀自身财富的目的。色情消费无疑符合这两个特征，属于奢侈消费。

色情消费的奢侈性明显体现在价格昂贵和支出的持续性上，如前所述，仅一次性购买妓妾费用动辄就数百上千贯，更不用说蓄养妓妾的吃穿住用及进行再教育等长期而持续性支出的费用，再加之偶然的逛妓院相关开支。尽管不能主观地将这种种行为集于一人之身，但分开每一项都将花费不小。更何况一般情况下，对妓妾买了就会养；去逛妓院也不会只去一次就再也不去，嫖客们常常在妓女的精心设计和欲望的驱使下，流连再三，前文的沈承务即是一例。也难怪周密对有"色海"之称的临安如此评价："贵珰要地，大贾豪民，买笑千金，呼卢百万。以至痴儿呆子，密约幽期，无不在焉。日糜金钱，靡有纪极。故杭谚有'销金锅儿'之号，此语不为过也。"[②]

色情消费的客体是女性，即女性的肉体和歌舞伎艺，而这恰恰为奢侈消费提供了条件。桑巴特在《奢侈与资本主义》中充分肯定了女性在消费尤其是奢侈消费中的地位，他认为，奢侈消费的实现形式是性和女人，是消费女人和女人消费，"一切与时尚、奢侈、华丽、挥霍相关的怪

---

① 耐得翁：《都城纪胜·瓦舍众伎》，上海古籍出版社1993年版，第8页。
② 周密：《武林旧事》卷3《西湖游幸》，上海古籍出版社1993年版，第199页。

念头首先都是由情妇们在实践中尝试"[1]。所谓消费女人是把女人作为消费对象,即消费者通过支付一定钱财获得女人的声色服务。而女人消费指女人是消费主体,为了赢得男主或客人的青睐,非常注重自身装束打扮。也因此其装束打扮常常是时尚的标志。对此,西美尔有深刻论述:

> 由于妓女的生活方式属于要被消灭之列,她们反而常常成为新时尚的先驱。低贱的社会地位使她们对每一件合法的事情、每一种长久的制度有着公开的或潜在的仇恨。她们对外表无休止的求新求变其实天真率直地表达了这一种仇恨。在这种对新奇的、前所未有的时尚的追求中,在对异类的不宽容中,存在着一种破坏冲动的美学形式……[2]

我们不谈这种追求美的深层心理动机,仅从表面上看她们为吸引男人的注意力,想方设法打扮得漂亮一些、个性一些,在一定程度上成为社会服饰潮流的引领者应不为过。如宋代描写妓女时很多都谈到其时妆艳服,北宋东京酒店的妓女浓妆艳抹,"望之宛若神仙"[3];南宋临安城妓女"莫不靓妆迎门","皆时妆袪服,巧笑争妍"[4];"衣饰灿丽,香气逼人"[5]等。而且为了追求时尚,她们的衣饰还常常违背礼制,宋人对之也习以为常。如时人在评价销金禁令的松弛时说:"而下至齐民稍稍有力者,无不竞以销金为饰,盖不止于倡优被服之僭也。"[6]这里指出不再仅仅是妓女有僭越行为,暗含以前是妓女这一群体常常僭越礼制。总之,妓女一定程度上

---

[1] 〔德〕维尔纳·桑巴特:《奢侈与资本主义》,王燕平、侯小河译,上海人民出版社2000年版,第75页。
[2] 〔德〕齐奥尔格·西美尔:《时尚的哲学》,费勇等译,文化艺术出版社2001年版,第83页。
[3] 孟元老著,邓之诚注:《东京梦华录注》卷2《酒楼》,中华书局1982年版,第71页。
[4] 分别见周密:《武林旧事》卷6《歌馆》《酒楼》,上海古籍出版社1993年版,第246、245页。
[5] 〔意〕马可·波罗:《马可波罗行记》,冯承钧译,中华书局2004年版,第580页。
[6] 袁说友:《禁戢销金札子》,《全宋文》第274册,第127页。

成为时尚的引领者,而这美艳的背后是大量钱财的支出,这在前文服饰的支出方面有所论及。除了华丽衣饰,我们也可从妓女尤其是高级妓女所住环境及居室的豪华布置中看出色情行业的奢侈性。如平康里"妓中最胜者,多在南曲。其曲中居处,皆堂宇宽静,各有三四厅事,其前后多植花卉,或有怪石盆池,左经右史,小室垂帘,茵榻帷幌之类"①。再如吴妓徐兰"其家虽不甚大,然堂馆曲折华丽,亭榭园池,无不具。至以锦缬为地衣,乾红四紧纱为单衾,销金帐幔,侍婢执乐音十余辈,金银宝玉器玩、名人书画、饮食受用之类,莫不精妙,遂为三吴之冠"②。《武林旧事》中也有类似记载:

> 前辈如赛观音、孟家蝉、吴怜儿等甚多,皆以色艺冠一时,家甚华侈。近世目击者,惟唐安安最号富盛,凡酒器、沙锣、水盆、火箱、妆合之类,悉以金银为之。帐幔茵褥,多用锦绮。器玩珍奇,它物称是。下此虽力不逮者,亦竞鲜华,盖自酒器、首饰、被卧、衣服之属,各有赁者。故凡佳客之至,则供具为之一新,非曾游者不察也。③

高级妓馆的这种豪华布置不仅是为了追求自身生存环境的舒适,更主要是经营的需要,是为了迎合上流社会的消费需求。在高级妓院,对于性的买卖更为隐蔽,通过这些奢华的消费环境,以及妓院提供的其他娱乐活动和周全的服务,嫖客在性满足之外,还可得到其他方面的享受。同时,妓院经营者也通过一些巧妙的营销手段间接获取金钱。如名妓徐兰一开始连续几日提供给客人精致的服务,甚至赠送礼物,却从未主动索要财物,在妓女营造的高雅而有情致的氛围中,来客享受着舒适的环境和周到

---

① 罗烨:《新编醉翁谈录》丁集卷1《序平康巷陌诸曲》,辽宁教育出版社1998年版,第26页。
② 周密:《癸辛杂识》续集下《吴妓徐兰》,中华书局1988年版,第168页。
③ 周密:《武林旧事》卷6《歌馆》,上海古籍出版社1993年版,第246页。

的服务，最终"不能自己，以白金五百星并彩缣百匹馈之"，"凡留连半年，縻金钱数百万而归"。①

色情消费的奢侈性还体现在消费目的，即不仅仅是满足个人的声色之欲，往往是为炫耀财富而进行的消费。正如凡勃伦所认为的那样，一定的消费水平和消费能力是与其身份和地位相关的，个人的消费水平和消费能力反映了其身份与地位。由于个人的社会经济地位归属可以通过消费来外显，"某个人的生活水准应当是怎样的，这一点大部分决定于他所隶属的那个社会或那个阶级所公认的消费水准"②。因此消费者总是尽量提高自己的炫耀性消费水准，避免消费水准的降低，从而避免受到社会的轻视。通过消费可以提升消费者自身的金钱力量、权力和身份，为消费者本人打上特定社会阶层的印记，从而使其博得荣誉，获得自我满足，这就是炫耀性消费的意义。宋代官僚士大夫们竞相蓄养妓妾，除了满足个人私欲，很大程度上是出于炫耀心理，蓄养的妓妾一定程度上是其财富和身份的象征，在聚会的宴席上，通过向来客展示妓妾的高超伎艺及华丽的服饰，从客人艳羡的目光中，主人在心理上获得了无限满足。这样，妓女就成了一种消费符号，她们作为娱乐消遣的对象，是为了抬高雇主的身价。如前文提到的张镃其家妓人数之众、场面之豪奢，使来客恍如置身仙境，在这样豪华的场面上，想必众人都交口称赞，也因此出现"一时名士大夫，莫不交游"的情景，并博得"其园池、声妓、服玩之丽甲天下"的声誉。再如北宋末的王黼"尝置酒其第，夸示园池妓妾之盛，有娇色"③。"有娇色"即自我满足感溢于言表，很明显就是炫耀性消费。类似的还有程戬原来卑微时，和同行的张杲卿无钱买肉仅能买汤饼吃，后来两人都做了官，"程邀杲卿开宴，水陆毕陈，艳妾环侍，程有骄色"④。程戬这时的表现也是出

---

① 周密：《癸辛杂识》续集下《吴妓徐兰》，中华书局1988年版，第167页。
② 〔美〕凡勃伦：《有闲阶级论》，蔡受百译，商务印书馆2007年版，第87页。
③ 脱脱等：《宋史》卷357《梅执礼传》，中华书局1985年版，第11233页。
④ 朱彧：《萍洲可谈》卷3《程戬罢政之兆》，《宋元笔记小说大观》(2)，上海古籍出版社2001年版，第2332页。

于典型的炫耀心理，在摆脱过去的穷困后，向旧友展示自己现在的优越处境以强调其今非昔比的尊贵地位及雄厚财力，从中获得满足感。《龙川别志》中也有类似记载，寇准听说李允则"筵会特盛"，特邀其参加自己举办筵会以展示豪华场面，与之相比，"幄帟、器皿、饮食、妓乐，百物华侈，意将压之"。在精心安排下寇准本来很有自信，没想到的是，第二天在参加李允则举办的筵会时还是被看到的一切所震惊："视其幄帟皆蜀锦绣，床榻皆吴、越漆作，百物称是，公已愕然矣。及百戏入，允则曰：'恐外尚有杂伎。'使召之。则京师精伎，至者百数十人。公视之大惊，使人伺之，则床榻脱卸，毡裹驰载，杂伎变服为商贾以入。"[1] 其豪华场面有过之而无不及。而这场竞赛中，妓乐是一项重要内容，成为奢侈性消费的代表。这种奢靡消费只有具备雄厚资本的社会上层才有能力消费得起，其消费的对象多是名妓，或貌美艺精的妓妾等。而对于财力一般的人来讲也有对应的消费市场，可以出入一般妓院或召见一般妓女。在奢侈性的对比下，分层的特点更加明显。

妓院本身也有不同等级之分。在某种程度上，消费者进入不同等级的妓院，遵循着金钱竞赛的原则。如《醉翁谈录》中谈到不同等级的妓院所在地也不同，"平康里者，乃东京诸妓所居之地也。自城北门而入，东回三曲。妓中最胜者，多在南曲。……其循墙一曲，卑下凡杂之妓居焉。二曲所居之妓，系名官籍者，凡官设法卖酒者，以次分番供应"[2]。再如北宋开封城的南北斜街、牛行街两边、马行街两边的妓馆因大多是"工作伎巧所居"[3]之地，故档次应不会高，服务对象主要是外来商贾和手工工匠。南宋临安城酒楼中的妓女也有等级，如一般的妓女"以名牌点唤侑樽"，"名娼皆深藏邃阁，未易招呼。……往往皆学舍士夫所据，外人未易登

---

[1] 苏辙：《龙川别志》卷下，中华书局1982年版，第95页。
[2] 罗烨：《新编醉翁谈录》丁集卷1《序平康巷陌诸曲》，辽宁教育出版社1998年版，第26页。
[3] 孟元老著，邓之诚注：《东京梦华录注》卷2《酒楼》，中华书局1982年版，第71页。

也"。① 从宋代迎煮酒这一盛大场面中各阶层妓女的不同穿着上也能看出这种差别:

> 其官私妓女,择为三等,上马先以顶冠花衫子褡袴,次择秀丽有名者,带珠翠朵玉冠儿、锁金衫儿、裙儿,各执花斗鼓儿,或捧龙阮琴瑟,后十余辈,著红大衣,带皂时髻,名之"行首",各雇赁银鞍闹妆马匹,借倩宅院及诸司人家虞候押番,及唤集闲仆浪子,引马追逐,各青绢白扇马兀供值……虽贫贱泼妓,亦须借备衣装首饰,或托人雇赁,以供一时之用,否则责罚而再办。②

---

① 周密:《武林旧事》卷 6《酒楼》,上海古籍出版社 1993 年版,第 245 页。
② 吴自牧:《梦粱录》卷 2《诸库迎煮》,三秦出版社 2004 年版,第 23—24 页。

第三章
宋代宗教信仰消费

宗教信仰消费，指宗教信奉者按照宗教生活方式在家里或在宗教活动场所进行的日常消费活动。宗教信仰消费的性质以满足精神需求为主，属于精神生活消费范畴，它需要经济基础作为支撑。本章对宋代宗教活动的相关消费进行初步探讨。由于宋人普遍信奉佛、道两教，"浮屠、老氏之宫遍天下"[1]，"道场奉佛处所，不可胜纪"[2]，本章仅以佛、道两种普遍且具有代表性的宗教类型作为研究对象。同时，占卜作为一种和信仰有关的行为，在宋代非常盛行。占卜多出于人们的精神层面，虽然带有浓厚的神秘色彩，有迷信的成分，但目的多是慰藉人的心灵，是一种信仰的日常生活体现。故在本章中也一并讨论宋人在占卜行为中的消费情况。

一、宋代宗教信仰的消费群体

宋代佛道信徒来自社会各阶层，从朱熹所论崇佛现象可见一斑："佛

---

[1] 潜说友：《咸淳临安志》卷75《寺观》，《宋元方志丛刊》（4），中华书局1990年版，第4026页。

[2] 耐得翁：《都城纪胜·三教外地》，上海古籍出版社1993年版，第12页。

氏乃为逋逃渊薮。今看何等人，不问大人小儿、官员村人商贾、男子妇人，皆得入其门。"[1] 在现实生活中，随着儒、道、释三教的逐渐融合，许多人的宗教信仰并不限于某一类型，常常三教并重。时人对此多有评论，陈襄说："方今释老二氏之法，蠹惑天下，上自王公，下逮民庶，莫不崇信。"[2] 吕大临称："今大道未明，人趋异学，不入于庄，则入于释。"[3] 苏轼也说："今士大夫至以佛老为圣人，鬻书于市者，非庄老之书不售也。"[4] 邹浩描述河南许德制时说："躬儒者行，出释子悟，间以道士服易其衣冠。"[5] 我们分而述之。

（一）佛教信奉者

宋代上层官僚士大夫阶层信奉佛教的现象非常普遍，王辟之称："近年士大夫多修佛学。"[6] 陆九渊说："佛老之徒遍天下，其说皆足以动人，士大夫鲜不溺焉。"[7] 宋高宗对此评论道："自汉明帝金人之梦佛法流入中国，士大夫靡然从之。……士大夫不师六经，而尽心佛说，殊为可笑。"[8] 也有一些大臣提出担忧，元祐元年（1086），殿中侍御史孙升上奏曰："比来京都士大夫顾不自信其学，乃求问于浮屠之门，其为愚惑甚矣。臣访闻慧林法云，士大夫有朝夕游息于其间，而又引其家妇人女子出入无间，参禅入室，与其徒杂扰，昏暮而出，恬然不以为怪，此于朝廷风化不

---

[1] 朱杰人、严佐之等主编，朱熹撰：《朱子全书·朱子语类》卷126《释氏》，上海古籍出版社、安徽教育出版社2002年版，第3959页。
[2] 陈襄：《乞止绝臣僚陈乞创造寺观度僧道状》，《全宋文》第50册，第26页。
[3] 朱杰人、严佐之等主编，朱熹撰：《朱子全书·三朝名臣言行录》卷2之1《丞相韩国富文忠公》，上海古籍出版社、安徽教育出版社2002年版，第407页。
[4] 苏轼：《苏轼文集》卷25《议学校贡举状》，中华书局1986年版，第725页。
[5] 邹浩：《道乡集》卷27《送许羿秀才还旧隐叙》，文渊阁四库全书本。
[6] 王辟之：《渑水燕谈录》卷3《奇节》，中华书局1981年版，第31页。
[7] 陆九渊：《与曹立之书二》，《全宋文》第271册，第260页。
[8] 李心传：《建炎以来系年要录》卷143"绍兴十有一年十有二月丙寅"条，《宋史资料萃编》第2辑，台湾文海出版社1980年版，第4495—4496页。

为无损。"[1] 陆游则说："自浮屠氏之说盛于天下，其学者尤喜治宗室，穷极侈靡，儒者或病焉。"[2] 批判归批判，并不能抑制士大夫们对佛的崇拜与追求。现实中，宋代的官僚士大夫中出现了一大批信佛崇佛者，如韩重赟"好释氏"[3]；元偁"奉佛尤谨"[4]；王旦"性好释氏，临终遗命剃发着僧衣，棺中勿藏金玉，用茶毗火葬法，作卵塔而不为坟"[5]；朱昂"颇好释氏书"；孔承恭"尤奉佛，多蔬食"；崔颂"笃信释氏，睹佛像必拜"；沈伦"好释氏，信因果"；扈蒙"好释典，不喜杀"；王宾"前后赐赉数千万，俱奉释氏"；韩世忠"晚喜释、老，自号'清凉居士'"；蔡京"崇释老"；孟珙"亦通佛学，自号'无庵居士'"[6]"赵清献公自钱塘告老归……终日食素……鸡鸣，净人治佛室香火……暮年尚能日礼百拜，诵经至辰时"[7]；寇准也信佛，甚至认为他前生为"异僧"[8]；"冯当世晚年好佛"；张方平"奉佛甚谨"；"吕申公公著，素喜释氏之学"[9] 冯楫"素佞佛，晚岁尤甚"[10]；等等。

其他社会阶层人士也普遍信奉佛教，如江南边镐"唯好释氏"；土

---

[1] 黄淮、杨士奇等编：《历代名臣奏议》卷116《风俗》，上海古籍出版社1989年版，第1541页。

[2] 陆游：《陆游集·渭南文集》卷17《黄龙山崇恩禅院三门记》，中华书局1976年版，第2132页。

[3] 李焘：《续资治通鉴长编》卷15，中华书局1979年版，第322页。

[4] 李焘：《续资治通鉴长编》卷82，中华书局1985年版，第1872页。

[5] 司马光：《涑水记闻》卷7《王旦》，中华书局1989年版，第143页。

[6] 分别见脱脱等：《宋史》卷439《朱昂传》、卷276《孔承恭传》、卷431《崔颂传》、卷264《沈伦传》、卷269《扈蒙传》、卷276《王宾传》、卷364《韩世忠传》、卷472《蔡京传》、卷412《孟珙传》，中华书局1985年版，第13008、9391、12817、9114、9240、9410、11368、13725、12380页。

[7] 叶梦得：《避暑录话》卷2，《宋元笔记小说大观》（3），上海古籍出版社2001年版，第2615页。

[8] 文莹：《湘山野录》卷下，中华书局1984年版，第44页。

[9] 分别见潘永因：《宋稗类钞》卷7《宗乘》，书目文献出版社1985年版，第598、595、603页。

[10] 李心传：《建炎以来系年要录》卷163"绍兴二十有二年岁次六月壬辰"条，《宋史资料萃编》第2辑，台湾文海出版社1980年版，第5208页。

豪李孝源"素奉佛"①;"李君之家奉佛甚笃"②;惠州太守方君"其家人素奉佛"③;饶州民郭端友"精意事佛";以养蚕业为生的湖州朱佛大"常日事佛甚谨,故以得名";甘棠"家人日诵观世音菩萨名,香火供事甚谨";以屠狗为业的盐官县黄天荡民余三乙"日诵阿弥陀佛万声,祈忏宿罪";④"衢州有一村夫,号叶念佛,昼夜持阿弥陀佛"⑤;"泉司干官陈子永泳,每夜用释氏法诵咒施食,仍爇尊胜咒幡数纸";临川屠者张某"日诵佛号数百声,画佛像瞻礼,惟祈命终之日不值暑热,人皆笑之。如是积十数年";⑥"杭人喜奉佛"⑦。宋代女性信佛者尤其多。如"丞相王公之夫人郑氏,奉佛至谨"⑧;庄绰的外祖母孙威敏公夫人也因信奉佛教而"终身蔬食"⑨。除了贵妇人,普通女性信佛教者也很多,如吴守道妻甘氏"好佛书尤笃"⑩;王全美之母,"从幼事佛,既奉香火益勤"⑪;吉州贺氏"自夫死不茹荤,日诵《圆觉经》,释服不辍";程氏"酷信释书,虽年过七十,鸡鸣而起,炷香持诵,不以寒暑易节,而瞻奉观音,尤极诚敬";"吕辩老母李夫人,喜事佛。中年后,晨兴盥节竟,必焚香诵《金刚经》一卷已,然后理家务"。⑫有的已经有一定修为而超脱于世外,如尹氏"晚而好禅

---

① 分别见江少虞:《宋朝事实类苑》卷46《边镐》、卷44《金刚题志》,上海古籍出版社1981年版,第606、574页。
② 沈括:《梦溪笔谈》卷20《神奇》,《全宋笔记》第2编(3),大象出版社2006年版,第150页。
③ 吴曾:《能改斋漫录》卷18《泗州大圣送东坡过海》,上海古籍出版社1979年版,第511页。
④ 分别见洪迈:《夷坚志》丙志卷13《郭端友》、卷15《朱氏蚕异》、丁志卷17《甘棠失目》、补卷3《余三乙》,中华书局2006年版,第475、496、677、1575页。
⑤ 张知甫:《可书》,中华书局2002年版,第426页。
⑥ 郭彖:《睽车志》卷2、5,《宋元笔记小说大观》(4),上海古籍出版社2001年版,第4088、4114页。
⑦ 潜说友:《咸淳临安志》卷80《寺观》,《宋元方志丛刊》(4),中华书局1990年版,第4090页。
⑧ 王辟之:《渑水燕谈录》卷10《谈谑》,中华书局1981年版,第123页。
⑨ 庄绰:《鸡肋编》卷下,中华书局1983年版,第113页。
⑩ 陈柏泉编著:《江西出土墓志选编》,江西教育出版社1991年版,第43页。
⑪ 元好问:《续夷坚志》卷1《王全美母氏诗语》,中华书局1986年版,第18页。
⑫ 分别见洪迈:《夷坚志》甲志卷10《贺氏释证》、三志辛卷5《观音救溺》、支癸卷3《大圣院虾蟆》,中华书局2006年版,第85、1418、1242页。

学，不以事物累其心"①。佛教信徒中还有商人的身影，如丽水商人王七六"常日奉事僧伽大圣甚谨，虽出行，亦以画像自随，旦暮香火瞻敬"，以贩油为生的王良佐"夫妇好奉释氏，斋施无虚日"。②

可见宋代佛教信徒众多，不分男女，来自官员、士大夫、地主、普通市民、村民以及商人等社会各阶层。这从佛教浴佛节举行的盛大活动中也可见一斑：四月八日"僧尼道流云集相国寺，是会独甚。常年平明，合都士庶妇女骈集，四方挈老扶幼，交观者莫不蔬素"③。

（二）道教信奉者

道教作为本土宗教，从古代社会整体来看其影响力虽不及佛教，但在宗教领域也占有非常重要的地位。尤其至宋时，因世俗化色彩愈加明显，其教义、教规及崇奉的各种神灵深入民间，整个社会充斥着浓厚的崇道之风，其信徒遍及社会各阶层，尤其是官僚士大夫中信道、崇道者颇多。如徐铉是一个痴迷的崇道者，称自己"某也素为道民"，"铉也钦羡真猷"④，他一生好道，就连临终前还曾手书"道者，天地之母"⑤；李炳"雅好易象、老庄之书，复能践其言而行其道"⑥；富弼"少好道，自言吐纳长生之术，信之甚笃"⑦；王钦若也是一名坚定的崇道者，临终前遗命在茅山建立道馆，作为他死后灵魂之归宿⑧；而邵雍据说得陈抟易说之嫡传，

---

① 范祖禹：《范太史集》卷39，文渊阁四库全书本。
② 分别见洪迈：《夷坚志》支丁卷8《王七六僧伽》、支癸卷3《宝叔塔影》，中华书局2006年版，第1032、1239页。
③ 金盈之：《新编醉翁谈录》卷4《京城风俗记·四月》，辽宁教育出版社1998年版，第14页。
④ 徐铉：《扬州新建崇道宫碑铭并序》《江州彭泽县修山观碑》，《全宋文》第2册，第346、343页。
⑤ 脱脱等：《宋史》卷441《徐铉传》，中华书局1985年版，第13046页。
⑥ 王禹偁：《故侍御史累赠太子少师李公墓志铭》，《全宋文》第8册，第163页。
⑦ 潘永因：《宋稗类钞》卷7《宗乘》，书目文献出版社1985年版，第594页。
⑧ 参见张其凡：《宋真宗"天书封祀"闹剧之剖析——真宗朝政治研究之二》，《宋初政治探研》，暨南大学出版社1995年版，第198—255页。

张端义说:"濮上陈抟以《先天图》传种放,放传穆修,修传李之才,之才传邵雍。"① 范祖禹也是崇道者,曾表示"尝闻希夷隐,欲学南华仙"②;苏辙一生喜欢阅读道家、道教典籍,甚至有"老耽真吾师"③ 的慨叹;"李集贤达中,恬退喜道"④。"邢舜举者,大观间由武举入官,为虢州巡检。平生躭好道术。"陈楠"天资好道",还在句容之大茅峰买田筑庐,"每岁春二月,大茅君生朝,士庶道流辐凑,凡宫观十七所,供醮无虚席,惟山北元符万宁宫香火最盛,陈日往致敬"。⑤ 总之,宋代无论是文臣、武将,或是高官,还是一般士人,都不乏信道者。许多普通百姓信奉道教,如"临安四圣观,六月间倾城士女咸出祷祠"⑥。几乎临安城里的所有人都奔向四圣观进行祷告。虽然该说带有夸张色彩,但至少说明临安城里道教信徒众多的现象。任继愈先生在考察了宋代的内丹修炼者(信道者)之后说:

> 两宋内丹修炼者既有陈抟、张无梦、蓝元道、张继先、王老志、曹文逸等名道士,有王溥、晁迥、张中孚、李观、曹国舅等名公巨卿,有种放、李之才等隐士名流,有张伯端、夏宗禹等幕僚,也有市井百工之流如缝纫为业的石泰、箍桶盘桄为业的陈楠、涤器为业的郭上灶等劳动人民,乃至乞儿、妓女、和尚,无所不有,可谓遍于社会各阶层。⑦

道教所信奉的神仙体系非常庞杂,有三清、六御、五方五老等众天

---

① 张端义:《贵耳集》卷下,《宋元笔记小说大观》(4),上海古籍出版社2001年版,第4313页。
② 范祖禹:《范太史集》卷1《希夷陈先生祠堂》,文渊阁四库全书本。
③ 苏辙:《苏辙集·栾城后集》卷2《次韵子瞻过海》,中华书局1990年版,第896页。
④ 江少虞:《宋朝事实类苑》卷42《李集贤》,上海古籍出版社1981年版,第547页。
⑤ 分别见洪迈:《夷坚志》丁志卷13《邢舜举》、支景卷9《陈待制》,中华书局2006年版,第644、949页。
⑥ 陆九渊:《象山语录》卷2,上海古籍出版社2000年版,第39页。
⑦ 任继愈:《中国道教史》,上海人民出版社1990年版,第495页。

神,而宋时对真武神[①]崇拜比较广泛,"凡神降之日,公侯贵人、宫闱戚里、朝士大夫、闾巷庶人,屏居斋戒,奔走衢路,摩肩击毂,争门而入,岁以为常。方州小邑,间设祠宇。浸久不治,雨漏尘委,狐鼠穿穴,灵乡寂绝,无所凭附。大家富室,犹能虚馆宇,严器饰,薰被洒扫以迎其来"[②]。"杭之霍山张真君祠宇雄壮,香火极盛。"[③] "婺州乡俗,每以三月三日真武生辰,阖郭共建黄箓醮,禳灾请福。"[④]《梦粱录》中对真武生辰日宋代社会从上至下都纷纷设醮祈恩的情景也有描述:"北极佑圣真君圣诞之日,佑圣观侍奉香火,其观系属御前去处,内侍提举观中事务,当日降赐御香,修崇醮录……士庶烧香,纷集殿庭。诸宫道宇,俱设醮事,上祈国泰,下保民安。……贵家士庶,亦设醮祈恩。贫者酌水献花。"当然,其他道教诸神生辰时场面也很热闹。如"天庆观递年设老君诞会,燃万盏华灯,供圣修斋,为民祈福。士庶拈香瞻仰,往来无数"。"(二月)初八日,钱塘门外霍山路有神曰祠山正佑圣烈昭德昌福崇仁真君,庆十一日诞圣之辰……其日都城内外,诣庙献送繁盛。"三月二十八日,乃东岳天齐仁圣帝圣诞之日,都城士庶,去祭献者,"络绎往来,无日无之"。[⑤]可见宋代崇道风气浓厚,不仅道教信徒众多,不分士庶贵贱,而且道教活动也很频繁,最为常见的是在道教神仙的一些纪念日里,人们纷纷进行某些道教仪式以禳灾祈福。

(三) 占卜者

占卜在宋代社会盛行不衰,各阶层都热衷于此。无论是官僚士大夫

---

① 真武,又称"玄武"、"元武",是中国道教及民间奉祀的尊神。明人樊深说:"真武者,本北方玄武之像,世乃绘塑以貌之,庙宇以居,祭享之礼殆遍天下,盖自宋以来已然。"(《嘉靖河间府志》卷3《古迹·兴济县·崇真宫》)
② 李昭玘:《乐静集》卷6《济州真武殿记》,《全宋文》第121册,第213页。
③ 周密:《癸辛杂识》续集上《霍山显灵》,中华书局1988年版,第161页。
④ 洪迈:《夷坚志》支戊卷6《婺州两会首》,中华书局2006年版,第1100页。
⑤ 分别见吴自牧:《梦粱录》卷2《三月》、卷1《二月望》《八日祠山圣诞》、卷2《二十八日东岳圣帝诞辰》,三秦出版社2004年版,第16、15、13、26页。

还是普通文人士子，或是一般百姓，对命运吉凶、贵贱、贫富、兴衰、穷达、寿夭，都有着一种求神问卜的特殊嗜好。如至和、嘉祐以来，"士大夫无不作卦影"①；著名将领楚昭辅"来京师，问卜于瞽者刘悟"②；"士人多在州学，从之（指朱安国）占问，巧发奇中，听者忘疲"；"金华士人章辑，因至衢州，问卜于刘肆"；有市井少年"亦问命"；"有道士年四十余，来占命"；③绍熙时，一兵卒"买卜于市所谓白羊先生者"④；安吉县某村一孕妇曾被一活动于村落间的卜者所骗⑤。诸如此类事例不绝于书。

就占卜内容来看，最多的是占科举、占仕途和占风水。"京师卖卜者，唯利举场时。"⑥《夷坚志·邵南神术》中载有胡尚书少汲、郭太尉仲荀和蔡尚书文饶等几人先后问仕途于邵南之事。⑦占风水更为普遍，从皇室到民间信奉者遍布。风水分阳宅风水和阴宅风水。前者是看生者的居住环境，后者是看死者的葬地环境。对于阳宅风水，《黄帝宅经》载："上之军国，次及州郡县邑，下之村坊署栅，乃至山居，但人所处皆其例焉。"⑧宋人相宅而居的行为非常普通，如"吕丞相元直以使相领宫祠，卜居天台"⑨；"文穆范公成大，晚岁卜筑于吴江盘门外十里"⑩等。阴宅风水比起阳宅风水有过之而无不及，司马光说："今人葬不厚于古，而拘于阴阳禁忌则甚焉。"⑪朱熹也曾指出："近世以来，卜筮之法虽废，而择地之说犹存。士庶稍有事力之家，欲葬其先者，无不广招术士，博访名山，参

---

① 魏泰：《东轩笔录》卷11，中华书局1983年版，第129页。
② 脱脱等：《宋史》卷257《楚昭辅传》，中华书局1985年版，第8960页。
③ 分别见洪迈：《夷坚志》补卷19《朱安国相字》、补卷18《章楫娶妻》《汴岸术士》《孙生沙卦》，中华书局2006年版，第1726、1720、1721、1721页。
④ 罗大经：《鹤林玉露》乙编卷3《白羊先生》，中华书局1983年版，第166页。
⑤ 周密：《癸辛杂识》续集下《孕妇双胎》，中华书局1988年版，第183页。
⑥ 江少虞：《宋朝事实类苑》卷73《卜者》，上海古籍出版社1981年版，第972页。
⑦ 洪迈：《夷坚志》甲志卷3《邵南神术》，中华书局2006年版，第25—27页。
⑧ 老根编著：《中华传世奇书·黄帝宅经》，中国戏剧出版社1999年版，第1页。
⑨ 庄绰：《鸡肋编》卷下，中华书局1983年版，第100页。
⑩ 周密：《齐东野语》卷10《范公石湖》，中华书局1983年版，第177页。
⑪ 司马光：《温国文正司马公文集》卷71《葬论》，四部丛刊本。

互比较，择其善之尤者，然后用之。"[1] 可见风水文化已在宋人生活中深深扎根。

二、宋代宗教信仰的消费支出

宋代民间佛道两教的活动，信徒们主要以诵经、燃香、供献、放生、刻经、塑像、造塔、作法事等方式来表达敬仰和崇拜。这些活动大部分是以钱财作为支撑的。特别指出的是，这里的消费有时并不经由市场，而是以做慈善的形式表现出来，如布施募捐，仅是通过向寺观施舍些财物就达到了积功行善的目的，这种行为似乎并不是真正意义上经由市场的消费。但是布施募捐实质上也是一种消费行为，只不过区别于其附着物的无形性，而这恰恰体现了宗教消费的文化属性，即它主要消费的不是其外在的物质载体和物质性的构成因素，而是它内蕴的精神因素和深层意义。也就是说信徒们通过布施募捐达到了与其他类型宗教活动一样的精神慰藉，物质只是他们精神需求的外在表现内容，他们真正最在乎的是自己的精神家园与情感世界，在各种方式的宗教仪式过程里，他们寄托了对故人思念的情感和对自己来世的信念，从中获得慰藉、满足和充实。因此宗教活动无论是哪一种方式，其消费的背后是巨大的精神支持，属于典型的文化消费。故本书选择宗教活动中一些主要的消费项目进行论述。

（一）购买放生物

"不杀生"是佛教信徒的基本戒律，作为"不杀生"的另一面——"放生"在宋代非常流行。放生物多为购买所得。如每年四月八日佛诞

---

[1] 朱杰人、严佐之等主编，朱熹撰：《朱子全书·晦庵先生朱文公文集》卷15《山陵议状》，上海古籍出版社、安徽教育出版社2002年版，第730页。

日，临安无论士庶僧俗都要在西湖举行"放生会"，"西湖放生池建放生会，顷者此会所集数万人"。[①]"府主在西湖上放生亭设醮祝诞。圣寿作放生会，士民放生会亦在湖中。船内看经、判斛、放生；游人湖峰上买飞禽、乌龟、螺蛳放生。"[②]史料中也记载了许多个人放生的例子，如九江富人徐彦宝，"常礼罗汉祈嗣"，"用钱买所钓之鱼放焉"。[③]王安石经常放生，沈括曾说："予尝见丞相荆公喜放生，每日就市买活鱼纵之江中，莫不洋然。"[④]平江王子简，"以四月八日至松江，市鱼虾放生"。孙十郎不仅经常去买放生物，甚至仅此一项就花费巨大，达到一日开支二三万钱的程度。[⑤]类似不惜资财的还有"钱塘寿禅师，本北郭税务专知官，每见鱼虾，辄买放生，以是破家。后遂盗官钱为放生之用，事发坐死，领赴市矣"[⑥]。只为购买放生物而破产，可见花费之巨，更极端的是他仍痴迷于此，不惜盗用公款，事发后差点送命。这也许是个例，但背后反映的是宗教信仰的无穷力量。

（二）供奉或塑造神像

供奉神像是信徒们的常见行为，在他们看来，谨慎侍奉神像会带来好运。《夷坚志》中记载了多例如"真仙堂小儿"、"邢舜举"、"傅道人"[⑦]等人因勤奉神像而带来了好运。更有甚者，有人利用所奉神像的灵验而设法赚钱。程迥供奉一名玉真娘子的神像，"香火奉之，颇能预言，休咎皆

---

① 吴自牧：《梦粱录》卷19《社会》，三秦出版社2004年版，第298页。
② 西湖老人：《西湖老人繁胜录》，《宋史资料萃编》第3辑，台湾文海出版社1981年版，第22页。
③ 《湖海新闻夷坚续志》前集卷2《舍桥荻子》，中华书局1986年版，第113页。
④ 沈括：《补笔谈》卷3《药议》，《全宋笔记》第2编（3），大象出版社2006年版，第248页。
⑤ 分别见洪迈：《夷坚志》甲志卷11《松江鲤》、三志壬卷8《孙十郎放生》，中华书局2006年版，第99、1526页。
⑥ 苏轼：《东坡志林》卷2《寿禅师放生》，中华书局1981年版，第38页。
⑦ 分别见洪迈：《夷坚志》补卷12《真仙堂小儿》、丁志卷13《邢舜举》、补卷12《傅道人》，中华书局2006年版，第1653、644、1654页。

验。好事者争往求观，人输百钱，乃为启龛，至者络绎"①。这些例子中的主人公与神灵沟通的中介都是自己朝夕供奉的神像，而神像多是购买而来的，如"台州仙居民王三入市，逢乞子卖泥塑吕先生像，买归供事之，香火甚肃。小儿年十岁许，亦每日敬拜"②。另外，供奉神像，除了供奉的主体物外，自然还需必备的香火供品等物，这也需要一定的费用。如熙宁五年（1072），日僧成寻在郑州的灵显王庙上香，用 808 文购买了纸钱和要上的香。③苏轼曾寄往杭州奠文 1 篇、银 2 两，委托僧人参廖代为采办茶果，祭奠其朋友辩才禅师："今有奠文一首，并银二两，托为致茶果一奠之。"④绍兴三十一年（1161），吕祖谦在严州时委托潘叔度祭奠友人蒋从道："钱八百五十（文）足……办只鸡斗米之奠。"⑤这些祭品的价格尽管比较便宜，但因为是持续性的活动，也不可忽略不计。

信徒们为表示信奉之诚，积累功德，出资购买或塑造神像之事也很常见。如至道中，"怀安士人李廷裕，得佛像于京城卜肆，鬻以五十千钱"⑥。苏轼兄弟曾施舍绢 100 匹，托杭州的辩才禅师为其父母造地藏菩萨 1 尊并座，以及侍者 2 人，并说明："菩萨身之大小，如中形人。所费尽以此绢而已。若钱少，即省镂刻之工可也。"⑦嘉祐年间，有官员施钱 2000 贯，在常熟县的乾元宫"塑三清圣像及真人十有五躯"。元祐八年（1093）临安县九仙山元量院募集资金 300 贯，"率财计三百缗，雕造八尺弥陀像"。嘉泰年间洪州城外山中的澄心寺大殿建成，有李姓人"出钱五十万，塑大雄尊像于中，菩萨善神，翼卫于旁"。宋理宗时有人向湖州报国寺"施财壹百贯文，装塑佛殿涌璧罗汉一龛"。⑧绍熙三年

---

① 郭彖：《睽车志》卷 3，《宋元笔记小说大观》（4），上海古籍出版社 2001 年版，第 4099 页。
② 洪迈：《夷坚志》补卷 12《仙居牧儿》，中华书局 2006 年版，第 1656 页。
③ 〔日〕成寻：《参天台五台山记》第 5，转引自程民生：《宋代物价研究》，人民出版社 2008 年版，第 443 页。
④ 苏轼：《苏轼文集》卷 61《与参廖子六》，中华书局 1986 年版，第 1861 页。
⑤ 吕祖谦：《东莱集·别集》卷 10《答潘叔度》注，文渊阁四库全书本。
⑥ 何乔远：《闽书》第 1 册，福建人民出版社 1994 年版，第 172 页。
⑦ 苏轼：《苏轼文集》卷 61《与辩才禅师》，中华书局 1986 年版，第 1857 页。
⑧ 分别见沈坰：《乾元宫兴造记》、释元照：《无量院弥陀像记》、涂禹：《重修澄心寺佛殿碑记》、释净月：《报国寺布施记》，《全宋文》第 135、112、306、341 册，第 266、344、52、48 页。

(1192),平江府大旱,以至于舟车不通。为求神,有商人集资"得二十余千"在西馆桥头请工匠塑造一座龙像,"创造洞穴,绘画云气,作飞龙取水之状"。塑造神像所费资不菲,故多是有钱的官员或商人为之,但也有一般百姓参与,如"俞一郎者,荆南人。虽为市井小民,而专好放生及装塑神佛像"。①

(三)抄写、购买或刊印经书

经书主要指佛教经典著作,包括大藏经、法华经、金刚经、心经、药师经、观音经、阿弥陀经、六祖坛经等诸多种类。传播佛教经典被信徒认为是一种功德,所以很多信徒通过抄写、购买或刊印佛经等方式来传播佛经。也因此佛经在民间广为流布,如湖州德清县"凡数口之家,数家之聚,未有不蓄其书(指佛经)而奉焉"。而无论哪种方式都需要一定的花费。如华亭县邑人颜霸在宋嘉祐六年(1061)就施钱予寺院来抄写《大藏经》,"乃首施钱二百万,书其凡所藏经"。②又如"孝源因感经像之圣异,施家财万余缗,写佛经一藏于鄞州兴阳寺,特为严丽"。③张方平曾想用30万钱刊印《楞伽经》,后由苏轼亲笔抄写。④鄱阳主使周世亨"以钱三千、米一石付造纸江匠,使抄经纸"⑤。也有直接购买的,如"会石照县民陈氏者独inline缗以购其本(《大藏经》),无虑五百几函"⑥。沙县栖云寺,有人"捐钱百万,易经五千四十八卷"⑦。青龙镇隆平寺的《大藏经》是由"邑

---

① 分别见洪迈:《夷坚志》支庚卷5《西馆桥塑龙》、甲志卷6《俞一郎放生》,中华书局2006年版,第1172、46页。
② 分别见强至:《湖州德清县觉华寺藏经记》、陈舜俞:《秀州华亭县布金院新建转轮经藏记》,《全宋文》第67、71册,第158、89页。
③ 江少虞:《宋朝事实类苑》卷44《金刚题志》,上海古籍出版社1981年版,第574页。
④ 苏轼:《苏轼文集》卷66《书楞伽经后》,中华书局1986年版,第2085页。
⑤ 洪迈:《夷坚志》甲志卷7《周世亨写经》,中华书局2006年版,第61页。
⑥ 朱处约:《北严定林禅院藏经殿记》,《全宋文》第46册,第101页。
⑦ 邓肃:《栟榈集》卷18《沙邑栖云寺法雨》,文渊阁四库全书本。

人陈守道乃始出泉购书"[1],后赠予寺院的。也有刊印佛经的,如秀州东城居民韦十二,"得钱数千缗,散作佛事及印造经文"[2]。高凤因病被无锡县崇安寺比丘治愈,感恩之下就印施《大藏经》一部送与崇安寺。"右承直郎高凤印五千四十八卷纳诸匦中,锦囊象轴,宝笈贝叶,无一不具,为钱亦八百万。"宋理宗嘉熙年间,有人向湖州报国寺"施财叁伯贯文,印置《大般若经》六百卷"。[3]

(四) 炼丹药

炼丹药主要流行于道教,道教所追求的目标之一是长生不老,在时人看来,食用铅、汞等矿物质冶炼而成的丹药有着奇效,"丹砂、雄黄、雌黄,皆杀精魅、恶鬼、邪气"[4],是可供长生之物,故很多宋人为了追求长生不老、羽化成仙,纷纷求丹、炼丹、食丹。《春渚纪闻》载:"丹灶之事,士大夫与山林学道之人,喜于谈访者十盖七八也。"[5] 尤其是士大夫阶层,好养生之术,并纷纷实践。如苏轼自言:"颇好丹药,不惟有意于却老,亦欲玩物之变,以自娱也。"为了得到配药,他曾写信给程正辅帮忙买一剂:"闻曲江诸场,亦有老翁须生银是也。甚贵,难得,兄试为体问,如可求,买得五六两,为佳。若费力难求即也,非急用也。不罪!不罪!"[6] 夏竦"常服仙茅、钟乳、硫黄,莫知纪极。晨朝每食钟乳粥"[7]。"张中书悫,壮岁时无日不服丹砂。"[8]

---

① 杨潜:《云间志》下《隆平寺经藏记》,《宋元方志丛刊》(1),中华书局1990年版,第60页。
② 何薳:《春渚纪闻》卷3《悬豕首作人语》,中华书局1983年版,第51页。
③ 孙觌:《崇安寺五轮藏记》、释净月:《报国寺布施记》,《全宋文》第160、341册,第416、47页。
④ 吴曾:《能改斋漫录》卷15《黄银》,上海古籍出版社1979年版,第436页。
⑤ 何薳:《春渚纪闻》卷10《序丹灶》,中华书局1983年版,第145页。
⑥ 苏轼:《苏轼文集》卷54《与程正辅七十一首(五十五)》,中华书局1986年版,第1615页。
⑦ 沈括:《梦溪笔谈》卷9《人事一》,《全宋笔记》第2编(3),大象出版社2006年版,第72页。
⑧ 洪迈:《夷坚志》补卷18《张中书》,中华书局2006年版,第1717页。

宋代普通人家也有炼制丹药的现象。"豫章杨秀才，家稍丰赡，有丹灶黄白之癖。凡以此术至，必行接纳，久而无所成，则听自去，由是方士辐凑。"① 而丹药的炼制并不容易，常常费时费力费钱。正因如此，章太后听政的天圣年间曾有人建议废止宫中的炼丹活动："章圣时，炼丹一炉，在翰林司金丹阁。日供炭五秤。至熙宁元年，犹养火不绝。刘袤延仲之父，被旨裁减百司，此一项在经费之数，有旨罢之。"② 民间一些人为了获得长生的灵丹妙药而倾家荡产之事也非个例。如贵溪人桂缜对洪迈谈过其叔祖雇人炼丹的经历，此人"好道尤笃，常欲吐纳烟霞，黄冶变化，为长生轻举之计"，"有客过之，自云能合九转大丹，信之不疑，尽礼延纳，倾身竭家听其所取，费不可胜计。逾年丹成，客举置净室，封以朱泥，外画八卦、列宿、十日十二辰，极其严密"。③ 桂缜的叔祖为了得到"九转大丹"而"费不可胜计"，耗费了巨额家产。再如何薳所述："章申公、黄八座道夫皆访求毕世，费资巨万，而了无一遇者。"④ 费资巨万还没有任何收获，耗费之大令人震惊。

（五）修庙塔、建宫观

宋代寺观遍布各地，大至都郡，小至乡村到处可见，正如朱熹所说："今老佛之宫遍满天下，大郡至逾千计，小邑亦或不下数十，而公私增益，其势未已。"⑤ "今浮屠、老氏之宫遍天下。"⑥ 如此众多的寺观很大一部分由

---

① 洪迈：《夷坚志》支甲卷9《宋道人》，中华书局2006年版，第779页。
② 张邦基：《墨庄漫录》卷3《刘延仲言二事》，中华书局2002年版，第94页。
③ 洪迈：《夷坚志》丙志卷18《桂生大丹》，中华书局2006年版，第517页。
④ 何薳：《春渚纪闻》卷10《序丹灶》，中华书局1983年版，第145页。
⑤ 朱杰人、严佐之等主编，朱熹撰：《朱子全书·晦庵先生朱文公文集》卷13《延和奏札七》，上海古籍出版社、安徽教育出版社2002年版，第653页。
⑥ 潜说友：《咸淳临安志》卷75《寺观》，《宋元方志丛刊》（4），中华书局1990年版，第4026页。

私人捐资修建或重新维修。如分水县的善通寺是由"乡民骆邺以亲病祈福，独缘建其开山尼，曰'善通寺'"[①]；海盐县澉浦真武祠由尚景舍资塑像并建[②]；杭州霍山张真君祠宇本来"香火极盛。自兵火后，渐致颓圮，此役甚大，人无复问之者"；后来朱宣慰"捐钞千锭，崇建鼎新云"。[③] 由于修建寺院是件工程浩大的事情，非一般财力不能完成，"儒者常论一佛寺之费，盖中民万家之产"[④]。故很多情况下个人捐资只能修建寺院的某一部分，如淳化二年（991），黄州永兴禅院内的一批建筑即由众人合力建成，其施钱情况分别为：郡人王福舍钱2000贯造大殿，又舍钱1500贯造僧堂；黄州众户率钱200贯建老宿堂，又率钱100贯立方丈室；左都押衙丁文燧舍钱500贯建浴室，王真舍钱400贯创造菩萨殿、塑弥勒像。宋真宗时，处州龙泉县人李文进向金沙寺"施财百万，造塔七层"。江州景德镇寺新戒坛，所需的全部资金由太子宾客陈巽提供，"总费钱二十余万"。大观二年（1108），有人施舍125贯足，"建造宝塔一面"。同年，有人捐1000贯，"造宝塔十三级第二层"。政和二年（1113），泾县尉施钱200贯，"建舍利宝塔一面"。济州天庆观中真武像由奉议郎陈谷舍月俸30万修建。河东人薛洙又"积钱一百三十万度东南隅为殿四楹"，供邦人黄篆斋祷。宣和年间，蕲州蔡氏捐资对年久失修的五祖山真慧禅院祖师道场的法堂进行重修，"舍捐家资三百余万，鸠工抡材，焕然一新"。绍兴十年（1140），宜兴县人吴宪施钱1500贯足、米200石，于明州天童山景德寺营建寝宫一所。庆元三年，郡人刘必达遵照母亲田氏之命，向圆通寺"施钱百万"即1000贯，在江州庐山之阴石耳峰下建成大殿5

[①] 郑瑶、方仁荣：《景定严州续志》卷9《寺观》，《宋元方志丛刊》（5），中华书局1990年版，第4408页。

[②] 常棠：《澉水志》卷上《寺庙门》，《宋元方志丛刊》（5），中华书局1990年版，第4664页。

[③] 周密：《癸辛杂识》续集上《霍山显灵》，中华书局1988年版，第161—162页。

[④] 黄庭坚：《黄庭坚全集·别集》卷2《江陵府承天禅院塔记》，四川大学出版社2001年版，第1488页。

间。①"宣和末,有巨商舍三万缗,装饰泗州普照塔,焕然一新。"②

一般来说,修建寺观的费用浩大,虽有独立捐资修建者,对于更广大的民众来说却无力承担,但为了积功德示虔诚,很多百姓会共同集资完成某些项目。如秀州华亭县布金院的轮藏和大殿即由本地数百名民众集体捐资千万完成的。③陆河圣像院的大殿则是在朱肱承父亲的率领下共同出资修成的,"朱君肱承父业起家,称为右族,父某天资好善,尝游陆河圣像院,观大殿摧圮,首施家财,募众兴功,嘉祐八年夏,绩用成就"④。常州无锡县崇安寺内的藏经殿也是由众人施钱建成的,"一时王公大人、巨富长者,挥金钱,赈廪粟,助发胜缘,以成就最上第一希有功德。凡土木之工,级砖盖瓦,垩墁丹漆之费,为缗钱一万"⑤。嵊县黄沙接待院中的许多建筑也是众人集资修成的,"庆元元年监左藏西库吕昭亮买田办供,又募众盖造佛殿、法华忏堂、三门浴室、厨库等"⑥。乾道八年(1172),盐官镇的真武殿是由里人集资共同建成的。"虞者木,陶者瓦;工自献技,匠自献巧;富者以财,贫者以力"⑦,不久以后,真武殿建成。开禧年间,温州百姓布施钱"积至三千万",重建了开元寺千佛阁。⑧集资建宫观应是常见的一种方式,正因为很常见,甚至有人以修宫观为借口利用人们的信仰诈骗钱财,江少虞记载:"天圣、景祐间,京师建龙观,有道士仇某

---

① 分别见王禹偁:《黄州齐安永兴禅院记》、杨亿:《处州龙泉县金沙塔院记》、曾巩:《江州景德镇寺新戒坛记》、吴宗式:《造塔记》、李俊:《泾县宝胜禅院造塔记》、郭庭俊:《施钱造塔记》、李昭玘:《济州真武殿记》、李纲:《蕲州黄梅山真慧禅院法堂记》、吴宪:《小天童山施财米碑记》、周必大:《庐山圆通寺佛殿记》,《全宋文》第 8、14、58、137、135、142、121、172、193、231 册,第 72、400、175、24、220、219、214、211、228、272 页。

② 陆游:《老学庵笔记》卷 8,中华书局 1979 年版,第 105 页。

③ 陈舜俞:《秀州华亭县布金院新建转轮经藏记》,《全宋文》第 71 册,第 89 页。

④ 范成大:《吴郡志》卷 36《郭外寺》,江苏古籍出版社 1986 年版,第 525 页。

⑤ 孙觌:《崇安寺五轮藏记》,《全宋文》第 160 册,第 416 页。

⑥ 施宿:《嘉泰会稽志》卷 8《寺院》,《宋元方志丛刊》(7),中华书局 1990 年版,第 6855 页。

⑦ 凌万顷、边实:《淳祐玉峰志》卷下《寺观·清真观》,《宋元方志丛刊》(1),中华书局 1990 年版,第 1087 页。

⑧ 叶适:《温州开元寺千佛阁记》,《全宋文》第 286 册,第 83 页。

者，教化修真武阁，冬夏跣足，推一小车。近世士人，洎闾巷小民，军营卒伍，事真武者十有七八，无不倾信，所得钱无算，阁竟未毕功，后以奸监败。"①

（六）作法事

作法事一般是为超度亡灵或禳灾祈福请僧人或道士举行的如吃斋诵经等一系列活动。佛道两教均有相关活动，或叫作佛事，或叫作道场（斋醮）。正如王栐所说："丧家命僧道诵经，设斋作醮作佛事，曰：'资冥福'也。"②古人认为人死后要设斋超度，设斋的时间越长、规模越大，好处也就越大，可"使死者免为馁鬼于地下"，且能"往好处托生"。③受此观念影响，宋代作法事之风大行于世，如"平江士人王大卞家贫，既卒，其友周逸卿为率平日交游衾金作设冥佛事以荐悼之"④；"朱勔丧父，作黄箓醮"⑤；"魏道弼参政夫人赵氏，绍兴二十一年十月十六日以病亡。至四七日，女婿胡长文元质延洞真法师黄在中设九幽醮，影响所接，报应殊伟，魏公敬异之。及五七日，复命主黄箓醮。先三日，招魂入浴"；靖康末某人为其亡父"以钱数百千作黄箓醮"；"承节郎徐达可，临安人，监行在榷货务门，以淳熙五年卒。其兄伯禄，素友爱，哀念之甚切，招临江阁皂山道士谭师一至家，建设黄箓醮"。⑥

除了在人丧时作法事外，在父母、亲人的忌日里也有一些祭典活动，如苏轼在父母的忌日一般都进行佛事活动，即使贬谪在外，正常的追荐活

---

① 江少虞：《宋朝事实类苑》卷73《诈修庙》，上海古籍出版社1981年版，第970页。
② 王栐：《燕翼诒谋录》卷3，中华书局1981年版，第24页。
③ 《名公书判清明集》卷13《惩恶门·妄诉》，中华书局1987年版，第357—358页。
④ 郭彖：《睽车志》卷2，《宋元笔记小说大观》（4），上海古籍出版社2001年版，第4090页。
⑤ 张邦基：《墨庄漫录》卷3《金甲神人斥陈彦真为朱勔拜章》，中华书局2002年版，第100页。
⑥ 分别见洪迈：《夷坚志》丙志卷10《黄法师醮》、卷16《碓梦》、支甲卷7《徐达可》，中华书局2006年版，第448、504、768页。

动难以进行，也以抄经取代。"轼迁岭海七年，每遇私忌，斋僧供佛，多不能如旧。……且敬写《楞严经》中文殊师利法王所说《圆通偈》一篇，少伸追往之怀，行当过庐山，以施山中有道者。"① 此外，宋人在安葬死者入土之后，还往往在坟墓旁兴建坟庵、坟寺、坟院等，赡养庵僧守墓，并为死者诵经祈福。陆游曾云："南方不族墓，世世各葬，若葬必置庵赡僧。……吾墓但当如先世，置一庵客，岁量给少米。拜扫日，给之酒食及少钱，此乃久远事也。"② 四明汪氏的赡茔田，"用供（守墓）僧徒"③。绍兴年间，汪朝议为其祖父在徽州城外三里置坟庵，"招僧惠洪住持"，其实"僧但饱食安坐未尝诵经课念，于供事香火亦极简略"。④ 可见，岁时祭祀时的佛事活动，大多并不像始死及葬后的佛事活动那样办得轰轰烈烈，花费的钱财也不多，但是持续的时间却很长。

宋代在一些佛道的节日里举行大规模法会，如"婺州乡俗，每以三月三日真武生辰，阖郭共建黄箓醮，禳灾请福"⑤。而宋人尤其重视"三元斋"（正月十五日天官为上元，七月十五日地官为中元，十月十五日水官为下元），三元日皆大庆之日，"遇三元日，士庶拈香，骈集于院观之有神像者"⑥。三元斋会为士民祈禳已蔚成祭祀民俗。人们在这几天中纷纷供斋醮神，如"庆元二年正月十五日，一富家以上元令节，邀建保安醮"；"淳熙十三年（1186）上元之夕，北城居民相率建黄箓大醮于张君者庵内，请任为高功"；⑦ "七月十五日，道家谓之'中元节'，各有斋醮等会。僧寺则于此日作盂兰盆斋。而人家亦以此日祀先，例用新米、新酱、冥衣、时果、彩段、面棋，而茹素者几十八九，屠门为之罢市焉"⑧。《梦粱录》对

---

① 苏轼：《苏轼文集》卷69《跋所书圆通偈》，中华书局1986年版，第2204页。
② 陆游：《放翁家训》，知不足斋丛书本。
③ 楼钥：《汪氏报本庵记》，《全宋文》第265册，第55页。
④ 洪迈：《夷坚志》支景卷8《汪氏庵僧》，中华书局2006年版，第943页。
⑤ 洪迈：《夷坚志》支戊卷6《婺州两会首》，中华书局2006年版，第1100页。
⑥ 陈元靓：《岁时广记》卷37《宜崇福》，文渊阁四库全书本。
⑦ 洪迈：《夷坚志》支戊卷6《王法师》、卷5《任道元》，中华书局2006年版，第1101、1090页。
⑧ 周密：《武林旧事》卷3《中元》，上海古籍出版社1993年版，第203页。

这一天记载道:"诸宫观设普度醮,与士庶祭拔。宗亲贵家有力者,于家设醮饭僧荐悼,或拔孤魂。僧寺亦于此日建盂兰盆会,率施主钱米,与之荐亡。"①

为消灾、祛病、求子、安宅等一切有关禳灾集福的事情似乎都可作法事以求达到心愿,如"宣和七年,户部侍郎蔡居厚罢,知青州,以病不赴,归金陵。疽发于背,命道士设醮"。这是为去病而设醮的。有为求子嗣进行斋醮的,如"沈端叔,姑苏人也。年过三十,未有子,其家颇丰腴,求嗣之意弥切。数招道士设醮祷于天帝"。②有为安宅进行斋醮的,如宋初曹延禄因居宅之"百尺池畔,有地孔穴自生"而恐惧有灾祸生于宅内,遂举行道教斋醮活动以求神灵之佑助。③有为感恩回报祈福的,如一富家为感谢钱若水救命之恩,乃"倾家赀以饭僧,为若水祈福"④。某商人为感谢南剑士人林积归还其丢失的珠宝,"以数百千就佛寺作大斋,为林君祈福"⑤。

作法事往往开支浩大,如徐道人为淮人林月溪设斋醮,"索一百二十贯钱,为建道场,乃留三十贯于纸铺,委造纸钱,余者悉以为酒食之资"⑥。北宋后期,一李姓官员向天庆观"载钱二百千"即200贯,让道士设九幽醮,荐拔其重病的儿媳妇。再如靖康末某人为其亡父"以钱数百千作黄箓醮"。⑦甚至有的达到上万贯之多,如刘雄飞"将十八果会一万贯、段匹、米麦等,送杨都头归,俾之命僧作水陆功德,追荐八娘,少报其往日救济之急"⑧。如此多的花费确非一般人家能承担得起,许多人家甚至为

---

① 吴自牧:《梦粱录》卷4《解制日》,三秦出版社2004年版,第47页。
② 洪迈:《夷坚志》乙志卷6《蔡侍郎》、补卷11《姑苏颠僧》,中华书局2006年版,第232、1645页。
③ 转引自刘永明:《试论曹延禄的醮祭活动》,《敦煌学辑刊》2002年第1期。
④ 司马光:《涑水记闻》卷2《钱若水正冤狱》,中华书局1989年版,第27页。
⑤ 洪迈:《夷坚志》甲志卷12《林积阴德》,中华书局2006年版,第100页。
⑥ 无名氏:《湖海新闻夷坚续志》后集卷1《斋醮灵验》,中华书局1986年版,第159页。
⑦ 洪迈:《夷坚志》丙志卷7《安氏冤》、卷16《碓梦》,中华书局2006年版,第420、504页。
⑧ 无名氏:《湖海新闻夷坚续志》前集卷2《施恩有报》,中华书局1986年版,第117页。

此而倾家荡产。如福建之地，"奉浮图，会宾客，以尽力丰侈为孝，否则深自愧恨，为乡里羞。而奸民、游手、无赖子，幸而贪饮食，利钱财，来者无限极，往往至数百千人。至有亲亡，秘不举哭，必破产办具而后敢发丧者。有力者乘其急时，贱买其田宅，而贫者立券举债，终身困不能偿"①。

法事耗费巨大，曾引起一些士大夫从浪费钱财的角度进行批判。南宋阳枋指出："民俗之靡敝极矣。穷奢于寺观之金碧，而莫为之节；极靡于斋醮之虚浮，而莫为之节。"②陆游也说："吾见平时丧家百费方兴，而愚俗又侈于道场斋施之事。"③这些言论进一步说明了法事活动的奢侈性。

尽管作法事花费巨大，但因该仪式在时人心目中的重要性，大多数人都会想方设法去实现，如在别人进行法事活动时，花一些钱或不花钱征得主人同意设位进行附祭，如南宋绍兴年间，吴县宰陈祖安为吴旺设位荐福，因水陆道场"费侈"，贫不能办，只好在王葆彦作斋时，"以俸钱为旺设位"。再如"叶武仲母，死经年"，家贫无力请僧道超度，"适叶平钟德茂家启九幽醮，许外人附度，叶买纸衣一通，诣坛下，主醮者程国器为祝而焚之"。或共同集资筹办，如"淳熙元年，道州宁远县民萧淳礼与故吏欧阳暄等数人，共率邑里钱，就九疑观建黄箓醮"。甚至有人担心死后无资办法事，就于生前存下资财以备用。饶氏百姓江廿三，生前"藏小儿手镯一双，妇人金耳环一对，金牌一枚，用小瓦罐子盛埋于门内东壁下"，以"做功德追修"。也有作简易佛事者，如"淮阴小民丧其女，经寒食节，欲作佛事荐严而无以为资。母截发鬻之，得六百钱"，后求得一僧为其女诵经超度。④

---

① 欧阳修：《欧阳修全集》卷35《端明殿学士蔡公墓志铭》，中华书局2001年版，第521页。
② 阳枋：《上洪中书论时政书》，《全宋文》第325册，第304页。
③ 陆游：《放翁家训》，知不足斋丛书本。
④ 分别见洪迈：《夷坚志》丙志卷12《吴旺诉冤》、三志辛卷5《叶武仲母》、支甲卷5《舒嫩四》、三志辛卷2《江络匠》、丁志卷12《淮阴民女》，中华书局2006年版，第465、1422、746、1398、642页。

（七）转轮藏

轮藏，或称经轮藏、经藏，是"汉地佛寺中所设的一种转轮式的经橱"[①]。转轮藏被认为与诵念佛经功效一样，是积功德的一种方式，"天轮左旋，四时不令而行；地轮右旋，万物不言而生；藏轮北旋，诸法不谕而明。轮之义大矣哉！……以众经聚，号大法轮。一轮万遍，能令众生于一念顷含受诸化，是所以速其归也。"[②]因此法简单易行，深受时人欢迎。但这种行为一般要收取一定的费用。鲁应龙在《闲窗括异志》中说："东林施水院，本定庵居士白莲道场。寺有藏，岁久敝甚，住持僧智祥，力鸠众缘为之，仅成规模。其中实无所有，始寺有转藏，不问多寡，僧以一饼啖之，由是至者甚众。人有病祟，必以东林藏转之即愈。"这里转轮藏"不问多寡"，即收费还没有一定标准。而有的寺院已有了明确的收费标准，如平江府常熟县有僧文用，曾"又作轮藏，殊极么么。它寺每转三匝，率用钱三百六十，而此一转，亦可取金，才十之一。日运不绝，遂铸大钟，用铜三千斤"[③]。比之更甚的还有转一匝需用千钱的情况存在，"临江军惠历寺，初造轮藏成，寺僧限得千钱则转一匝"[④]。"千钱一匝"，收费之高令人咋舌。但因人们笃信之，所以来转轮藏的人很多，如建炎二年（1128），李易高中状元后，在扬州的寺院"特施钱二缗转大轮藏，欲为陈亡追福。由是闻者笑之，谓其所欲者奢也"[⑤]。也因此设有轮藏的寺院常常获利很多，"祥符寺转轮藏成……郡人辐辏，日获数千"[⑥]。一日数千钱即为转轮藏所获。黄庭坚也注意到了这一现象，吉州隆庆禅院转轮藏建成

[①] 陈兵：《新编佛教辞典》，中国世界语出版社1994年版，第585页。
[②] 陈舜俞：《秀州资圣禅院转轮经藏记》，《全宋文》第71册，第86—87页。
[③] 庄绰：《鸡肋编》卷中，中华书局1983年版，第68页。
[④] 费衮：《梁溪漫志》卷10《惠历寺轮藏》，《宋元笔记小说大观》（3），上海古籍出版社2001年版，第3441页。
[⑤] 陈善：《扪虱新话》卷12《王忻公李顺之优劣》，上海书店1990年版，第2页。
[⑥] 方勺：《泊宅编》卷中，中华书局1983年版，第84页。

后,"一瓶一钵,行若飞鸟,而宴坐十年,荆棘草莱,化为金碧,岁无丰凶,施者常满门"①。

(八)布施

所谓布施是指施与他人以财物、体力和智慧等,为他人造福而求得积累功德以至解脱的一种修行方法。布施行为中很多是直接施钱物于寺院或向和尚施饭等。如"浙西善事佛而华亭尤甚,民有羡余,率尽以施浮屠"②。鄱阳盐商阎大翁,"家货巨亿,夫妇皆好布施,诸寺观无不沾其惠"③。王仁镐"崇信释氏,所得俸禄,多奉佛饭僧";孔恭承"尤奉佛,多蔬食,所得奉禄,太半以饭僧。尝劝上不杀人,又请于征战地修寺及普度僧尼,人多言其迂阔云"。④ 向寺院施一些礼佛用品也很常见,如浙江一带的富裕人家,每年都要上天竺寺舍钱作会,"烧大烛数条如柱,大小烛一二千条,香纸不计数目。米面、碗碟、匙箸、扇子、蒲鞋、条帚、扫帚、灯芯、油盏之类具备"⑤,"广设胜会,斋僧礼忏三日,作大福田"⑥,所施舍的香花灯烛、斋资米面,各类物品,足够寺院一年之用。也有人自发做一些建桥修路等善事,如"龙泉县有四郎,敬信神佛,好为善事,干缘再建济州桥,于桥之北门绘一天王像";峡州富人程夷伯"发心自门前起,百里之内桥梁、路道,一一修整"。⑦

---

① 黄庭坚:《黄庭坚全集·正集》卷17《吉州隆庆禅院转轮藏记》,四川大学出版社2001年版,第451页。
② 杨潜:《云间志》下《华亭县学记》,《宋元方志丛刊》(1),中华书局1990年版,第60页。
③ 洪迈:《夷坚志》三志辛卷7《阎大翁》,中华书局2006年版,第1439页。
④ 脱脱等:《宋史》卷261《王仁镐传》、卷276《孔承恭传》,中华书局1985年版,第9038、9391页。
⑤ 西湖老人:《西湖老人繁胜录》,《宋史资料萃编》第3辑,台湾文海出版社1981年版,第22页。
⑥ 耐得翁:《都城纪胜·社会》,上海古籍出版社1993年版,第9页。
⑦ 无名氏:《湖海新闻夷坚续志》前集卷2《雷撤卦肆》《修路延年》,中华书局1986年版,第106、112页。

向寺院或向僧尼施舍财物远不止上述几类，还有粮食、衣物等各种实用物品。凡是可用之物，似乎都可以用来布施，甚至还有将自己房屋也施与寺院的，最典型的是王安石晚年将江宁府上元县半山园住宅捐出来作为寺院，他在《乞以所居园屋为僧寺并乞赐额扎子》中说："臣幸遇兴运，超拔等夷，知奖眷怜，逮兼父子，戴天负地，感涕难胜。顾迫衰残，縻捐何补，不胜蝼蚁微愿，以臣所居江宁府上元县园屋为僧寺一所。"对此清人蔡上翔考略："元丰七年，公以病闻，神宗遣国医诊视。既愈，乃请以宅为寺，因赐额为报宁禅寺。……既而疾愈，税城中屋以居，不复造宅。"① 王安石晚年竟然没有一间属于自己的房屋，这种奉佛的境界是常人难以达到的。

（九）占卜

宋时占卜术成为商品走向市场，并已形成一定的价格机制。根据史料记载，占卜价格有高有低，甚至相差悬殊。有的只有数钱或数十钱，"今之揲蓍者，率多流入于影象，所谓龟策，惟市井细人始习此艺。其得不过数钱，士大夫未尝过而问也"②。南宋时的武陵，"市有骷髅卜者，以二十钱往问之"③。而有的占卜者一天的收入也不过百钱，自然每卦更不会高。如真州扬子的一位筮者，"日得百数十钱则止，不更筮也"④。北宋末的周紫芝载，有卜者马生，"少以卜自业，日得百钱"⑤。淳熙年间，有道人来到复州卖卜，"荒郡少售，每日所得不及百钱"⑥。有的百钱或数百钱，

---

① 蔡上翔：《王荆公年谱考略》卷23《王安石年谱三种》，中华书局1994年版，第573—574页。
② 洪迈：《容斋随笔·续笔》卷8《蓍龟卜筮》，中华书局2005年版，第310页。
③ 洪迈：《夷坚志》三志辛卷4《屈老娘》，中华书局2006年版，第1416页。
④ 王安石：《王安石全集》卷86《处士征君墓表》，上海古籍出版社1999年版，第657页。
⑤ 周紫芝：《太仓稊米集》卷49《卜者马生》，文渊阁四库全书本。
⑥ 洪迈：《夷坚志》补卷13《复州王道人》，中华书局2006年版，第1670页。

如宋徽宗时，朱彧曾亲眼见"一卒持百钱来筮"①。李士美、刘行简与一富子三人相约去某术士处占卜，三人"各携百钱，既至，环坐满席，李欲亲试之，乃交互其年月，先下二百钱，议富子命，不能中。刘忍笑胡卢，不复再扣而出"。从这段记载中可知去占卜是三人事先约好的，各带百钱，说明至多每卦每人百钱，这大概是当时占卜一卦的一般行情。只不过因为不准，所以只给了 200 文。衢州城内的一位沈姓术士，为人算命的价钱是 350 文，"但每问弗许过三事，钱止三百五十文"。绍熙年间，临安中瓦"精于卜筮"的夏巨源，每算一卦，价钱是 500 文。②也有千钱的，如北宋后期，在开封大相国寺，有位来自四川的算命先生，"一命必得千"③。南宋前期，温州有隐士居住在瑞安的陶山，"易筮如神，每岁一下山卖卦，卦直千钱，率十卦即止"④。另一位中瓦术士杨二官人，结交了宫中权贵，"依之为课息……占必千钱"⑤。也有万钱的，《耆旧续闻》中记述设肆于相国寺的一术者，张榜"一卦万钱"⑥。孙自虚"军将桥瓦市僦屋设卜肆自给"，他给一妇人占卜，那位妇人"遂与万钱"谢之。也有数万钱的，如"闽士曹仁杰，淳熙末预秋榜待补，明年入都，贫无装资，假卖卜自给。在市售卦"，有一人来卜，占卜结果被其说准，那人后来"持二万钱来馈"⑦。司马光兄长为葬其祖，对那位张姓风水先生"许钱二万"⑧。四川的制置司干官郭大夫算了一卦花了 30 贯，"捐三十千问二十年休咎"。汪圣锡也曾遇过一个占卜高手，在他参加完省试还没出

---

① 朱彧：《萍洲可谈》卷3《卦影》，《宋元笔记小说大观》（2），上海古籍出版社2001年版，第2333页。
② 分别见洪迈：《夷坚志》三志己卷9《甜水巷蛤蜊》、三志壬卷3《沈承务紫姑》、支丁卷5《夏巨源》，中华书局2006年版，第1371、1487、1003页。
③ 张端义：《贵耳集》卷中，《宋元笔记小说大观》（4），上海古籍出版社2001年版，第4282页。
④ 洪迈：《夷坚志》丁志卷1《王浪仙》，中华书局2006年版，第538页。
⑤ 佚名：《鬼董》卷2，知不足斋丛书本。
⑥ 陈鹄：《西塘集耆旧续闻》卷7《相国寺日者》，中华书局2002年版，第361页。
⑦ 洪迈：《夷坚志》补卷18《孙生沙卦》《曹仁杰卜术》，中华书局2006年版，第1721、1722页。
⑧ 司马光：《温国文正司马公文集》卷71《葬论》，四部丛刊本。

结果时，遇到此人，预言说他能高中，并约好，如果不出其言，"当与我五万钱"，后汪果然那年"省闱第九"。还有数十万或上百万的，如宋代鄱阳人杨九巡，擅长"术士行山"之计，"而绝家贫，至无衣可出"，后为梁启道侍郎访一风水宝地，"及葬毕，得犒钱二百千"。① 南宋义乌人何恢死后，他的几个儿子为求得一块被称为具有"回鸾舞凤"之势的安葬之地，"用功力至费百余万"。②

从数钱到百钱，或数百钱再至数千钱，或上万钱以至数十万，或上百万的，价格悬殊之大实为惊人，之所以出现这么大的差异，与这一行业的特殊性有关，占卜是无形的，没有物质载体，不能以一般商品的价格机制来判断，更偏重于人的好恶等主观因素。当然作为一种特殊商品，也会受到一般市场规律的制约，即大致根据占卜者的技艺水平来定，高水平且结果准的价格高，低水平的价格低，不过也有一个普遍行情，即上文所说的一卦百钱很可能就是当时的一般市价。再者可以发现阴宅风水的占卜价格普通较高，都在上万甚至上百万钱。这与占阴宅的特殊性有关，它常常是一次性的行为并关系到子孙后代的祸福，宋人普遍重视，且希望一次成功，故不惜赀财。占卜者也根据这种心理普遍要价较高。这也可从侧面证得，在选择葬地这件事上，不仅占卜者有这种心理，葬地的出售者也有此心理，如果他的某块地方一旦被他人选作葬地，往往比正常价格高出数倍或数十倍，典型的如岳珂在《桯史》中讲述的一例：富翁陈国瑞为其母卜地，所请术士王生相中近村张翁家的一块地方，"王生乃与其（陈国瑞）子计所以得地，且曰：'陈氏卜葬，环数百里莫不闻，若以实言，则龙断取赘，未易厌也。'于是伪使其冶之隶，如张翁家，议圈豕，若以祷者，因眺其山木之美而誉之曰：'吾冶方乏炭，此可窑以得赘，翁许之乎？'张翁固弗疑也，曰：'诺！'居数日，复来，遂以钱三万成约。国瑞始来，

---

① 分别见洪迈：《夷坚志》三志壬卷2《杨抽马卦影》、支戊卷10《李汪二公卜相》、支丁卷4《杨九巡》，中华书局2006年版，第1483、1133、993页。

② 陈亮：《何茂宏墓志铭》，《全宋文》第280册，第95页。

相其山，大喜，筑垣缮庐，三阅月而大备，遂葬之"。如果作为普通用途，出钱三万，卖者也很乐意，正如此事的卖者张翁所言："吾他日伐山，而薪不盈千焉，三万过矣，此恶敢当！"但是一旦被用作葬地，行情就大不一样，如术士王生所说："以时贾商之，虽廉犹三十万也。"① 术士王生正是了解这种行情，所以才与人设计用较少的钱买来这块地方。

总之，不管价格高低，作为一种特殊的商品，占卜者大多能以此谋生，"卖卜自给""设卜肆自给"②，甚至有发财致富者，如开封相国寺、临安中瓦等皆是"士大夫必游之地，天下术士皆聚焉。凡挟术者，易得厚获之来"③。再如贫苦无告、"游术江左"的蒋坚适逢"戊子科举，士人登其门如织，几获钱百五千，从此小康"④。有的岂止小康，实属暴富。王安石对此有所描述："汴之术士，善挟奇而以动人者，大抵宫庐服舆食饮之华，封君不如也。"⑤

另外值得注意的是，宋代占卜作为一种商业行为，大部分时候是以金钱作为直接支付手段的，但也有一些其他支付方式，如天圣末，处士钱知微在洛阳天津桥下卖卜，"一卦帛十匹"⑥，10匹绢就是每卦的报酬。类似的如"何龙图中正初登第，闻西川郭从周精卜筮，乃以缣素求一占"⑦，这里也是以细绢作为报酬的。再如谢枋得，"卖卜建阳市中，有来卜者，惟取米屦而已，委以钱，率谢不取"⑧，"米屦"即代表米和鞋等一般的日常用品。

---

① 岳珂：《桯史》卷2《望江二翁》，中华书局1981年版，第21页。
② 洪迈：《夷坚志》补卷18《曹仁杰卜术》《孙生沙卦》，中华书局2006年版，第1722、1721页。
③ 张端义：《贵耳集》卷下，《宋元笔记小说大观》(4)，上海古籍出版社2001年版，第4319页。
④ 洪迈：《夷坚志》支甲卷10《蒋坚食牛》，中华书局2006年版，第789页。
⑤ 王安石：《王安石全集》卷32《汴说》，上海古籍出版社1999年版，第290页。
⑥ 黄仲元：《四如集》卷3《赠杨愚谷序》，文渊阁四库全书本。
⑦ 陈元靓：《岁时广记》卷31，文渊阁四库全书本。
⑧ 脱脱等：《宋史》卷425《谢枋得传》，中华书局1985年版，第12688页。

三、宋代宗教信仰消费的特点

(一) 世俗性

宋代佛教和道教的信徒分布至社会各阶层，世俗化和平民化的时代已经到来。正如竺沙雅章所说："不应该说宋代是佛教的衰退期，由于深受唐宋间政治、社会变革的影响，宋代佛教表现为与唐代不同的另一种形式的兴盛。宋代佛教教团的规模（寺院和僧尼数量）比唐代要大，而且佛教更加深入社会生活，具有中国近世佛教特色的居士佛教相当盛行，这些都说明宋代佛教并未衰落。"[①] 道教也有类似的变化，在宋之前，道教有过一个贵族化的时代：

> 自南北朝以后，道教成为与佛教并称的正统宗教。到了唐代，宗派的繁荣，义理的严密，科律的健全，斋醮仪式的完备，呈现出中国道教的全盛景象。唐代道教基本上是一种贵族化的宗教，其中最正统、最有代表性的就是上清派。上清派有比较系统的教义和较为规范的宗教仪轨，特别看重道士的文化修养和宗教道德修养，要求道士研习道经，恪守法戒。要想成为一名上清派的法师，必须具备相当程度的文化水准和良好的个人道行，这显然不是一般人能够做得到的。在道教主要作为上层社会的正统宗教而存在的几百年中，上清派—茅山宗始终代表着这种正统道教的主流方向，这就是宗教思想上的学理化和宗教性格上的贵族化。[②]

---

① 〔日〕竺沙雅章：《中国佛教社会史研究》，同朋舍1982年版，第2页。
② 刘浦江：《宋代宗教的世俗化与平民化》，《中国史研究》2003年第2期。

宋时道教则出现了从贵族化向世俗化和平民化的转变。相应地，使佛道教信仰消费也具有了世俗性、大众性的特征，不论穷富，信徒们都心甘情愿地将大量的时间、精力和金钱用在佛道活动上，认为是在做善事、积功德，并从中获得慰藉、满足和充实，而这也是消费的真正意义所在。

世俗性还表现在宋人参与的宗教活动的世俗性进一步增强。如烧香礼佛本是一项庄严的宗教礼仪，此时却增加了一些娱乐成分。在节日里，人们或去寺观烧香，或赶赴各种斋会，这些行为俨然成为一般老百姓游玩的良机。不管是浴佛节那一天的"四方挈老扶幼交窆者"，还是牡丹花盛开之时太平兴国寺里的"冠盖云拥，僧舍填骈"①，信徒和游人已难以区分，即本是香客却以游客的方式表现出来，本是游客去参观寺观时也免不了许心愿求平安而充当了香客的角色。这种角色的重合说明民众对宗教的信仰是以一种欢快的而非肃穆的方式表达出来。这从一些带有表演性质的宗教神事活动中也可见一斑，如重阳日，东京开宝寺仁王院举办狮子会，"诸僧皆坐狮子上，作法事讲说，游人最盛"②。可见，在宋代，宗教神圣的外衣逐渐被剥掉，日益融入大众生活。从消费的角度来讲，普通民众将有限的钱财用于各种佛事活动之中，既可表达虔诚的宗教感情，也可借机享受游山玩水的乐趣，从而更加丰富了他们的精神世界。

宗教对人们的精神具有慰藉和释放的作用。宋代一方面因先后受西夏、辽、金、蒙古等政权的威胁而战乱不断，且正处于中国封建社会的转型期，自身经济社会发生了很大的变化，出现了"贫富无定势，田宅无定主"的情况，剧烈的动荡使许多人一时无法适应，这使得宗教的心理调适功能得以发挥而受到各阶层的普遍信奉；另一方面，宋时佛、道、儒教进一步融合发展，佛教具有否定偶像、经忏、不讲清规戒律等特点，更容易被人接受，而道教也更具有了社会性：

---

① 袁褧：《枫窗小牍》卷上，《宋元笔记小说大观》(5)，上海古籍出版社2001年版，第4759页。

② 孟元老著，邓之诚注：《东京梦华录注》卷8《重阳》，中华书局1982年版，第216页。

宋元道教在组织形式上不特意创造一个超越世俗生活的宗教神圣世界，而是和现实生活相混融，和光同尘，在教义教理上不再强调作为一种独立宗教的特殊的思想内质，也不着意彰显宗教的神秘性和无限性，而是从常情常理出发，建立符合现实世界认识方式和思维逻辑的理论，它深入民间底层，不向烦琐的经教寻找解决现实问题的出路，以符合人之常情的心性学说沟通人心人性，以道教特有的术服务于社会生活，并努力在被战乱破坏的社会中标举崇高的伦理境界，以个人出世的生活来修入世的功德，其存在的形态、思想内质都主要是社会性的了。①

无论贫富、贵贱，还是僧俗、官民，由于对死亡的恐惧，对往生的企求，宗教信仰被广泛传播和接受。这使得宋代宗教信仰消费也具有了世俗性、大众化的特点。

（二）功利性

宋人的宗教信仰具有浓厚的功利主义和利己主义色彩，这在各阶层均有体现，以士大夫和商人阶层为例予以说明。正如上文所说佛教义理深受宋代上层官僚和知识分子阶层的喜爱，信佛者不计其数。这与他们当时所处的复杂的政治环境有关。宋代对官员的控制从制度上非常严厉，虽实行"与士大夫治天下"的文官政治，但又采用三省分权制和台谏监督弹劾制度以防止文官专权。官吏们稍不留心，就可能遭到言官的弹劾而被免职、贬官。又由于宋代朋党之争激烈，动辄相互残酷倾轧，正如王夫之所说，宋代的党争"一唱百和，唯力是视，抑此伸彼，唯胜是求。天子无定之衡，大臣无久安之计，或信或疑，或起或仆，旋加诸膝，旋坠诸渊，

---

① 刘敏：《论宋元道教的社会化存在形态》，《社会科学研究》2008年第1期。

以成波流无定之宇"①。宋代官场上的险恶促使很多官僚士大夫从宗教中寻找安慰,从心灵上解脱和逃避封建专制高压统治而求得精神上的慰藉。

商人群体信佛者也很多,由于他们财力宽裕,在佛教活动中出资十分慷慨,这固然是因为他们有着发自内心虔诚的佛教信仰,但是关注现实利益的成分也不可忽视。中国古代长期实行的"重农抑商"政策,使许多商人深受影响,认为比起农民和手工业者的终岁勤劳来说,他们仅仅通过贱买贵卖,用力至少,所获倍之,自己的行为对社会是有罪的,为此,只有舍财供佛,方能得以解脱。这种负罪心理促使他们通过信奉佛教做善事积功德的方式寻求精神上的安慰。典型的例子如欧阳修所讲的商人李迁之的所想所为:

> 湘潭县药师院新修佛殿者,县民李迁之所为也。迁之贾江湖,岁一贾,其入数千万。迁之谋曰:夫民,力役以生者也,用力劳者其得厚,用力偷者其得薄。以其所得之丰约,必视其用力多少而必当,然后各食其力而无惭焉。士非我匹,若农工则吾等也。夫琢磨煎炼,调筋柔革,此工之尽力也;斤劚锄夷,畎亩树艺,此农之尽力也。然其所食皆不过其劳。今我则不然,徒幸物之废兴而上下其价,权时轻重而操其奇赢,游嬉以浮于江湖,用力至逸以安,而得则过之,我有惭于彼焉。凡诚我契而不我欺,平我斗斛权衡而不我逾,出入关市而不我虞,我何能焉,是皆在上而为政者有以庇我也。何以报焉?闻浮屠之为善,其法曰:"有能舍己之有以崇饰尊严,我则能阴相之,凡有所欲,皆如志。"乃曰:"盍用我之有所得,于此施以报焉,且为善也。"于是得此寺废殿而新之,又如其法,作释迦佛、十八罗汉塑像皆备。凡用钱二十万,自景祐二年十二月癸酉讫三年二月甲寅以成。②

---

① 王夫之:《宋论》卷4,中华书局1964年版,第87页。
② 欧阳修:《欧阳修全集》卷64《湘潭县修药师院佛殿记》,中华书局2001年版,第937—938页。

这一例子充分说明了商人们内心深处的不安，他们迫切需要寻求精神上的平衡与安抚，而信奉佛教、大举施舍不失为一种很好的方式，以期通过这种方法来减少内心的罪恶感，其中的功利性显而易见。这一点游彪从对《碛砂藏》题记的考察中已有所发现，他指出："事实上，这种利用捐助延圣寺刻经以祈求福报者并不在少数，他们都是从善良的愿望出发，希望通过施舍来消除自己或家人的各种灾难。从某种意义上说，这似乎更如同是一种商业行为，这些捐助人将消灾祈福的愿望很大程度上寄托在了金钱之上。"①

相比佛教而言，道教更具有现世性，更为关心生人利益，这从无论是炼丹药以求长生，还是作法事祈福都能看出，不再详述。

本书虽主要以佛道作为主要分析对象，但两者并不是截然分开的，对民众来说，对佛教或道教以及其他宗教的信仰是杂糅在一起的，更多的时候信奉标准是以是否"灵验"来判断，只要灵验，可以同时向源于不同宗教传统的众多神祇寻求保护。这已被美国学者韩森注意到，并以洪迈父亲洪皓为例来说明："洪皓作为一个官员，在家中设有佛、真武、土地、灶王爷等的神像。他评判神祇是视其灵验与否，而不是看他们属于哪一家宗教。"同时，他指出："多数不识字的百姓与士人阶层求助于神祇，却是出于日常生活之需：病痛、子嗣、饥荒、蝗灾、洪水、旱役，以及外族入侵等等。"②"惟灵是信"以及为"生活之需"直接道出此时人们信奉宗教的功利实用性目的。

与佛道信仰消费相类似，占卜消费也具有明显的功利性。程颐对此早有发觉，他敏锐而明确地指出："古者卜筮，将以决疑也。今之卜筮则不然，计其命之穷通，校其身之达否而已矣。"③这从占卜的内容中以占科举、占仕途和占风水为主也可看出，这些内容更多地以预测人们的前程

---

① 游彪：《佛性与人性：宋代民间佛教信仰的真实状态》，《北京师范大学学报》2011年第5期。
② 〔美〕韩森：《变迁之神：南宋时期的民间信仰》，包伟民译，浙江人民出版社1999年版，第29、12页。
③ 程颢、程颐：《二程集·河南程氏遗书》卷25，中华书局1981年版，第326页。

与命运为出发点。以占风水而言，功利性色彩大大加强，只不过大多时候是被孝道的名义所弱化，但即便如此，其现实目的也很明显。正如司马光所说："今之葬书，乃相山川冈亩之形势，考岁月日时之支干，以为子孙贵贱、贫富、寿夭、贤愚皆系焉，非此地、非此时不可葬也。"① 即已点明风水可使人获利的功能。类似的晁公武引吕才《葬篇》说："'世之人为葬巫所欺，忘擗踊荼毒，以期徼幸。由是相茔陇，希官爵，择时日，规财利。'诚哉是言也。"② 面对这种现象，时人也多有批判，程颐说："拘忌者惑以择地之方位，决日之吉凶，不亦泥乎？甚者不以奉先为计，而专以利后为虑，尤非孝子安厝之用心也。"③ 罗大经说："藏者，欲人之不得见也。古人之所谓卜其宅兆者，乃孝子慈孙之心，谨重亲之遗体，使其他日不为城邑道路沟渠耳。借曰精择，亦不过欲其山水回合，草木茂盛，使亲之遗体得安耳，岂藉此以求子孙富贵乎？"他对风水所具有的"妙选吉地，以福其身，以利其子孙"的功能表示怀疑。④ 这些言论说明宋人之所以重视占卜风水，大多是从为自己、为子孙繁荣昌盛的私利目的出发，而对亡者追悼缅怀的目的则淡化了许多。

（三）地域性

宋代佛道两教分布具有明显的地域性⑤特征，相应地，宋代宗教活动消费也具有明显的地域性特征。借鉴已有的研究成果，再从消费的角度来考察这种地域上的差异。

---

① 司马光：《温国文正司马公文集》卷71《葬论》，四部丛刊本。
② 晁公武撰，孙猛校证：《郡斋读书志校证》卷14《八五经三卷》，上海古籍出版社1990年版，第611页。
③ 程颢、程颐：《二程集·河南程氏文集》卷10，中华书局1981年版，第623页。
④ 罗大经：《鹤林玉露》丙编卷6《风水》，中华书局1983年版，第344页。
⑤ 这一点程民生在其《宋代地域文化》"宗教文化的地域分布"中有过较详细的论证，参见程民生：《宋代地域文化》，河南大学出版社1997年版，第259—290页。

从两教区域分布上来看,大体上是南方盛于北方。以程民生统计宋真宗天禧五年(1021)各地僧尼数量为例,南方信仰佛教的人数近北方的 3 倍,是为宋代佛教分布的基本局势。南方尤其是东南地区的佛教气氛非常浓重,"自佛法流入中国,民俗趋之,而南方尤盛"①。其中以两浙、福建最为突出。对于两浙的事佛习俗,欧阳修曾有诗曰:"越俗僭宫室,倾赀事雕墙。佛屋尤其侈,耽耽拟侯王。……晨兴未饭僧,日昃不敢尝。……东南地秀绝,山水澄清光。余杭几万家,日夕焚清香。"②而福建佛教更为繁盛,具体表现在三个方面:一是寺院众多,甲于天下,福建寺庙修造,"至宋极矣,名山胜地多为所占,绀宇琳宫罗布郡邑"③。二是家设佛堂,朝夕供奉,对此黄榦曾言:"王氏入闽,崇奉释氏尤甚,故闽中塔庙之盛甲于天下。家设木偶、绘像堂殿之属,列之正寝,朝夕事之惟谨。凭其首而散于他州者,闽居十九焉。"④三是僧尼人数增多,宋真宗天禧五年福建僧尼达 71000 余人,占全国僧尼总数的 55.5%⑤,这还只是有正式登记的僧尼人数。对此现象宋人有诗:"福州多僧天下闻,缁衣在处如云屯。"⑥诗中描绘的情况虽指福州,其实也是整个福建地区的一个缩影。地处闽西的汀州也不例外,"邦人信佛笃,于是自创庵,尤不可殚记"⑦。福建地区佛教之盛由此可见。而道教则以江西、四川地区的人更为崇尚:"先是,道教之行,时罕习尚,惟江西、剑南人素崇重。"⑧江西洪州"多尚黄老清净之教,重于隐遁"⑨。筠州"至今道士比他州为多,至于妇人孺子,亦喜为道士服"⑩。四川因是道教的发源地,其道教气息更为浓

---

① 徐松:《宋会要辑稿·刑法》2 之 136,中华书局 1957 年版,第 6563 页。
② 洪迈:《容斋随笔·五笔》卷 9《欧公送慧勤诗》,中华书局 2005 年版,第 934 页。
③ 黄仲昭:《八闽通志》卷 75《寺观》,福建人民出版社 2006 年版,第 1089 页。
④ 黄榦:《处士唐君焕文行状》,《全宋文》第 288 册,第 415 页。
⑤ 徐松:《宋会要辑稿·道释》1 之 13,中华书局 1957 年版,第 2875 页。
⑥ 胡寅:《斐然集》卷 1《题能仁庵绍亨所建》,文渊阁四库全书本。
⑦ 解缙等:《永乐大典》卷 7892《汀州府·寺观》,中华书局 1986 年版,第 3635 页。
⑧ 李焘:《续资治通鉴长编》卷 72,中华书局 1980 年版,第 1637 页。
⑨ 乐史:《太平寰宇记》卷 106《洪州》,中华书局 2007 年版,第 2101 页。
⑩ 苏辙:《苏辙集·栾城集》卷 23《筠州圣寿院法堂记》,中华书局 1990 年版,第 401 页。

厚。如鹤鸣山附近的永康军青城山（今四川都江堰西）即道教一方中心，每年二月十五日（相传为老子生日）举行规模盛大的道会，"四远毕至"，"会者万计"。[1] 利州路的龙州（今四川平武南）道教占主导地位，"多学道教，罕有儒术"[2]。

南方佛道两教兴盛，信徒众多，佛教活动多，相应花费也必然要多，正如梁克家所说，三山（福州的别称）"虽归朝化，颓风弊习，浸入骨髓，富民翁妪倾施资产以立院宇者无限"[3]。类似的泉州"素号佛国，好善者多"，即乐意施舍财物供佛者多。而且前文的佛道两教相关的消费项目事例中，也多发生在南方，如杭州、潭州、荆南、平江县、华亭县、嘉兴、无锡县、江州、高安县、奉新县、嵊县等地的居民在宗教活动上的花费都非常慷慨。

尽管南方宗教气氛非常浓重，但也不能一概论之，发展程度并不均衡。宋人吴潜曾从寺院发展角度对东南各地佛教分布作过比较，指出："湖南不如江西，江西不如两浙，两浙不如闽中。"这是大致的情况，具体来说还有许多地方佛教发展很是一般。如荆湖南北、广南东西大部分州郡僧尼不多，寺院也小，如真德秀说，湖南州县寺观"虽名大刹，不足比江浙、福建下等寺观"。[4] 明显与东南发达地区不在一个层次上。又如广西，据苏轼诗云："荒凉海南北，佛舍如鸡栖。"[5] 寺庙狭小简陋得像鸡窝一样是佛教不兴盛的表现。对比南方，北方地区除京师等少数地区，大部分地区佛教势力相对薄弱。如宋徽宗政和年间，定陶（今山东定陶北）知县詹抃说："山东朴鲁，非江浙比，俗不为僧道，故寺观绝少。而广济（军）

---

[1] 洪迈：《夷坚志》丙志卷3《道人留笠》、卷4《饼店道人》，中华书局2006年版，第386、391页。

[2] 祝穆：《方舆胜览》卷70《龙州》，中华书局2003年版，第1229页。

[3] 梁克家：《淳熙三山志》卷33《僧寺》，《宋元方志丛刊》（8），中华书局1990年版，第8147页。

[4] 分别见真德秀：《泉州劝孝文》、吴潜：《奏论计亩官会一贯有九害》、真德秀：《申尚书省乞免降度牒状》，《全宋文》第313、337、313册，第29、127、8页。

[5] 苏轼：《苏轼诗集》卷43《自雷适廉宿于兴廉村净行院》，中华书局1982年版，第2367页。

小垒,止定陶一邑、天宁一寺。"① 定陶县隶属于山东,民风淳厚,多崇尚儒学,其地只有一座寺院,可见当地人对佛教并没有多大兴趣。京西郑州(今河南郑州)城,"南北更无三座寺"②。又如陕西成州(今甘肃成县),居民"勤生而啬施",使之"施一钱以济贫赈乏且不可得,而况奉佛老者乎!"③不愿拿出或者说是缺乏足够的钱财用于供奉神灵。

宋代佛道两教这种南盛北弱的分布格局,是与文化的发展具有同一性的,即文化发达之地与宗教兴盛之地基本一致。一般来说,凡是宗教兴盛的地方,文化也是发达的,如东京开封府、两浙、福建、成都府等即是。宗教的发展,依存于文化的发展,并且成为文化发展的一个组成部分。而文化发达的地区,经济的发展也相对较快,从历史趋势上来看,在经济发展上,历经南朝、隋唐五代时期的发展,北宋初期南方地区已经真正取代北方黄河中下游而发展成为全国的经济中心。④到南宋时,随着政治中心的南移,更加速了这种发展。经济的发展无疑是文化发展的基础和后盾。作为文化重要组成部分的宗教,发展上也一定程度符合了这种趋势。如城市因人口密集,且是官僚士大夫和工商业者们的活动区域,其经济要比起农村活跃得多,文化活动也更为丰富,这在前文各种文化消费活动的论述中都有所体现。城市里的佛道两教非常兴盛,其中两宋都城——东京和临安,作为政治经济和文化中心,可谓是宋代两个最大的宗教信仰中心,各种佛教寺院、道教宫观、民间神祠,数量与规模之多之大,既胜过前代,亦远超宋代的其他城市。⑤都城里佛道信仰者非常集中,如在进行一些大型的宗教仪式时,常常出现"倾城士女咸出祷祠"⑥,"其日都

---

① 张守:《詹抃墓志铭》,《全宋文》第 174 册,第 26 页。
② 庄绰:《鸡肋编》卷上,中华书局 1983 年版,第 17 页。
③ 张维:《陇右金石录·广化寺记》,《石刻史料新编》(21),台北新文丰出版公司 1982 年版,第 16063 页。
④ 江苏省六朝史研究会编:《古代长江下游的经济开发》,三秦出版社 1989 年版,第 17 页。
⑤ 参见周宝珠:《宋代东京研究》第 16 章《宗教信仰》,河南大学出版社 1992 年版,第 515—568 页。
⑥ 陆九渊:《象山语录》卷 2,上海古籍出版社 2000 年版,第 39 页。

城内外，诣庙献送繁盛"[1]的景象。当然其他城市宗教活动也比较集中，以寺院数量来说，如明州有大小 276 座寺院，其中州治所在地鄞县（今浙江宁波）有 106 座，最大的天童寺僧人多达千人，另有相应数量的童行和仆役。[2] 越州的寺院比明州更多，有 342 座。[3] 佛教圣地台州（今浙江临海）寺院则多达 361 座。[4] 而之所以城市中有如此多的寺院，与城市人口密集、信仰群众众多、其在宗教上的消费能力较强有密切关系。一般情况下，城市里社会结构复杂，各级人员混杂，生活压力较大，心理诉求也各不相同，故精神上更需要寄托或宽慰，为了达到各自目的，信徒们往往在宗教活动中出手大方，相应地，寺院也能募到更多的善款，在雄厚财力的支持下，自然也有条件大建寺观。王庭珪曾对这一现象作过明确解释：

  佛屋遍天下，大率费不赀。泥金缯，示环璚，务为不可胜者，多在夫通都大邑。水舟陆车，珠玑象犀百货之所萃，商官争负絜，营营然贪眄不瞬，浮屠能一语顷之，则罄橐勿儳。此通都大邑之有刹庙，所以视他外所为最雄侈繁丽。[5]

总体来说，佛道两教信仰活动的相关消费呈现出南方盛于北方、城市强于农村的特征，这种地域性上的差异大体上趋同于宋代文化消费的基本态势。

---

[1]　吴自牧：《梦粱录》卷 1《八日祠山圣诞》，三秦出版社 2004 年版，第 13 页。
[2]　刘昌诗：《芦浦笔记》卷 6《四明寺》，中华书局 1986 年版，第 48 页。
[3]　施宿：《嘉泰会稽志》卷 17、18，《宋元方志丛刊》(7)，中华书局 1990 年版。
[4]　陈耆卿：《嘉定赤城志》卷 14《寺观》，《宋元方志丛刊》(7)，中华书局 1990 年版，第 7392—7408 页。
[5]　王庭珪：《重修东华寺记》，《全宋文》第 158 册，第 266 页。

第四章
宋代文化教育消费

一、宋代文化教育消费的主要内容

在宋政府大兴文教、广行科举取士的背景下，教育蓬勃发展，最直接表现在受教育者逐渐普及至士农工商各阶层，整个社会的文化水平得到了很大提高。相应地在文化教育消费方面也取得了突破。本章将从笔墨纸砚、书籍及求学教育发展三个方面探析之。

（一）笔墨纸砚消费

宋代教育的繁荣使读书识字的人越来越多，作为古人读书写字必备工具的笔墨纸砚的生产、消费也进入了新的发展阶段。

笔属于易耗品，人们不仅经常性地购买，而且常常一次买多支，如苏东坡喜欢程奕笔，一次就购买了数百枝，"吾不久行当致数百枝而去，北方无此笔也"[1]。宋代笔市场上种类丰富。从地域上看，有著名的宣城笔、常州笔、晋陵笔等。宣城笔因高质量而深受好评，欧阳修赞其"紧心

---

[1] 苏轼：《苏轼文集》卷70《书钱塘程奕笔》，中华书局1986年版，第2233页。

缚长毫,三副颇精密。硬软适人手,百管不差一"①;徐铉称其"处处良工事笔锋,宣毫自昔最称雄"②。宣城笔价格较昂贵,"一束喜从公处得,千金求买市中无"③。常州笔也得到时人推崇,邹浩诗云:"我有常州饱霜毫,千钱一管价不高。"④蔡襄曰:"笔,用毫为难,近宣州诸葛高造鼠须散卓及长心笔绝佳。常州许顿所造二品亦不减之,然其运动随手无滞,各是一家,不可一体而论之也。"⑤笔的制作材料有兔毛、羊毛、鸡毛、鹿毛、鼠须等,庄绰评价道:"江浙无兔,系笔多用羊毛,惟明、信州为佳,毛柔和而不挛曲;亦用鹿毛,但脆易秃。湖南二广又用鸡毛,尤为软弱。高丽用猩猩毛,反太坚劲也。其用鼠须,只一两茎置笔心中。"⑥从笔的制作者来看,最著名的是诸葛氏笔、屠氏笔,"笔工诸葛高,海内称第一"⑦;"自天子公卿朝士,四方士大夫,皆贵希笔,一筒至千钱,下此不可得"⑧。受到时人称赞的笔工还有俞俊、马生、柳之庠、沈秀荣、安极、周宣、周永年、吴升等。⑨

  墨不仅作为一般的文化用品,还被用来收藏,如"吴开喜蓄墨,收古今名品甚具";"司马君实无所嗜好,独蓄墨数百斤";苏轼"蓄墨数百挺",还继续"求觅不已";"李公择见墨辄夺,相知间抄取殆尽。吕行甫平生好藏墨,士大夫戏之为'墨颠'。""王原叔性爱墨,持玩不厌,几案枕枕间往往置之,尝以柔物磨拭之,发其光色,至用衣袖,略无所

---

  ① 欧阳修:《欧阳修全集》卷54《圣俞惠宣州笔戏书》,中华书局2001年版,第767—768页。
  ② 徐铉:《徐文公集》卷21《和复州李太保酬笔》,四部丛刊本。
  ③ 黄庭坚:《黄庭坚全集·外集》卷9《谢送宣城笔》,四川大学出版社2001年版,第1080页。
  ④ 邹浩:《道乡集》卷5《梦臣惠潘谷墨》,文渊阁四库全书本。
  ⑤ 蔡襄:《蔡襄集》卷34《文房四说》,上海古籍出版社1996年版,第628页。
  ⑥ 庄绰:《鸡肋编》卷上,中华书局1983年版,第24页。
  ⑦ 梅尧臣:《宛陵先生集》卷21《次韵永叔试诸葛高笔戏书》,四部丛刊本。
  ⑧ 陆游:《陆游集·渭南文集》卷25《书屑觉笔》,中华书局1976年版,第2220页。
  ⑨ 分别参考以下诸诗:苏轼《觅俞俊笔》、许景衡《故人惠马生笔》、王之道《赠笔工柳之庠》、仇远《赠笔工沈秀荣》、吕本中《赠笔工安极》、王洋《赠笔工周宣》、曾丰《赠笔工周永年》、赵孟坚《赠笔工吴升》。

惜。"① 张邦基已"收古今数百笏，种种有之"②。陆游的先伯祖中大夫也是一位"平生好墨成癖"的人，藏有许多名墨，"如李廷珪、张遇以下，皆有之"。并且对他的藏墨爱护有加，如"李黄门邦直在真定，尝寄先左丞以陈赠墨四十笏，尽以为伯祖寿。晚年择取尤精者，作两小箧，常置卧榻，爱护甚至"。③ 为了得到自己心爱的墨，许多人常常不惜花费重金购买。王原叔因为错过一个买廷珪墨的机会大为惋惜，后来廷珪墨价格越来越贵，但他仍然为之不惜花费万金："庆历中，有人持廷珪墨十丸求售，从子参预托言草文字，恐混其思，遽令麾去。既而闻之，极为叹息，其后尤难得，而屡以万钱市一丸。"④ "平生性好墨，以此为昼夜"的孔平仲也常竭力搜集，"四方购殊品，十倍酬善价"。⑤

宋代墨市场上种类丰富。从地域上看，著名的有歙墨（歙州）、兖墨（兖州）、蜀墨和海南墨。歙墨的代表是南唐歙州李廷珪墨，其传人有李庭宽、李承晏等。兖州制墨以陈朗及其传人为代表。川蜀善制墨者有蒲大韶、梁杲等。其中蒲大韶制的油烟墨工艺精良，"东南士大夫喜用之"，其墨曾进贡于皇上。⑥ 海南也产墨，苏轼在海南曾亲自造墨："己卯腊月二十三日，墨灶火大发，几焚屋，救灭，遂罢作墨。得佳墨大小五百丸，入漆者几百丸，足以了一世著书用，仍以遗人。"他对自己制作的墨还相当满意："此墨吾在海南亲作，其墨与廷珪不相下。"⑦ 从墨工来看，宋代出现了一大批制墨名家，如沈圭、柴珣、张处厚、朱觐、苏浩然、陈朗、陈己、陈湘、陈相、陈和、陈显、景焕、盛匡道、盛通、盛信、盛皓、姜

---

① 分别见陆友：《墨史》卷上、下，文渊阁四库全书本。
② 张邦基：《墨庄漫录》卷6《李文叔破墨癖说》，中华书局2002年版，第173页。
③ 陆游：《老学庵笔记》卷2，中华书局1979年版，第26页。
④ 陆友：《墨史》卷上，文渊阁四库全书本。
⑤ 孔文仲、孔武仲、孔平仲：《清江三孔集·孔平仲集·子明棋战两败，输张寓墨，并蒙见许。夏问出箧中所藏以相示。诗索所负，且坚元约》，齐鲁社2002年版，第346页。
⑥ 洪迈：《夷坚志》甲志卷16《蒲大韶墨》，中华书局2006年版，第142页。
⑦ 分别见苏轼：《苏轼文集》卷70《记海南作墨》《书海南墨》，中华书局1986年版，第2229、2229页。

潜、周明法、林鉴、陈泰等。①

宋代由于造纸技术的进步，纸的质量和产量都有所提升。从地域上看，宋代产纸区域几乎遍及各路，并形成两浙、川蜀、福建三大造纸中心。② 从造纸材料看，除沿袭唐代的麻、藤、桑皮、桑根、蚕茧、楮皮等外，竹纸大为发展。苏轼曾讲："今人以竹为纸，亦古所无有也。"③ 其他还有海苔、麦茎、稻秆、槐、松皮、芨皮等树皮以及混合原料。"中国有桑皮纸，蜀中藤纸、越中竹纸、江南楮皮纸。"④ "蜀中多以麻为纸，有玉屑、屑骨之号。江浙间多以嫩竹为纸。北土以桑皮为纸，剡溪以藤为纸，海人以苔为纸。浙人以麦茎、稻秆为之者脆薄焉，以麦藁、油藤为之者尤佳。"⑤ 从制作者来看，宋代出现了大量的私营造纸作坊，如陕西路凤翔郿县一带，"人以纸为业，号纸户"⑥。浙江嵊县，"剡溪上绵四五百里……溪中多纸工"⑦。广西的宾州、澄江洞的许多人家以"造楮为业"⑧。在江南主要产纸地池州，青阳县九华山马牙市镇民家"擗楮为纸"⑨。在成都江边"居民皆以造纸为业"⑩，会稽盛产竹纸，"民家或以致饶"⑪ 等。

大量的生产是为了满足需求，纸的易耗性使对其的需求量很大，苏东坡有诗云："元章作书日千纸。"⑫ 孔平仲诗云："家贫何所费，使纸如使

---

① 分别见陆友：《墨史》卷中、下，文渊阁四库全书本。
② 魏华仙：《宋代四类物品的生产和消费研究》，四川科学技术出版社 2006 年版，第 128 页。
③ 苏轼：《苏轼文集》卷 70《书海苔纸》，中华书局 1986 年版，第 2232 页。
④ 顾文荐：《负暄杂录》，《说郛三种》卷 18，上海古籍出版社 1988 年版，第 328 页。
⑤ 苏易简：《文房四谱》卷 4《纸谱二》，文渊阁四库全书本。
⑥ 毕仲游：《朝议大夫贾公墓志铭》，《全宋文》第 111 册，第 145 页。
⑦ 高似孙：《剡录》卷 5《书文》，《宋元方志丛刊》（7），中华书局 1990 年版，第 7231 页。
⑧ 王象之：《舆地纪胜》卷 115《宾州·景物下》，中华书局 1992 年版，第 3401 页。
⑨ 沈辽：《游山记》，《全宋文》第 79 册，第 191 页。
⑩ 陆游：《陆游集·剑南诗稿》卷 9《谒汉昭烈惠陵及诸葛公祠宇》，中华书局 1976 年版，第 242 页。
⑪ 施宿：《嘉泰会稽志》卷 17《纸》，《宋元方志丛刊》（7），中华书局 1990 年版，第 7045 页。
⑫ 苏轼：《苏轼诗集》卷 29《次韵米芾二王书跋尾二首》，中华书局 1982 年版，第 1538 页。

水。"①张丑在"元章四帖"条下记米芾自述其"学书来约过麻笺十万"②。文人们常成百上千幅地购买纸,如苏东坡有一次托人购买"越州纸二千幅"③。宋代名纸辈出,时人竞相追逐,宋伯仁有《买笺纸》诗云:"买得吴笺才可去,诗成免得向人求。"④陶榖在《清异录》中记载他家藏了上百幅徽纸,并且纸幅都长一丈以上。⑤王令有诗云:"有钱莫买金,多买江东纸。江东纸白如春云。"⑥司马光记载了四川麻纸在京师畅销的情况,"争买倾奇琛"⑦。

同墨一样,砚也被文人们争相收藏。如唐询"好畜砚,客至辄出而玩之,有《砚录》三卷"⑧;"侍读平生酷好砚"⑨;吴兴许采"有研癖,所藏具四方名品,犹几至百枚,犹求取不已";某嗜砚人"所蓄数百枚"风字晋砚;黄材成"以嗜研求为婺源簿"。米芾一生爱砚迷砚,并写了一部《砚史》。他为了得到爱砚,甚至敢向皇帝索要。据《春渚纪闻》记载,徽宗召他写一个大屏,并让他使用御案上的端砚,他写完后,马上捧砚跪请说:"此研经赐臣芾濡染,不堪复以进御,取进止。"惹得皇上大笑并将砚赐给了他。⑩苏轼自幼好砚"如好声色"⑪,收藏有许多精品砚台,仅《苏轼文集》所举,就有"许敬宗凤字紫端砚""吕道人沉泥砚"和"汪少微铭歙砚"等十多方。在他收藏砚的过程中有许多趣事发生,《龙尾砚歌》

---

① 孔文仲、孔武仲、孔平仲:《清江三孔集·孔平仲集·使纸甚费》,齐鲁书社2002年版,第341页。
② 张丑:《清河书画舫》,文渊阁四库全书本。
③ 施宿:《嘉泰会稽志》卷17《纸》,《宋元方志丛刊》(7),中华书局1990年版,第7045页。
④ 宋伯仁:《雪岩吟草》甲卷《忘机集》,文渊阁四库全书本。
⑤ 陶榖:《清异录》卷下《文用门·鄱阳白》,《宋元笔记小说大观》(1),上海古籍出版社2001年版,第110页。
⑥ 吴之振等:《宋诗钞·广陵诗钞·再寄满子权二首》,中华书局1986年版,第777页。
⑦ 司马光:《温国文正司马公文集》卷2《送冷金笺与兴宗》,四部丛刊本。
⑧ 脱脱等:《宋史》卷303《唐询传》,中华书局1985年版,第10043页。
⑨ 陆游:《家世旧闻》下,中华书局1993年版,第225页。
⑩ 分别见何薳:《春渚纪闻》卷9《记砚》、卷7《米元章遭遇》,中华书局1983年版,第139、138、141、108页。
⑪ 高似孙:《砚笺》卷2,文渊阁四库全书本。

一诗就记载了一件他为求爱砚不惜贬低自己的事情：福建某山产石，有人用以制砚，请苏轼取名，苏轼为其取"凤咮砚"，并在其上题铭曰："苏子一见名凤咮，坐令龙尾羞牛后。"这却得罪了歙州人。后来苏轼向歙州人求龙尾砚而遭到拒绝。苏轼求砚心切，只得又作诗讨好说："君看龙尾岂石材，玉德金声寓于石。……我生天地一闲物，苏子亦是支离人。粗言细语都不择，春蚓秋蛇随意画。"① 这才算了结前怨而得到了一方龙尾大砚。文人们收藏的砚除了赠送、交换而得，多是从市场上购得，如苏轼曾以 40 贯购得右军古凤池紫石砚②，汪书"以五千得一砚"，渝州度史君以 150 缗购得涵星砚③。

因产地不同，材质不同，砚的生产也有多样化特点。从地域上看，著名的有歙砚（产于古歙州，今江西婺源，安徽歙县、黟县、休宁等地）、端砚（产于古端州，今广东肇庆）、洮河砚（产于古洮州，今甘肃南部藏族自治州临潭县）。歙砚石色匀，质地细，是珍贵的砚石。沙随先生尝蓄一歙砚，后有蔡忠惠题诗曰："玉质纯苍理致精，锋铓都尽墨无声。相如间道还持去，肯要秦人十五城。"④ 端砚也是文士们心目中的珍品。"琢为时样供翰墨，十袭包藏百金贵。"⑤ 梅尧臣认为端砚受欢迎的程度不亚于古瓦砚："蛟龙所窟处，其石美且坚。蛮匠断为砚，汉官求费钱。持归向都邑，争乞如瓦砖。岂识万里险，谬窃好事传。"⑥ 端砚分多种，根据其采出的位置不同，价值有所不同。《端砚谱》记载："砚之价，下岩水底十倍于南壁石，南壁石十倍于中岩，北壁石、半边、山南诸岩倍于中岩南壁石，半边、山北诸岩及龙岩、中岩南壁倍上岩诸穴石，上岩诸穴倍小湘石，小湘石倍后历、蚌坑石，后历之佳者与上岩诸穴价等。"⑦ 洮河砚，

---

① 苏轼：《苏轼诗集》卷 23《龙尾砚歌》，中华书局 1982 年版，第 1235—1236 页。
② 米芾：《米芾集·书史》，湖北教育出版社 2002 年版，第 134 页。
③ 分别见张世南：《游宦纪闻》卷 6、9，中华书局 1981 年版，第 55、78 页。
④ 张世南：《游宦纪闻》卷 6，中华书局 1981 年版，第 55 页。
⑤ 吴之振等：《宋诗钞·后山诗钞·谢寇十一惠端砚》，中华书局 1986 年版，第 834 页。
⑥ 梅尧臣：《宛陵先生集》卷 11《得李殿承端州砚》，四部丛刊本。
⑦ 高似孙：《砚笺》卷 1《砚直》，文渊阁四库全书本。

产于洮州，其以色美质优而备受苏东坡、黄庭坚、米芾等名士的好评。南宋时因开采稀少，更成为"无价之宝"。① 制作材料上有陶砚、石砚之分。陶砚是以泥土为主要原料，如古瓦砚、澄泥砚等。古瓦砚又称铜雀砚，出相州（今河南安阳）。《砚笺》记载："瓦出铜雀台，多断折，间有全者，煮以沥青发墨可用。好事者爱其古。"② 澄泥砚，主要产地在虢州（今河南灵宝）、绛州（今山西新绛）、青州（今山东青州）等地。《春渚纪闻》中讲到的高平吕老所制砚即为澄泥砚，吕老死后，价格大涨，"好奇之士，有以十万钱购一研不可得者"③。石砚是以石材制成的砚，前面的端、歙、洮砚皆为石砚。

（二）书籍消费

1. 宋代书籍消费情况

从消费主体来看，宋代书籍市场上主要存在私家购书、书院购书、寺观购书和国家购书四种形式。本书将占市场大宗的私家和书院购书作为重点研究对象。

（1）私家藏书购书行为

在我国藏书史中，宋代是具有里程碑式的重要阶段。这一时期的藏书活动呈现人数多、分布广、藏量大的特征。根据范凤书的统计，宋代私人藏书家达 700 余人，是西周至五代千余年之间藏书家总和的近 3 倍，其中藏书量在万卷以上的就达 200 多人。④ 可见宋时私家藏书活动的兴盛。为了深入分析，我们对藏量在三万卷以上的藏书家略作统计：

---

① 赵希鹄：《洞天清录·古砚辨》，文渊阁四库全书本。
② 高似孙：《砚笺》卷3，文渊阁四库全书本。
③ 何薳：《春渚纪闻》卷9《记砚》，中华书局1983年版，第135页。
④ 范凤书：《中国私家藏书史》，大象出版社2001年版，第82页。

表4—1 宋代藏量三万卷以上的藏书家[①]

藏书家	藏书数量	文献出处
叶梦得	十万卷	王明清《挥麈后录》卷7
魏了翁	十万卷	魏了翁《鹤山大全集》卷41
贺氏	十万卷	周密《齐东野语》卷12《书籍之厄》
赵宗绰	七万卷	洪迈《容斋随笔·四笔》卷13《荣王藏书》
王惟潜	六万余卷	楼钥《攻媿集》卷52
田伟	五万七千卷	祝穆《方舆胜览》卷27
陈振孙	五万一千余卷	周密《齐东野语》卷12《书籍之厄》
王钦臣	四万三千卷	周密《齐东野语》卷12《书籍之厄》
周密	四万二千卷	周密《齐东野语》卷12《书籍之厄》
祁氏、吴氏、田氏	各四万余卷	胡应麟《少室山房笔丛正集》卷1
方崧卿	四万卷	周必大《文忠集》卷71
宋敏求	三万卷	《宋史》卷291《宋敏求传》
沈立	三万卷	杨杰《无为集》卷12
刘季孙	三万卷	张世南《游宦记闻》卷9
雍子仪	三万卷	（嘉庆）《大清一统志》卷298
钱绅	三万卷	葛胜仲《丹阳集》17
尤袤	三万卷	（康熙）《无锡县志》卷3上。
赵令衿	三万卷	程俱《北山小集》卷33
赵彦远	三万卷	朱熹《朱熹集》卷92
王介卿	三万卷	杨万里《诚斋集》卷76
蒋友松	三万卷	沈翼机等《浙江通志》卷28

藏书三万卷是个什么概念？以北宋时期各朝馆阁藏书量作一比较即可知。《宋史》记载："始太祖、太宗、真宗三朝，三千三百二十七部，

[①] 部分内容参考祁琛云:《宋代私家藏书述略》,《历史教学》2007年第7期。

三万九千一百四十二卷。次仁、英两朝,一千四百七十二部,八千四百四十六卷。次神、哲、徽、钦四朝,一千九百六部,二万六千二百八十九卷。三朝所录,则两朝不复登载,而录其所未有者。四朝于两朝亦然。最期当时之目,为部六千七百有五,为卷七万三千八百七十有七焉。"[1]宋初的国家藏书量也不过三万余卷,最多时也才七万余,也就是说三万卷完全能和国家的藏量相媲美。当然拥有这样藏量的人并不多见,更多的是在上千卷。而比较穷困的人家可能仅够满足学习之需。

如此大的藏量,其来源途径多种,有继承、赐予、赠送、交换、抄写及购买等方式。其中购买当是最重要的途径之一,因为宋代印刷术的发展,加快了书籍的生产流通,书籍贸易日渐普遍,在市场上购书已很方便,相应地,宋人购书所占比例也越来越大。史料记载,在宋代的藏书家中,不乏购买书籍的故实,下文择要列表以示:

表4—2 宋代私家购书之故实[2]

时间	购书者	购书故实	资料出处
925—1007	朱昂	昂前后所得奉赐,以三之一购奇书,以讽诵为乐	《宋史》卷439《朱昂传》
929—1002	句中正	中正喜藏书,家无余财	《宋史》卷441《句中正传》
五代宋初	丁度祖颛	尽其家资聚书至八千卷	司马光《涑水记闻》卷10
958—1018	赵安仁	尤嗜读书,所得禄赐,多以购书	《宋史》卷87《赵安仁传》
961—1017	陈彭年	贵至通显,奉养无异贫约,所得奉赐,惟市书籍	《宋史》卷287《陈彭年传》
宋初	节妇荃	子渐长,筑舍于外,购书命师教之	文莹《玉壶清话》卷5
北宋前期	朱遵式之妻杜氏	治家"一切俭约","唯买书则不问其价,以至抽辍簪珥,略无倦色"	王禹偁《小畜集》卷28《监察御史朱府君墓志铭并序》

---

[1] 脱脱等:《宋史》卷202《艺文志一》,中华书局1985年版,第5033页。
[2] 表时间以藏书家的大致生活时代为著录依据,大致分为常见的前期、中期与后期,不明者为空。

续表

时间	购书者	购书故实	资料出处
北宋前期	张奎、张亢之母	不爱金帛,市书至数千卷	司马光《涑水记闻》卷10
北宋前期	方略	宦达后,所至专访文籍,民间有奇书,必捐金帛求之	李俊甫《莆阳比事》卷6
真宗、仁宗时	张式	廉静好书,既老矣终不肯治田宅,所得禄以置书	王安石《临川先生文集》卷92《司封郎中张君墓志铭》
1001—1045	王质	一生不治生业,惟畜书仅万卷	范仲淹《范文正公文集》卷14《尚书度支郎中充天章阁待制知陕州军府事王公墓志铭》
1006—1050	赵从赟	聚古今图书万余卷,舆马之玩悉贸以市书	张纲《华阳集》卷39《邓州观察使南阳侯墓志铭》
1033—1092	刘季孙	所得禄赐尽于藏书之费	王称《东都事略》卷110
1038—1040	温革	以家资尽市监书	(嘉靖)《赣州府志》卷10
1042—1099	庞安时	性喜读书,闻人有异书,购之若饥渴	张耒《张右史文集》卷59《庞安常墓志》
1047—1121	李夔	既仕节衣贬食,而积书之富,至与巨室名垺	杨时《龟山集》卷32《李修撰墓志铭》
1058—1091	赵子思	月入俸度所费外,皆以市经史	范祖禹《范太史集》卷46《封遂宁侯墓志铭》
1067	陈守通	出泉购书	杨潜《云间志》下《隆平寺经藏记》
北宋中期	叶廷珪曾祖父	倾行橐市书数十部以归	叶廷珪《海录碎事序》
北宋中期	沈立	所得圭租多以市书	潜说友《咸淳临安志》卷3《牧守》
北宋中期	张客省	只有乐记疏一册,遂五十钱市之	江少虞《宋朝事实类宛》卷45《张客省》
北宋中期	王覃之妻吕氏	尽屏珠玉之饰,市书环室	王珪《华阳集》卷40《寿安县太君吕氏墓志铭》
北宋中期	张仲宾	尽买国子监书,筑学馆,延四方名士,与子孙讲学	邵伯温《邵氏闻见录》卷16
北宋中期	黄晞	家贫,谒索以为生,衣不蔽体,得钱辄买书,所费殆数百缗	司马光《涑水记闻》卷10
北宋中后期	吴与	生平历官凡七任,悉以俸余市书	陆心源《宋史翼》卷19《吴与传》
北宋中后期	杨时	买书费千金	杨时《龟山集》卷上《江陵令张景常万卷堂》

续表

时间	购书者	购书故实	资料出处
1101—1162	周正父	捐重币迎宾师，市书数千卷	孙觌《鸿庆居士文集》卷36《周府君墓志铭》
北宋末	赵明诚、李清照	竭其俸入以事铅椠遇书史百家字不刓阙、本不讹谬者，辄市之，储做副本	李清照《金石录后序》
约北宋时期	沈君与	尽买国子监书以归	周密《齐东野语》卷11《沈君与》
两宋之交	郭永	博通古今，得钱即买书，家藏书万卷	《宋史》卷448《郭永传》
两宋之交	王翊	倾其家市万卷书	杨万里《诚斋集》卷128
约南宋前期	冯懋	有一钱即惟书之市	李石《方舟集》卷15《冯主簿墓志铭》
约南宋中期	周密之父	吾家三世积累，先君子尤酷嗜，至鬻负郭之田以供笔札之用。冥搜极讨，不惮劳费，凡有书四万二千余卷	周密《齐东野语》卷13《书籍之厄》
1125—1210	陆游	尝宦两川，出峡不载一物，尽买蜀书以归	施宿《嘉泰会稽志》卷16《藏书》
1126—1192	刘仪凤	奉入，半以储书，凡万余卷	《宋史》卷389《刘仪凤传》
南宋前期	谢洪	尝市书鸥越，建"经史阁"藏之	郑岳《莆阳文献》卷22
南宋前期	朱元飞	仕官三十年，不营一金产，所得奉给即买书籍，每部各三本分遗三子	黄岩孙、赵与泌（宝祐）《仙溪志》卷4
南宋前期		（每部为直千钱）士人争买之（杜甫文集），富室或买十许部	范成大《吴郡志》卷6《官宇》
南宋前期	周彦约	仍以缗钱买书	周煇《清波杂志》卷12《互送不归己》
1132—1206	林硕	博览强记，倾资买书，万卷有余	楼钥《攻媿集》卷107《林府君墓志铭》
南宋中期	石起宗	好学不倦，俸余悉市书	（民国）《同安县志》卷29《人物卷》
南宋中期	徐诩	自蜀货无一物，惟载书百余箧	杨万里《诚斋集》卷125《朝议大夫直徽猷阁江东运判徐公墓志铭》
南宋中期	方阜鸣	君自江右归，方留钱千万布坊书	刘克庄《后村先生大全集》卷148《方子默墓志铭》

续表

时间	购书者	购书故事	资料出处
南宋中期	郑可复	无所嗜好，惟喜古书，禄俸余赀，悉以市书	郑岳《莆阳文献传》卷38《郑可复传》
南宋中期	苏洞	百金贸一书，我心胡不喜	苏洞《泠然斋诗集》卷1《题栾城第三集》
南宋中期	陈邦衡	建读书堂于仙都岩，市书名田，役大费巨	叶适《水心文集》卷7
南宋中期	傅诚	性甘守淡，俸入悉以购书	（乾隆）《迁游县志》卷38
南宋中期	许棐	凡肆有新刊，知无不市	陆心源《宋史翼》卷36《许棐》
南宋中期	文天祥之父文仪	嗜书如饴，蓄书如山，有未见书，辄质衣以市	文天祥《文山先生全集》卷11
南宋	林师点	性嗜书，近购远求，藏数千卷	倪涛《六艺之一录》卷394
	赵缩手	父母与钱令买书于成都	洪迈《夷坚志》丙志卷2《赵缩手》

（2）书院藏书购书行为

书院是中国古代特有的文化教育组织，它与官学和私学并存，以私人创办为主，官助为辅。它肇始于唐，历经五代至宋，教育的功能日益强化，成为宋代教育的重要组成部分。书院从兴起之时就具有藏书功能，这从"书院"得名即可见："唐宋之世，或因朝廷赐名、赐书，或以故家积书之多，学者就其书所在而读之，因号为书院。"[①] 宋时书院藏书功能进一步加强，出现许多藏书富有的书院，如藏书上万卷的书院有福建漳浦的梁山书堂、浙江东阳的南园书院、江西贵溪的石林书院、四川邛崃的鹤山书院等，其中的鹤山书院藏书量在十万卷以上，其规模之宏富为宋代各书院之首。[②] 书院的藏书来源中除朝廷御赐、私人捐赠和书院自刻外，出钱购买是重要途径。如岳麓书院最初的书籍就来自市场购买。据南宋岳麓书院副山长欧阳守道记载，僧人智璇等"念唐末五季湖南偏僻，风化陵夷，习俗暴恶，思见儒者之道，乃割地建屋以居士类，时经籍缺少，又遣其徒

---

① 欧阳玄：《圭斋文集》卷5《贞文书院记》，四部丛刊本。
② 参见邓洪波、肖新华：《宋代书院藏书研究》，《高校图书馆工作》2003年第5期。

市之京师而负以归",使得"士人得屋以居,得书以读"①,形成了一个略具规模的教育场所。又如宋初,曹诚捐钱在城中建了一所书院,包括前庙、后堂,旁列斋舍,一共有百余间。建成后,邀请了同文先生主持,并且"益复买田市书以待来者"②。吴与梁山书堂所藏两万余卷书,大多是用他的薪俸购得,"生平历官凡七任,悉以俸余市书"③。陆学中心基地象山精舍(书院)在陆九渊去世后,由其门人彭兴宗到福建一带采购图书,以弥补书院"颇少书籍"的缺憾。④再如南宋淳祐年间,潮州一城建有韩山、元公两所书院,知州陈圭到院"捐金市朱文公所著书,实于书庄,与士友共切劘之"。元公书院由周敦颐裔孙知州周梅叟创建,除聚徒教学外,"市书藏于书院,司书职之,又刊元公文全帙,以广其传"。⑤可见,书院是宋代书市上的一支重要购买力量。

2. 宋代围绕书籍消费的其他相关消费

(1) 抄书

五代以前图书流传主要靠传抄的方法。宋以后虽然雕版印刷术、活字印刷术日渐普及,图书发行量增大了,获得图书亦不再是难事,但抄录图书之法仍被读书人广泛应用。其原因是多方面的。或是因为习惯,孙从添曾说:"书之所以贵抄录者,以其便于诵读也。历代好学之士皆用此法。"或因为书是孤本、稀本,或是国家藏书,不能购买,只能抄录,"况书籍中之秘本,为当世所罕见者,非抄录则不可得"。⑥或是因为家贫无力买书只能手抄,如陈长方"家贫不能置书,假借手抄几数千卷"⑦。抄书的方式有本人抄和雇人抄。前者在宋代藏书家中非常流行,袁同礼称:

---

① 欧阳守道:《赠了敬序》,《全宋文》第 346 册,第 391 页。
② 徐度:《却扫编》卷上,《宋元笔记小说大观》(4),上海古籍出版社 2001 年版,第 4479 页。
③ 陆心源:《宋史翼》卷 19《吴与传》,中华书局 1991 年版,第 204 页。
④ 黄宗羲:《宋元学案》卷 77《槐堂诸儒学案》,中华书局 1986 年版,第 2547 页。
⑤ 解缙等:《永乐大典》卷 5343《潮州府·书院》,中华书局 1986 年版,第 2466—2467 页。
⑥ 祁承㸁等:《澹生堂藏书约(外八种)·藏书纪要》,上海古籍出版社 2005 年版,第 38 页。
⑦ 陈长方:《唯室集》卷 5 附录《陈唯室先生行状》,文渊阁四库全书本。

"宋代私家藏书，多手自缮录，故所藏之本，抄本为多。"[1]而雇人抄书的现象也不乏见。如晁公武在《郡斋读书志》序中称著名的藏书家井度"天资好书，自知兴元府，至领四川转运使，常以俸之半传录"[2]。藏书四万卷的方崧卿"所得禄赐，半为抄书之费"[3]。"俸之半"用于抄书，应不是小数。

再从卖方市场看"佣书"者的情况也可证得抄书现象的盛行。宋人以"佣书"为业者常见于史籍。如杜祁公衍落魄时"佣书以自资"[4]，仲简"少习明经，以贫佣书大年门下"[5]，蔡定父革"以佣书自给"[6]，"有佣书翟颍"[7]，刘煇未第时"为人佣书以自给"[8]。之所以有如此多人以此谋生，与社会对其的旺盛需求有关。

（2）刻书

根据刻主的身份，刻书可分为官刻、坊刻和私刻。官刻是政府为满足社会文化教育事业而进行的刊刻书籍活动；坊刻是坊主为了营利进行的商业性活动；私刻又称家刻，一般不以营利为目的，而在于扬名或自乐，赠友或教育后代。私刻费用来源多为个人出资、集资或动用民间、官府公费等。私刻本往往以"某堂"、"某斋"、"某宅"、"某府"、"某家塾"等字样为标记。宋代参与私刻的人不少，目前可考者大约有40多位。如临安孟琪宝元二年刻《姚铉文粹》100卷，京台岳氏庆历六年新雕《诗品》3卷，建邑王氏世翰堂嘉祐二年刻《史记索隐》30卷，等等。[9]当然，受资料所限，两宋时期私人刻书家绝不仅是这40余人，所刻的书也不会是今天所能知见的这一二百种。

---

[1] 袁同礼：《宋代私家藏书概略》，《图书馆学季刊》第2卷第2期，1928年3月。
[2] 晁公武撰，孙猛校证：《郡斋读书志校证》，上海古籍出版社1990年版，第15页。
[3] 转引自范凤书：《中国私家藏书史》，大象出版社2001年版，第109页。
[4] 江少虞：《宋朝事实类苑》卷10《杜祁公》，上海古籍出版社1981年版，第119页。
[5] 欧阳修：《归田录》卷1，中华书局1981年版，第3页。
[6] 施宿：《嘉泰会稽志》卷6《祠庙》，《宋元方志丛刊》(7)，中华书局1990年版，第6804页。
[7] 脱脱等：《宋史》卷267《赵昌言传》，中华书局1985年版，第9195页。
[8] 罗愿：《新安志》卷10《记闻》，《宋元方志丛刊》(8)，中华书局1990年版，第7765页。
[9] 裴成发在《宋代私刻评价问题浅析》一文中列举了48家私家刻书及所刻书籍（参见裴成发：《宋代私刻评价问题浅析》，《图书馆理论与实践》1989年第2期）。

宋代许多文人士大夫喜欢亲自刻印,"近世士大夫所至,喜刻书版"①。据张秀民《中国印刷史》列举的南宋文人刻书可考者,就有陆游父子、范成大、杨万里、朱熹、张栻、姚宪、吕大器、李安世、陈森、沈公雅等百余人。②他们常常利用掌握的地方资源,亲自主持刻书活动,刊印了大批典籍。其中大部分是用任职地方官府的经费刻书。如陆游在任官期间主持刊刻了《皇甫持正集》《花间集》《春秋后传》《古文苑》《酒经》等书。③但是宋政府有明令禁止用公款刻印私书,如绍熙元年(1190),颁令"州郡无得妄用公帑,刊行私书,疑误后学。犯者必罚,无赦"④。这使得许多喜爱刻书的士大夫们常常公私分明。最为典型的例子是朱熹,他曾在闽、浙、赣、湘等地担任过地方官,宦迹所至,均有刻书。如他担任江西南康知军时刊刻了《周子通书遗事遗文》《韦斋集》《玉澜集》等书,任浙东提举时刊刻了《大学》《中庸》等书,任漳州知府时刊刻了四经四子书。⑤其刻书经费主要来源于公帑,"近刻《易》《诗》《书》于郡帑"。但是他坚决反对用公款刻印私书或用公款刻书谋私利的行为,如南康军学教授杨元范想要刻印朱熹的著作,朱熹因其是用官钱刻私书力言不可:"忝为长吏于此,而使同官用学粮钱刻己所著之书,内则有朋友之谯责,外则有世俗之讥嘲,虽非本心,岂容自辨?"而名噪当时的唐仲友案中的一条就是朱熹弹劾唐仲友利用公费刻书货卖营利,中饱私囊,他上状说:"仲友自到任以来,关集刊字工匠在小厅侧雕小字赋集,每集二千道。刊板既成,搬运归本家书坊货卖。其第一次所刊赋板印卖将漫,今又关集工匠又

---

① 陆游:《陆游集·渭南文集》卷26《跋历代陵名》,中华书局1976年版,第2232页。
② 参见张秀民:《中国印刷史》,上海人民出版社1989年版,第56页。
③ 瞿冕良编:《中国古籍版刻辞典》,齐鲁书社1999年版,第316页。
④ 徐松:《宋会要辑稿·刑法》2之124,中华书局1957年版,第6557页。
⑤ 参见陈振孙:《直斋书录解题》卷9《儒家类》,上海古籍出版社1987年版,第276页;瞿镛:《铁琴铜剑楼藏书目录》卷21,上海古籍出版社,2000年,第575页;朱杰人、严佐之等主编,朱熹撰:《朱子全书·晦庵先生朱文公文集》卷58《答宋深之》,上海古籍出版社、安徽教育出版社2002年版,第2771页;王懋竑:《朱熹年谱》,中华书局1998年版,第211页。

刊一番。凡材料、口食、纸墨之类，并是支破官钱。"[1]另一位著名的刻书家洪迈也公私分明，他在知绍兴府时，将自己所编《万首唐人绝句》付公使库镂板，但没有刻完，他回乡后，自己出资完成了全书的刊刻，"辄以私钱雇工接续雕刻，今已成书"[2]。

（3）兴建藏书楼[3]

宋代藏书家的人数和藏量均很惊人，为了更好地保存爱书，很多藏书家不惜花费巨资兴建藏书楼。现将收集的资料列表如下：

表4—3　宋代藏书家兴建藏书楼之故实[4]

时间	藏主	藏书楼名称	建藏书楼故实	资料出处
北宋初年	刘允恭	桂堂	桂百株以为桂堂，储书数千卷	韩元吉《南涧甲乙稿》卷20《刘令公墓志铭》
1032	欧阳修	非非堂	居洛之明年营其西偏作堂……架书数百卷，朝夕居其中	欧阳修《欧阳文忠公集》卷63《非非堂记》
1053	温革	柏林堂	作讲学堂房数十楹……凡书在国子监者，皆市取，且为楼以藏之	李觏《李觏集》卷13《虔州柏林温氏书楼记》
1058	刘敞	宝书阁	伯父以尚书郎致政归，筑室于苏之长洲……室既成，聚书数千卷	刘敞《公是集》卷36《伯父宝书阁记》
1073	司马光	读书堂	买田二十亩于尊贤坊北关，以为园，其中为堂，聚书出五千卷	司马光《温国文正司马公文集》卷66《独乐园记》

---

[1] 分别见朱杰人、严佐之等主编，朱熹撰：《朱子全书·晦庵先生朱文公文集》卷82《书临漳所刊四经后》、卷26《与杨教授书》、卷18《按唐仲友第三状》，上海古籍出版社、安徽教育出版社2002年版，第3890、1144、836页。

[2] 赵宧光、黄习远编：《万首唐人绝句·重华宫投进札子》，书目文献出版社1983年版，第1026页。

[3] 本书所指的"藏书楼"是广义的藏书楼，包括厅堂、斋室、楼阁、殿宇等凡用于收藏图书之处所，并不限于建筑学所指称的"两层及两层以上的用于藏书的房屋"。宋代的私人藏书楼并非都以楼命名，而是大多以斋、室、堂、轩、阁等名之，甚至存在有楼而无名的情况。

[4] 表中的时间一栏，除有明确的时间记载外，不明者以藏书家的大约生活时代为著录依据，且以通常的三分法大致分为前期、中期与后期；限于时间，著录并不全面，只是一个大体的反映。

续表

时间	藏主	藏书楼名称	建藏书楼故实	资料出处
1068—1085	赵彦若	澄心堂	第中大治斋馆,揭思贤、味道、怡神、澄心四室,聚古今图书万余卷	王珪《华阳集》卷52《宗室南阳侯墓志铭》
北宋中期	张希元	墨宝堂	毗陵人张君希元家世好书,所蓄古今人遗迹至多,尽刻诸石,筑室而藏之	苏轼《苏轼文集》卷11《墨宝堂记》
1100	苏通	愚斋	治书室于厅事之东偏……聚书万卷	唐庚《眉山文集》卷3《愚斋记》
北宋后期	赵明诚、李清照	归来堂	归来堂起书库,大厨簿甲乙,置书册	李清照《金石录后序》
北宋年间	徐式	徐氏书楼	建书楼藏书以教子弟	解缙《文毅集》卷13《国子祭酒徐公墓志铭》
北宋年间	罗敬夫	万卷楼	避俗入山,筑楼丛书,扁以万卷	杨万里《诚斋集》卷76《罗氏万卷楼记》
南宋前期	吴伸、吴伦	吴氏书楼	以钱百万缗为大楼,储书数千卷	陆游《渭南文集》卷21《吴氏书楼记》
南宋前期	钱安道钱持道	遂初亭	结屋数十楹于岩壑佳处,取旧所聚书数万卷伏读之	葛胜仲《丹阳集》卷8《钱氏遂初亭记》
南宋前期	欧阳汇	万卷堂	筑屋其居之东偏,藏书万卷	张孝祥《于湖集》卷14《万卷堂记》
南宋前期	程敦书	经史阁	公筑阁于其所居,以聚四库书而贻其子孙	晁公遡《嵩山集》卷49《程氏经史阁记》
南宋前期	朱钦则	万卷楼	朱公敬之益务藏以楼为架,藏于轵为未足,又筑楼于第中	陆游《渭南文集》卷21《万卷楼记》
1131—1161	方于宝	三余斋	有三余斋,聚书数万卷	李俊甫《莆阳比事》
南宋中期	章得茂	近思堂	得茂复创大堂于两间,藏书数千卷	周必大《文忠集》卷28《章氏近思堂记》
南宋中期	方崧卿	最书堂	筑最书堂聚书四万卷	周必大《文忠集》卷71《方君崧卿墓志铭》
南宋中期	卫湜	栎斋	酷嗜书,山聚林列,起栎斋以藏之	叶适《水心集》卷11《栎斋藏书记》
南宋中期	杨樗年	宝经堂	公家居建宝经堂,储书万卷	刘宰《漫塘文集》卷33《杨提举行述》

续表

时间	藏主	藏书楼名称	建藏书楼故实	资料出处
南宋中期	詹廷坚	静胜楼	建楼聚书至万卷	程秘《洺水集》卷7《静胜楼记》
南宋中期	谭知言	学林堂	尝筑一堂,丛书于间	杨万里《诚斋集》卷75《谭氏学林堂记》
1190—1194	江自任	麻姑山房	立屋六楹,后坠一室……仍斩大木,乃架乃梴,经史百氏,访之旁郡,是庋是置	杨万里《诚斋集》卷74《建昌军麻姑山藏书山房记》
南宋后期	张用道	万卷楼	一日闻长沙新有建万卷楼藏书	刘将孙《养吾斋集》卷21《长沙万卷楼记》
南宋后期	黄宣	丛书堂	卜筑歙城之东山,以丛书名其堂	方回《桐江续集》卷35《丛书堂记》

（三）求学教育发展消费

宋代教育有了长足发展，从京师的太学、国子监，到地方的府学、州学、县学，再到民间的书院、私塾和村学，逐步建立起了一套较完备的教育体系[1]，形成了包括学校教育、家庭教育和社会教育三位一体、形式多样的教育系统。求学接受教育作为个人发展的重要途径，在宋代深入人心，受教育的人群扩展至各阶层。从消费的视角来看，求学教育发展消费主要分为两个阶段，一是求学接受教育阶段，一是参加科举考试以及登第后的花费。

1. 求学消费

（1）官学

宋政府对教育的重视程度超过了此前任何时期。经过北宋三次大规模的兴学活动（庆历兴学、熙宁元丰兴学、崇宁兴学），逐步形成了以国子监所辖的中央太学为中心，中央官学、政府职能部门诸多专科学校及地

---

[1] 临安内外"有文武两学、宗学、京学、县学之外，其余乡校、家塾、舍馆、书会，每一里巷，须一二所。弦诵之声，往往相闻"（参见耐得翁：《都城纪胜·三教外地》，上海古籍出版社1993年版，第12页）。

方学校为配套的全国性官学系统。而办学所需的巨额费用大部分由政府承担。①官学学员待遇优厚,食宿一般由学校负担,如熙宁五年(1072)"国子监外舍生以七百人为额,日给食,岁赐钱万缗"②。地方官学的待遇要比中央官学稍差,但基本能保证学生的生活需要。陆雍在熙宁间入州学时,还将自己的一部分补助带回家奉养母亲,"储其资以归养"③。对于家境贫寒或遇吉凶需要紧急开支的士子,地方政府通常拨款设置"义庄"予以解决,如庆元年间奉化县的义廪岁入"谷六百八石九斗八升五合,麦五石三斗七升,租钱七十六贯七百四十文"④以供学子不时之需。但实际情况中并非所有学生都能享受这种待遇,大部分则需自己支付一些费用,包括学费和食宿费等。具体支出详见后文。

特别提到的是,官学虽主要由政府出钱物支持,但也离不开地方官员和民间热心教育人士的支持,来自他们的捐助⑤屡见不鲜。如咸淳年间嘉定县内官员"首拨己产添助"⑥学田。乾道年间王十朋知湖州时对州学,"率卿大夫出财重建,为屋百一十六楹"。淳熙五年(1178)提举常平事张体仁"捐米五百石付学添助收养,又取在官闲田六百余亩,使学岁收租以给焉"。⑦另有绍熙元年(1190)李自丞"以月得餐钱修大成殿及重装宣

---

① 有国家的财政拨款或赐钱,地方政府的财政拨款及各种形式的筹资,拨付房廊屋产,赐予书籍、笔墨纸砚、学粮等物品(参见刘畅:《宋代官学经费制度研究》,河南大学2007年硕士学位论文)。

② 李焘:《续资治通鉴长编》卷237,中华书局1986年版,第5768页。

③ 曾协:《左朝请大夫前知建昌军陆公行状》,《全宋文》第219册,第62页。

④ 胡榘、罗浚:《宝庆四明志》卷14《学校》,《宋元方志丛刊》(5),中华书局1990年版,第5179页。

⑤ 捐助严格意义上只是一种慈善行为,没有通过市场而不在消费行列,本书之所以将之作为研究对象,一是因为这种助学行为在宋代非常普遍,占宋代一些人开支的一大部分,不可忽视;另一方面,虽然助学行为表面上看没有通过市场,不是市场行为,但间接地也要通过市场,比如捐助的钱用来购买物质兴建学校及聘请教师等。因此,特将之列入研究对象,以期对宋代文化教育消费有更全面的认识。

⑥ 陆增祥:《八琼室金石补正》卷121《嘉定县学田租记》,《石刻史料新编》(8),台北新文丰出版公司1982年版,第5967页。

⑦ 分别见谈钥:《嘉泰吴兴志》卷11《学校》、卷8《公廨》,《宋元方志丛刊》(5),中华书局1990年版,第4732、4724页。

圣十哲像"①立于海盐县小学,置书籍祭服。庆元二年(1195)重修抚州府学时,"太守陈侯研首捐千缗,常平使者王君容及后守曾侯楷各助十之三"②。同时,宋代一些民间人士也常捐赠个人财物支持本地教育。如吉州知州事李侯宽主持修建州学,"吉之士率其私钱一百五十万以助。用人之力积二万二千工,而人不以为劳;其良材坚甓之用凡二十二万三千五百,而人不以为多"③。浔州建学时,"先是,邦之秀士白玘等聚而议曰:'君之丕训于我,而广其黉,乐育俊民,俾邦其昌,我不可以不赞其成。愿以私钱十万佐官之费。'"饶州建州学时,"郡之秀民,闻是谋者,争出家资以助其费",郡守命人"籍而司之,得资三百五十万"④。南丰县在兴建学校时,"修度之初,侯亲教语,士民靡靡然争出财币,惟恐人先"⑤。庆历兴学时,抚州"郡民有高赀者连百二十五人执谍于庭,愿出己财以佐经费"⑥。嘉祐年间高唐令万伟来"躬自临督"修建县学,乡人"各率私钱以助公费"。绍兴年间乐清县民"争出力,捐金佐之,不数年学成",后来又"相率买田五顷,计其入可食百人",以资办学之用。庆元年间万安县修学时,"费缗钱以万,皆士人所乐输"。⑦以上史料显示正是在许多民众的热情捐助下,州县办学经费才得以保证。

(2) 私学

宋代私学的设置相当普遍,《都城纪胜》中记载南宋临安的情况是"每一里巷,须一二所,弦诵之声,往往相闻"⑧。兴化军莆田县的乡校私

---

① 徐硕、单庆:《至元嘉禾志》卷7《学校》,《宋元方志丛刊》(5),中华书局1990年版,第4461页。
② 许应鑅修,谢煌纂:《光绪抚州府志》卷32《学校学宫》,《中国方志丛书》,台北成文出版社1975年版,第498页。
③ 欧阳修:《欧阳修全集》卷39《吉州学记》,中华书局2001年版,第572页。
④ 分别见余靖:《浔州新成州学记》《饶州新建州学记》,《全宋文》第27册,第53、56页。
⑤ 曾易占:《南丰县兴学记》,《全宋文》第13册,第330页。
⑥ 许应鑅修,谢煌纂:《光绪抚州府志》卷32《学校学宫》,《中国方志丛书》,台北成文出版社1975年版,第496页。
⑦ 分别见王安礼:《高唐县学记》、林季仲:《温州乐清县学记》、周必大:《万安县新学记》,《全宋文》第83、179、231册,第129、124、239页。
⑧ 耐得翁:《都城纪胜·三教外地》,上海古籍出版社1993年版,第12页。

塾分布密度更大，甚至有"十室九书堂"之说。南剑州是"家乐教子，五步一塾，十步一序，朝诵暮弦，洋洋盈耳"。邵武军"所至村落，皆聚徒教授"。①一般来说，私学可分为师授和家传两种形式。由于家传是家长亲自为子弟教学，不存在学费问题，所以不在研究之列。而师授有私塾、义学（义塾）和家塾等形式，都有学费或相关费用支出的情况。

私塾一般是塾师在自己家里设学授徒，学生从十几人到几十人不等，也有少数上百人的。②家塾则是聘师设塾于家内教育子弟。两种方式都需要支付一定的费用。宋人重视教育，即使是生活困难的家庭，也坚持每天挤出一点钱用于孩子的教育。如淮南人贾易，"七岁而孤，母彭，以纺织自给，日与易十钱，使从学。易不忍使一钱，每浃旬，辄复归之"③。"又有负担之夫，微乎微者也，日求升合之粟，以活妻儿，尚日那一二钱，令厥子入学，谓之学课。亦欲奖励厥子读书识字，有所进益。"④

义学是宋代家族兴学的主要形式，常是由家族个人出资或族众合力兴建学校、延请教师，教育培养本族子弟。这种情况肇始于范仲淹，他以自己的禄赐为苏州的族人"建义宅，置义田、义庄，以收其宗族"，同时"又设义学以教，教养咸备"。以义庄的部分收入"备师资束脩之礼、子弟笔札之费"。⑤自范仲淹置义田兴学之后，各地士大夫纷纷效仿，出现许多家族中有一定财力又关心家族未来的成员个人捐资买田建屋延师兴建义学的情况。如崇安江垍"以余财创义庄，辟塾延师，聚族教养"⑥；仙居吴明可"为义庄、义学、义冢，以俟宗族之贫者"⑦；莆田方氏立义庄，

---

① 分别见王象之：《舆地纪胜》卷135《兴化军》、卷133《南剑州》、卷134《邵武军》，中华书局1992年版，第3854—3855、3809、3833页。
② 苗春德：《宋代教育》，河南大学出版社1992年版，第77—78页。
③ 脱脱等：《宋史》卷355《贾易传》，中华书局1985年版，第11173页。
④ 李焘：《续资治通鉴长编》卷150，中华书局1985年版，第3646页。
⑤ 范能濬编，范仲淹撰：《范仲淹全集·范文正公褒贤集》卷4《义学记》，凤凰出版社2004年版，第1015页。
⑥ 魏了翁：《知南平军朝请江君垍墓志铭》，《全宋文》第311册，第308页。
⑦ 朱杰人、严佐之等主编，朱熹撰：《朱子全书·晦庵先生朱文公文集》卷88《龙图阁直学士吴公神道碑》，上海古籍出版社、安徽教育出版社2002年版，第4115页。

"延师家塾，教子若孙"；希墟张氏以良田四百亩为义庄，"建学立师以训其族子弟"；龙泉鲍氏"捐己财"建金斗书堂，"聚乡族之子弟而教之"；蔡瑞"念族人多贫，不能尽学，始买书寔石庵，增其屋为便房，愿读者处焉，买田百亩助之食"；①李仲永侍郎"自立义学……招延师儒，召聚宗党，凡预受业者逾三十人，捐良田二百亩以赡其用"②等。

族众合力兴建义学也很普遍，规模较大的甚至成为书院，如北溪崔氏盱山书院就是崔氏族众合资兴建的，崔氏"协众力，鸠众财，即其祖居之傍，创为书院。规模甚矩，会讲有堂，肄业有舍，休宿有室。……萃诸子侄就学其中"③。玉山刘氏义学，先由退位家居的刘允迪以个人财产兴建，"割田立屋，聘知名之士，以教族子弟，而乡人之愿学者亦许造焉"。在他的影响下，家族中亦有不少成员出资助学，"兄弟之间，有乐以其赀来助者"。④

不管以哪种形式设立的义学，各家族都很重视对教师的选择。而教师的待遇，有些家族有明文规定，其收入与在学学生数量相关。苏州范氏对教师待遇在《义庄规矩》中作了规定："诸位教授，月给糙米五石。若遇米价每石及一贯以上，即每石只支钱一贯文……若生徒不及六人，止给三石；及八人，给四石；及十人，全给。诸房量力出钱以助束脩者，听。"明确的制度一定程度上保证了教师的稳定性。而为了鼓励家族子弟求学中第入仕，还对参加科举考试的子弟给予经济上的支持，"旧规，诸房子弟得贡赴大比者，义庄支裹足钱十千。今物价翔贵，难拘此数。如有子弟得解赴省，义庄支官会一佰千，其钱于诸房月米内依时直均尅。其免举及补入太学者，支官会五十千。庶使诸房子弟知读书之美，有以激

---

① 分别见林希逸：《莆田方氏义庄规矩序》、刘宰：《希墟张氏义庄记》、袁甫：《金斗书堂记》、叶适：《石庵藏书目序》，《全宋文》第335、300、324、285册，第333、116、76、150页。
② 洪迈：《夷坚志》三志己卷10《界田义学》，中华书局2006年版，第1382页。
③ 包恢：《盱山书院记》，《全宋文》第319册，第348页。
④ 朱杰人、严佐之等主编，朱熹撰：《朱子全书·晦庵先生朱文公文集》卷80《玉山刘氏义学记》，上海古籍出版社、安徽教育出版社2002年版，第3790页。

劝"。① 在这种激励机制下，义学教育颇有成效，不仅人才辈出②，也繁荣了宋代的文化教育事业。

（3）书院

书院教育是宋代教育的重要补充形式。书院办学形式灵活多样，学术氛围浓厚，充满了生机活力，从而吸引了大批学子就学于此。书院的待遇较好，并发给学子一定的生活费，如绍熙五年（1194）朱熹兴学岳麓时，学生来院听讲，给以膏火③，优以安居。游学之士，"依州学则例，日破米一升四合，钱六十文……仍请一面指挥合干人排备斋舍、几案、床榻之属，并帖钱粮官于本州赡学料次钱及书院学粮内通融支给。"④ 但是既然作为政府支持的官学还有收学费现象，笔者认为有民办性质的书院应该也不是完全免费的，或多或少会有一些费用。只是具体情况限于史料不得而知。虽然不能明确书院学费情况如何，但有大量的资料表明，为了书院的发展和对教育事业的支持，许多宋人不仅亲自参与书院的建设，也自觉地向书院慷慨捐助。捐助者既有各级地方官员、乡绅、商人，也有一般士人等；捐助方式有个人、有合捐；捐助内容主要以钱粮为主。

个人捐助是书院捐助的主要形式。书院的建立一般有官办、民办与官民合办三种形式。后两种形式，个人贡献不小，如应天府书院就是个人捐款筹建的，"宋城富人曹诚者，独首捐私钱建书院城中，前庙后堂，旁列斋舍凡百余区"⑤。永丰黄惟直创建龙山书院，"捐产之半以奉之"。曲江

---

① 分别见范能濬编，范仲淹撰：《范仲淹全集·义庄规矩》，凤凰出版社2004年版，第920、928页。
② 如明州姚氏创必贤堂，延师教育子弟，"先后擢进士科，而姚氏遂为著姓"（《絜斋集·通判平江府姚君行状》）；曹州于令仪"择子弟之秀者，起学室，延名儒以掖之。子、侄杰、仿举进士第，今为曹南令族"（《渑水燕谈录·奇书》）等。
③ 膏火指书院、官学等用以发给生徒的生活费用，是养士费最通用的称呼。膏火往往用钱谷两部分表示，谷解决饮食，钱则帮助用度。
④ 朱杰人、严佐之等主编，朱熹撰：《朱子全书·晦庵先生朱文公文集》卷100《潭州委教授措置岳麓书院牒》，上海古籍出版社、安徽教育出版社2002年版，第4629—4630页。
⑤ 徐度：《却扫编》卷上，《宋元笔记小说大观》（4），上海古籍出版社2001年版，第4479页。

邹氏父子建青云书院，"买田其中，收其收入，专以给游学之书费"。郡侯宝谟阁直学士谏议李公镇向建宁府紫芝书院"捐俸钱三千余缗，度地于学之东西两隅，广为四斋"。通守林侯"捐俸金四十两"重修韩山书院。①明道书院于嘉定年间创建时，"主簿范君和复请太守刘公槃乃于簿廨之东，得今辖旧廨之地，改筑新祠，部使者西山真公捐金三十万，粟二千斛以助之"②。

合捐是另一种重要形式。一般情况下，地方官员是倡导者和组织者，他们在兴学的同时带头捐赠，其他官员或富商也会积极参与其中。如李韶《南溪书院记》载："于是访寓馆之故址，而韦斋遗墨尚存，乃捐金赎之，作屋三楹……部使者郡守丞暨学士大夫先后捐助，自夏迄冬，役以告成。"刘宰《平江府虎丘书院记》载："嘉定中，郡守陈君苇始因郡人黄士毅等请……并祠筑室以舍学者，买田收谷以食之……而知府事真宁张君嗣古提典刑狱，前使者浚仪赵君汝禾熏、后使者南丰曾君颖秀复从旁从臾之，且各捐资以助。"袁甫《东莱书院竹轩记》载："摄郡事肖望张君渭叟，与履善同寅相好也，捐楮五十万、米十斛，属理掾赵君师乘莅其役。既又虑费弗给，肖望辍俸余二十万，履善十万佐之。未几落成。"③类似情况很多，说明书院的发展离不开广大民众的支持。

2. 参加科举考试以及登第后的花费

宋代非常重视科举选士，并对科举考试进行了一系列的改革与调整，重要的有：改革科举制度，如废公荐、禁纳卷、确定殿试制度以及实行糊名、誊录、锁院、别试、唱名及进士同保连坐等措施，使科举更

---

① 分别见真德秀：《龙山书院记》、欧阳守道：《青云峰书院记》、楼钥：《建宁府紫芝书院记》、林希逸：《潮州重修韩山书院记》，《全宋文》第 264、313、336、347 册，第 435—436、374、23、116 页。

② 周应合、马光祖：《景定建康志》卷 29《建明道书院》，《宋元方志丛刊》(2)，中华书局 1990 年版，第 1811 页。

③ 分别见李韶：《南溪书院记》、刘宰：《平江府虎丘书院记》、袁甫：《东莱书院竹轩记》，《全宋文》第 324、231、319 册，第 202、239、67 页。

具公平性，为一大批寒士通过公平竞争跻进仕途提供了制度上的保证；取消门第限制，扩大取士范围，如太宗淳化三年（992）三月，朝廷明确规定"国家开贡举之门，广搜罗之路，如工商杂类人内有奇才异行，卓然不群者，亦许解送；或举人内有乡里是声教未通之地，许于开封府、河南府寄应"①，"凡内外职官，布衣草泽，皆得充举"②，使士子应举几乎已无任何出身限制；增加录取名额，如太平兴国二年（997）一次录取了500人，而到真宗咸平三年（1000），一次录取进士及诸科就增加至1800余人等③。在一系列措施下，科举取士达到了"自是取人益广，得士益多"④的效果，成为宋代选拔官吏的主要来源。据学者统计，两宋共取士115427人，年均361人，为唐年均取士额的14倍。⑤参加发解试的读书人在北宋真宗时为10万，到英宗时达42万人左右，发展到南宋末则有可能接近百万。⑥如此规模的应举大军为科举考试将不得不开销一笔费用，主要有赶考路费、食宿费及科举及第后期集费、谢恩银、鞍马费和铺地钱等。具体详见后文。

二、宋代文化教育的消费支出

（一）购买笔墨纸砚

笔墨纸砚因是日常必备用品，从长期来看，这一方面的支出不少，如田望"勤于笔牍，亦善其事，日发数十函不倦，由此自出官移令，改

---

① 徐松：《宋会要辑稿·选举》14之15，中华书局1957年版，第4490页。
② 陈邦瞻：《宋史纪事本末》卷7，中华书局2015年版，第38页。
③ 分别见李焘：《续资治通鉴长编》卷18、46，中华书局1979年版，第393、998页。
④ 叶梦得：《避暑录话》卷2，《宋元笔记小说大观》（3），上海古籍出版社2001年版，第2613页。
⑤ 张希清等：《宋朝典制》，吉林文史出版社1997年版，第10页。
⑥ 何忠礼：《科举制度与宋代文化》，《历史研究》1990年第5期。

秩出常调，皆自致也。一书用好纸数十幅，近年纸价高，田俸入尽索于此"①。欧阳修也记述了一个类似的例子："张友正，邓公之季子，少喜学书，不出仕，有别业，价三百万，尽鬻以买纸。"②把300万的家业卖掉，全部用来买纸以学书法。这些说法虽有夸张，但也反映出此项开支的浩大。简单分析一下，以笔和纸为例，由于耗费得快，即使比较便宜，总和起来也应是一笔不小的数目。假设一支普通的笔价格为百钱，一人耗费数百支，则要花费数万钱，即数十贯。假设一幅一般的纸为50文，一人耗费数千幅（参考苏轼一次性买纸二千幅），则也至少要花费数十贯。再加上价格较贵的墨和砚的花费。这对每人每天平均花销100文左右的一般家庭③，确实是一笔不小的开支。质量较高或者比较难得的产品价格更是惊人，如比较好的墨和砚往往价比金玉，渝州度史君买的一枚涵星砚就价值150缗，这对一般家庭可望而不可即。也因此在留存的史料中，宋代笔墨纸砚的消费者多是官僚士大夫等有经济实力的人。

我们再以史料中的价格为线索来看其消费支出情况：

表4—4　宋代笔墨纸砚之价格④

时间	买或卖者	名称	数量单位	价格	资料出处
北宋初年	汝州高士	笔	1管	0.03贯（30金，应指30文）	苏易简《文房四谱》卷1
宋太宗时	王著	散卓笔	1管	0.1贯	江少虞《宋朝事实类苑》卷50《置御书院》
1096	苏东坡	笔	2枝	0.02贯	《苏轼文集》卷70《书岭南笔》
1103	黄庭坚	鸡毛笔	1枝	0.003贯	叶釐《爱日斋丛抄》卷5

---

① 朱彧：《萍洲可谈》卷2《田望善陵号"纸进纳"》，《宋元笔记小说大观》(2)，上海古籍出版社2001年版，第2322页。
② 叶梦得：《避暑录话》卷3，《宋元笔记小说大观》(3)，上海古籍出版社2001年版，第2631页。
③ 参见程民生：《宋人生活水平及币值考察》，《史学月刊》2008年第3期。
④ 部分价格参考了程民生：《宋代物价研究》，人民出版社2008年版，第401—409页。

续表

时间	买或卖者	名称	数量单位	价格	资料出处
北宋中后期		宣城笔	1枝	1贯	《黄庭坚全集·外集》卷9《谢送宣城笔》
北宋末期	邹浩	常州笔	1管	1贯	邹浩《道乡集》卷5《梦臣惠潘谷墨》
建炎绍兴间		屠希笔	1筒	1贯	《陆游集·渭南文集》卷25《书屠觉笔》
南宋中期	陆游	屠觉笔	1筒	0.1贯	《陆游集·渭南文集》卷25《书屠觉笔》
南宋中期		晋陵笔		宣城与晋陵，声价略相当	《陆游集·剑南诗稿》卷55《试笔》
南宋中期		鸡毛笔	1枝	0.004—0.005贯	周去非《岭外代答校注》卷6《笔》
南宋中后期	刘克庄	羊毛笔	1管	0.005贯	刘克庄《后村先生大全集》卷2《书考一首》
宋初		月团墨	1锭	30贯	陶穀《清异录》卷4《月团》
1041—1048	王原叔	李廷珪墨	1丸	10贯	陆友《墨史》卷上
北宋中期	东野辉	东野辉墨	1枚	10贯	陆友《墨史》卷中
北宋中期	陈瞻	陈瞻墨	1斤	0.5贯，后增至50贯	何薳《春渚纪闻》卷8《陈赡传异人胶法》
北宋中期		王晋卿墨		价与金等	苏轼《仇池笔记》卷下《晋卿墨》
北宋中期		歙墨（李廷珪墨）		人间万金直	冯山《安岳集》卷4《谢人惠充墨》
北宋中期		兖墨		兖州擅高价	冯山《安岳集》卷4《谢人惠充墨》
1086—1094	何薳	潘谷墨	1笏	0.1贯	何薳《春渚纪闻》卷8《潘谷墨仙揣囊知墨》
1111—1118	皇弟燕、越二王	张滋墨		百金不啻（这里可能是百两白金，即100贯）	蔡絛《铁围山丛谈》卷5
1119—1125		廷珪、父子墨		黄金可得，李氏之墨不可得	邵博《邵氏闻见后录》卷28
1119—1125	金章宗	宋徽宗墨	1两	100贯（黄金1斤）	陶宗仪等《说郛三处》卷31下，佚名《下黄私记》

第四章 宋代文化教育消费　149

续表

时间	买或卖者	名称	数量单位	价格	资料出处
1119—1125		陈瞻墨	1斤	50贯	何薳《春渚纪闻》卷8《陈瞻传异人胶法》
两宋之交	黎介（拥有者）	古墨	1笏	50贯（用端石研易之，而砚值五万钱）	何薳《春渚纪闻》卷8《唐水部李慥制墨》
南宋中期	赵觉	赵觉墨、"雪斋"		价比金玉	陆友《墨史》卷下
南宋中期	周去非	容州墨		0.1—0.2贯	周去非《岭南代答校注》卷6《墨》
宋初	刘贡父	澄心堂纸	1幅	0.1贯（百金，疑为百文）	陈槱《负暄野录》卷下《论纸品》
北宋中期		澄心堂纸	1幅	同上	梅尧臣《宛陵先生集》卷27《答宋学士次道寄澄心堂纸百幅》
北宋中期		澄心堂纸	1幅	同上	《苏轼诗集》卷29《次韵宋肇惠澄心纸》
北宋中期		江东纸		有钱莫买金，多买江东纸	吴之振等编《宋诗钞·广陵诗钞·再寄满子权二首》
北宋中后期	田望			近年纸价高，田俸入尽索于此	朱彧《萍洲可谈》卷2
南宋初期	张孝祥	川蜀麻纸	1幅	0.1贯（百金，疑为百文）	张孝祥《于湖居士文集》卷2《从张钦夫觅纸》
1149		雷州纸	1幅	0.07贯	李光《庄简集》卷2《海外谣》注
南宋中期		蠲纸、糨纸	1张	0.1贯、0.05贯	佚名《百宝总珍集》卷10《蠲纸》
1158		印书纸、褾褙表纸	1张	0.18文、7.3文	叶德辉《书林清话》卷6《宋监本书许人自印并定价出售》
北宋中期	米芾	章申公砚滴	1枚	求以古书博易（申公不许）	何薳《春渚纪闻》卷9《铜蟾自滴》
北宋中期		歙砚		少有病，不直数十金；幸完仍好，直五七千已上无估	米芾《砚史》

续表

时间	买或卖者	名称	数量单位	价格	资料出处
北宋中期		砚	1枚	30贯	沈括《梦溪笔谈》卷9《人事一》
北宋中期		七星砚（端砚）	1枚	10贯（乐以万金得，这里可能指万文）	王安石《临川先生文集》卷12《七星砚》
1086—1094	苏东坡	古端砚	1枚	40贯	米芾《书史》
北宋后期		歙砚	1枚	价值千金璧	高似孙《砚笺》卷2
约北宋后期		石砚	1枚	0.1贯	张邦基《墨庄漫录》卷7
两宋之交	章序臣	风字砚	1枚	易铜炉	何薳《春渚纪闻》卷9《风字晋砚》
两宋之交	好奇之士	吕老所遗砚	1枚	100多贯	何薳《春渚纪闻》卷9《吕老瑕砚》
两宋之交	汤阴人	盗其名（吕老）而为之	1枚	不足0.1贯	何薳《春渚纪闻》卷9《吕老瑕砚》
两宋之交	章序臣	铜雀台瓦砚	1枚	百金（应是百两银子，即100贯）	何薳《春渚纪闻》卷9《铜雀台瓦》
约南宋初		澄泥古瓦砚	1枚	1贯	袁文《瓮牖闲评》卷6
南宋初期	何薳	提研（端砚）	1枚	求易余东坡所画鹊竹而得之	何薳《春渚纪闻》卷9《赵安定提砚制》
约南宋初期		端砚	1枚	10余贯	杜绾《云林石谱》卷下《小湘石》
南宋初期	曾敏行	陶砚	1枚	易以斗米	曾敏行《独醒杂志》卷8
南宋初期	石扬休	风字砚	1枚	20贯	《砚谱·右军风字砚》
南宋前期	王十朋	古瓦砚	1枚	1贯（千金，这里可能指千文）	王十朋《王十朋集》后集卷3《李资深赠古瓦砚及诗》
约南宋前期		古端砚	1枚	1000贯	王质《雪山集》卷10《章德茂破砚铭·序》
南宋中期	沙随先生	歙砚	1枚	肯要秦人十五城	张世南《游宦纪闻》卷6
南宋中期	汪书	砚	1枚	5贯	张世南《游宦纪闻》卷6
南宋中期	渝州度史君	涵星砚	1枚	150贯	张世南《游宦纪闻》卷9
南宋中期	周麟之	古砚	1枚	百金（存疑，可能是百两银子，即100贯）	李心传《建炎以来系年要录》卷191，绍兴三十一年七月己丑

续表

时间	买或卖者	名称	数量单位	价格	资料出处
南宋中期		砚	1枚	20贯	周南《山房集》卷4《弃砚答》
南宋中期		洮河砚		得之为无价之宝	赵希鹄《洞天清录·古砚辨》
南宋中后期	刘克庄	端砚	1枚	价高不数马蹄金	刘克庄《后村先生大全集》卷30《常用小端砚失之经年忽在常卖人手中以钱赎归纪实二首》

注：1. 表中的时间一栏，如原始史料中无明确说明者，以买者或卖者的生活时间著录，并以通常的三分法分为前期、中期和后期；单位数量上除有原文明确标示外，其他以原文意思推得，如不能判断，则为空；2. 上表中的价格并非全部是确数，有部分或是概数（如：[歙墨]人间万金直、乐以万金得[七星砚]等），或是以类比的形式来表现价格（如：[歙砚]"价直千金璧"、"肯要秦人十五城"、"黄金可得，李氏之墨不可得"，[澄心堂纸]"一轴不换千明珠"、"有钱莫买金，多买江东纸"等）；3. 数量单位"金"所指内涵不同，在不同的文意里有的指黄金，有的指白金（白银），也有的指铜钱，上表中根据文意笔者也作了一定推测。金银铜之间的比率以通用假设——1两黄金=10两白银=10贯铜钱=10000文铜钱来作分析（在实际历史中，这种比率是不断变化的，从北宋到南宋，金银价呈现不断上涨的趋势）（参看〔日〕加藤繁：《唐宋时代之金银价格》，中华书局2006年版，第373—374页）。笔者沿用了这种假设。4. 由于资料的分散以及限于笔者水平，相关史料可能会有遗漏，难称严格意义上的统计，仅供粗略地分析使用。

（二）购书

因印刷术的发展，宋代书籍生产效率提高，生产规模扩大，生产量增加，市场上流通的书籍日益增多。苏轼曾说："近岁市人转相摹刻诸子百家之书，日传万纸。"[①]宋嘉祐年间苏州刻本《杜工部集》"印万本"[②]出售。同时，宋人也真切地感受到了市场上书籍增多的现象。景德年间，国子祭酒邢昺对宋真宗讲："臣少时业儒，观学徒能具经疏者百无一二，盖传写不给。今板本大备，士庶家皆有之，斯乃儒者逢时之幸也。"[③]

由于产量增加，成本降低，书籍价格大大下降。明代学者胡应麟说：

---

① 苏轼：《苏轼文集》卷11《李氏山房藏书记》，中华书局1986年版，第359页。
② 范成大：《吴郡志》卷6《官宇》，江苏古籍出版社1986年版，第50页。
③ 李焘：《续资治通鉴长编》卷60，中华书局1980年版，第1333页。

"凡书市之中，无刻本则抄本价十倍。刻本一出，则抄本咸废不售。"[1]宋代的史料证实了胡应麟的说法，当时刻本书籍的价格只是抄本书籍的 10%，仁宗时王子融曾说："旧制，岁募书写费三百千，今模印，止三十千。"[2]很明显这与耗费的劳动量有关。抄书费时费力，而刻书进行规模化的生产，则要方便快捷得多。另外，书籍价格的制定要考虑成本、利润和供求关系等因素。赢利仍是生产的主要目的。现将能反映宋代刻书价格的史料罗列如下：

《吴郡志》记载："嘉祐中，王琪以知制诰守郡，始大修设厅，规模宏壮，假省库钱数千缗，厅既成，漕司不肯除破。时方贵《杜集》，人间苦无全书。琪家藏本，雠校素精。即俾公使库镂版印万本，每部为直千钱。士人争买之，富室或买十许部。既偿省库，羡余以给公厨。"[3]（《直斋书录解题》著录此嘉祐刻本《杜工部集》10 册 20 卷）

宋绍兴十七年（1147）沈虞卿刻印王黄州《小畜集》，其书前牌记称："今具雕造《小畜集》一部，共捌册。计肆佰叁拾贰版。合用纸墨工价下：印书纸并副板肆佰肆拾捌张，表背碧青纸壹拾壹张，大纸捌张，共钱贰佰陆拾文足。赁板棕墨钱伍佰文足。装印工食钱肆佰叁拾文足。除印书纸外共计壹贯壹佰叁拾陆文足。见成出卖，每部价钱伍贯文省。"（1 贯文省合钱 770 文，则"伍贯文省"合钱 3850 文。本书 8 册，计每册 480 文）

宋淳熙三年（1176）舒州公使库刻本《大易粹言》书前牒文记："今具《大易粹言》壹部，计贰拾册。合用纸数、印造工墨钱下项：纸副耗共壹仟叁佰张，装背饶青纸叁拾张，背青白纸叁拾张。棕墨糊药、印背匠工食等钱共壹贯伍佰文足。赁板钱壹贯贰百文足。库本印

---

[1] 胡应麟：《少室山房笔丛》甲部卷 4《经籍会通四》，中华书局 1964 年版，第 59 页。
[2] 李焘：《续资治通鉴长编》卷 102，中华书局 1985 年版，第 2368 页。
[3] 范成大：《吴郡志》卷 6《官宇》，江苏古籍出版社 1986 年版，第 50 页。

造，见成出卖。每部价钱捌贯文足。"（本书20册，计每册400文）

宋淳熙十年（1183）象山县学刊《汉隽》书前牌记称："每部二册，见卖钱六百文足。印造用纸一百六十幅，碧纸二幅，赁板钱一百文足，工墨装背钱一百六十文足。"（本书2册，计每册300文）[①]

宋景定元年（1260），日本人藤原师继以30贯钱的价格向宋代商人购得《太平御览》一部1000卷。[②]（按省陌制度，30贯合钱23100文，则平均每卷书价23文）

上述五例中，前四例为卖价，后一例为买价。根据上述史料，为了便于分析，将宋代刻书价格成本及利润列表如下：

表4—5 宋代刻书价格成本及利润[③]

项目 书名	册、卷数	书价	册价	装印工食钱	赁板钱	纸张费	每部工本费	盈利	出版时间	备注
杜工部集	10册	1000	100					既偿省库，羡余于给公厨	1056—1063	《大易粹言》《汉隽》两书缺纸张费，以《小畜集》448张纸费260文计，每张纸价为0.6文，则《大易粹言》《汉隽》两书的纸张成本分别为780文和96文。
小畜集	8册	3850	480	430	500	260	1190	2780 233%	1147	
大易粹言	20册	8000	400	1500	1200	780	3480	4520 130%	1176	
汉隽	2册	600	300	160	100	96	356	244 70%	1183	
太平御览	1000卷	23100							1260	
平均								141%		

古代书的计量单位有部、册、卷，不同单位名称计量结果也不同，从

---

① 以上引文分别见叶德辉：《书林清话》卷6《宋监本书许人自印并定价出售》，复旦大学出版社2008年版，第127、126、126页。
② 〔日〕大庭修：《关于传入日本的汉文书籍》，《国外社会科学情报》1985年第3期。
③ 表中的钱以文计量。此表部分内容参考袁逸：《唐宋元书籍价格考——中国历代书价考之一》，《编辑之友》1993年第2期。

表4—5可看出，宋代的书以"部"定价，但以"部"比较各书的价格，差异较大，因为各部书的容量大小不一。基于"册"的容量一般都比较稳定，为了方便分析，以"册"为单位比较各时期书的价格变化更为客观。从此表中可以看出以下信息：

1. 宋时大约用100—500文即可买书（刻本）一本，这比前代抄本要便宜得多。如唐代才女吴彩鸾手写的《唐韵》，据南宋中期的楼钥所说："当时所直才五缗，于今千金价未均。"① 唐代一部手抄本《唐韵》值5贯，虽然到南宋时已高达1000贯，但已具有文物价值，而不再是一般手抄书籍的价格。

2. 南宋时的书比北宋的贵，甚至是北宋的三四倍。这主要源于南宋时的物价上涨和货币贬值。与同时期的米价变化相比，基本是成正比例的。如宋仁宗皇祐二年（1050）的一斗米为120文，而到宋孝宗乾道六年（1170），一斗米为300文，增长了近3倍。②

3. 宋代刻书的利润比较丰厚，平均下来超过1倍多。这不仅反映出成本的降低，也反映了市场需求的旺盛。在利益的驱使下，越来越多的人去经营书籍生意，出现"书坊林立"的景象。

在宋代书籍市场上，政府有时会根据需要对价格进行调控。如北宋后期监本书价大体和工本费相当，如此便宜就是政府干预的结果。宋哲宗元祐初年，由于图书市场价格波动，监本书价已有所提高，陈师道上书云："伏见国子监所卖书，向用越纸而价小，今用襄纸而价高，纸既不迨而价增于旧，甚非圣朝章明古训以教后学之意。臣愚欲乞计工纸之费以为之价，务广其传，不以求利，亦圣教之一助。"③ 陈师道这个奏文很快得到哲宗皇帝的采纳，政府采取了一些降低书价的措施。元祐三年（1088）官方下令刊刻《新编金匮要略方论》《伤寒论》，据王国维所引用当时公

---

① 楼钥：《攻媿集》卷5《题汪季路家藏吴彩鸾唐韵后》，四部丛刊本。
② 参考漆侠：《中国经济通史·宋代经济卷》下，经济日报出版社1999年版，第1240—1241页。
③ 陈师道：《论国子卖书状》，《全宋文》第123册，第278页。

文，其云："敕中书省勘会：下项医书册数重大，纸墨价高，民间难以买置……内有浙路小字本者，令所属官司校对，别无差错，即摹印雕板，并候了日，广行印造，只收官纸工墨本价，许民间请买，仍送诸路出卖。"① 以上记载说明了监本书意在传播文化典籍，不以牟利为目的，所以官方制定了只收工本费的书价制度。

总之，尽管宋代书籍价格较便宜，但是一册上百文的书籍对一般每天收入数十文到百文的普通人家确实是一笔较大的开支。对于那些嗜书爱书者收藏成千上万的书，如果都从市场购得，那更需很大的一笔费用，这从表4—2中的"所得禄赐，多以购书"、"得钱辄买书"、"倾资买书"等记载中可见。

（三）抄书、刻书和兴建藏书楼

抄书费时费工，史料中虽无具体的价格反映，但从上文中"俸之半"用于抄书即可看出其费用之昂贵。刻书虽已有相应技术手段的辅助，提高了效率，但其成本较高，一般需要雇佣人力、购置木板和购买纸墨等诸多费用，前文书籍价格中可见一斑。但由于已经批量生产，流通到市场上而使成本分摊，不易看出总成本。为此，我们再举一例可更清楚地看出刻书费用之高。嘉定二年（1209），安州郡文学陈之强筹措经费准备刊印宋庠、宋祁兄弟的文集《元宪集》和《景文集》，他在《元宪集》的序文中说：

> 寓公李令尹之家，旧有缮本，太守、今都运王公允初昔为通守，每与之强言，欲借而刊之，未能。逮持节京西，于其行，以帑藏之余几千缗，属之强与之锓本，以广其传，又分数册以往，将以速其

---

① 王国维：《五代两宋监本考》卷中，《王国维遗书》第7册，上海书店出版社1983年版，第299—300页。

就也。然考之二集,既富且赡,其言八十余万。工以字计,为钱几四百万,米以石计,百有二十,他费不预焉。之强惧其难成,而白之今太守陈公芾,公一闻之,欣然谓之强曰:"是亦余志也……当辍他费以成之。"①

"二宋"的文集依靠前后两任太守的热心支持而终于刊成,80 多万字的文集,刊刻费用以字计算需近 400 万钱,还要加上 120 石米和其他费用,前太守盈余的公款几千缗尚不够,今太守"辍他费以成之"。成本费用之巨由此可见。当然刻印市场上也会出现为降低成本而粗制滥造的现象,如"建安本颇多缺谬,其在麻沙者尤甚"。②但对于热爱刻书的私刻家来说,刊刻书籍的费用虽然是笔不小的数目,但仍想方设法完成刻印。如尤袤在尤刻本《文选》的跋文中记述了该书的刊刻过程:"袤因以俸余锓木,会池阳袁史君助其费,郡文学周之纲督其役,逾年乃克成。"③为了刊刻该书不仅花掉自己的积蓄,而且还受到别人的资助才最终得以完成。又如宋宁宗时,庆元府鄞县人周模刻印其父周锷的文集 20 卷,"以千缗为锓版、印造之费,始得家有此书"④。再如宝庆元年(1225)昌国县令赵大忠刊印其六世祖赵湘所著《南阳集》,"遂割微俸以成初志"⑤。

兴建藏书楼作为一个大工程,必然是一项大宗开销,往往需要上百万的经费,如应天府曹诚出资 300 万"即同文旧居旁造舍百余区,聚书数千卷"⑥;绍兴城南吴伸、吴伦兄弟合力花费百万修建了吴氏书楼,"以钱百万创为大楼,储书数千卷,会友朋,教子弟"⑦。这从其他建筑的花费中也可见一斑:在北宋后期至南宋前期,用 3 贯钱可建造 1 间底层农民居

---

① 宋庠:《元宪集》卷首,文渊阁四库全书本。
② 苏辙:《苏辙集》序跋提要《宋淳熙刻本苏诗序》,中华书局 1990 年版,第 1366 页。
③ 萧统:《文选》,中华书局 1977 年版,第 839 页。
④ 楼钥:《攻媿集》卷 109《周伯范墓志铭》,四部丛刊本。
⑤ 赵大忠:《南阳集序》,《全宋文》第 325 册,第 132 页。
⑥ 脱脱等:《宋史》卷 457《戚同文传》,中华书局 1985 年版,第 13419 页。
⑦ 陆游:《陆游集·渭南文集》卷 21《吴氏书楼记》,中华书局 1976 年版,第 2176 页。

住的茅屋；宋孝宗时，在鄱阳县城内买处住宅需用钱 100 贯；嘉泰年间，在绍兴府钱清盐场盖 30 余间规模的办公廨宇用钱 100 贯；咸淳年间，南安军建起一座纪念周敦颐的濂溪祠堂"费钱十万"；咸淳五年（1269）在潮州建座"为屋九间，其深丈有六，广三之"的佛教法堂用钱 1000 贯；太宗时，在开封买一座供执政大臣、贵族居住的豪华住宅要用钱 1 万贯。[①] 由此分析，建一座像样的藏书楼花费数十、数百贯乃至上千贯，应是较平常的事情，也是宋代居民有关文化教育事业的一项重大开支。

（四）求学教育

1. 学费

宋代官学学生要交纳一定的学费，在国子监称之为"光监"钱。《宋会要辑稿》载，大中祥符三年（1010），国子监奏称："《六典》，学生初入学，行束脩之礼于其师。国初以来，但补为生员，即纳束脩二千属监司公用。""监生及第后，纳钱谓之光监。然实是初入学见师之礼，本非光监。乞令举人补监生并各先纳钱二千，方许就试。"这说明进入国子监的学费是每人 2 贯。神宗熙宁九年（1067），国子监学官练亨甫奏请于大比之年，允许外地寓居开封府者，"除国子监三舍生外，并令实通乡贯十人为一保，召保官一员，委保于国子监纳光监钱三千，给牒应举，其钱充试院及其集赐钱等支用。如此施行，不唯公私皆便，兼俾士人进身之初，无伪冒犯之累，稍趋行实，其余风化不为无助，兼国子自来请监牒，纳光监钱二千一百六十文。今既与免补试，贯户烦费，只令纳钱三千，则人情乐然，极为便利。从之"。[②] 宗学也曾交纳一定学费，后取消，"逐院自备缗钱为月馈，贫者或不能以时致，宗师辄移文督取"。针对这种现象，赵君锡提出意见："国家养天下士于太学，尚不较其费，安有教育宗室令自行

[①] 以上史料多参考程民生：《宋人生活水平及币值考察》，《史学月刊》2008 年第 3 期。
[②] 分别见徐松：《宋会要辑稿·职官》28 之 5、28 之 8，中华书局 1957 年版，第 2974、2975 页。

束脩之理!"政府采纳了他的建议,"悉从官给"。①

食宿费是学校的一项较大开支,国家并不能全部承担。实际上,官学里学生数与被给食、留宿的学生数均有差别。如宋仁宗后期及英宗时,太学内舍生的伙食费每人每天只有10文,其余都是自费,"庆历中,太学内舍生二百员并官给日食。近年每人只月支钱三百文添厨,其余自备,比旧所废殊寡"。到神宗时规定:"内舍二百人外,增一百员,外舍生逐旋补试,且令入斋听读,仍不给官中贴厨钱。侯内舍生有阙,即将外舍生拨填。"这段史料说明,熙宁年间,太学的伙食只供给内舍生。对于律学生也有差异,熙宁七年国子监条约规定:"生员初入学且令赴学听读,补中者,给食。其余听读人,就本学食者,依太学例令陪厨钱。愿自备饮食者,亦听。"②显然,只有入学考试合格后成为正式生员才能享受给食的待遇,而听读者则要自备陪厨钱或自备饮食。宋代地方官学学生也有享受伙食待遇的。如严州州学生的伙食费,淳熙年间,"每人不及二百文会",当时"太学例,人给四百会食钱"。③但州县小学曾一度停止供给伙食。如崇宁五年规定小学生自备伙食:"参以在京小学规约,颁之州县小学。州隶教授,县隶学长。其小学生,皆自备餐钱附食,至宣和罢其法。"虽然后来恢复,但也视具体情况而定:"诸小学八岁以上听入……即年十五者与上等课试,年未及而愿与者听,食料各减县学之半,愿与额外入学者听,不给食。"④由此可见政府并不能保证供给所有官学学生所需的费用,有一些则需个人筹措。

私学的学费虽无明确的史料记载,但从从事私学教育的塾师的收入情况和生活状况可看出其一般并不高。如古田人李友直,"以诗书礼乐教

---

① 脱脱等:《宋史》卷287《赵君锡传》,中华书局1985年版,第9660页。
② 分别见徐松:《宋会要辑稿·崇儒》1之30、3之8,中华书局1957年版,第2177、2211页。
③ 刘文富、陈公亮:《淳熙严州图经》卷1《学校》,《宋元方志丛刊》(5),中华书局1990年版,第4310页。
④ 徐松:《宋会要辑稿·选举》9之25、《崇儒》2之26,中华书局1957年版,第4409、2200页。

授乡里，无贫富贵贱，随贤愚启迪之。家贫不堪，处之恬然"①。叶梦得的师塾老师乐君先生非常敬业，但生活上却很窘迫，甚至有断粮的时候，幸有人"适送米三斗"以解之困。②再如张复秀才"聚闾巷小童为学"，连妻子得了重病"甚危，居贫不能得医"。③虽然整体收入不高，但也基本能自给，因此有很多士人将其作为谋生手段。如李觏"举茂才异等不中。亲老，以教授自资，学者常数百人"，种放"以讲习为业，从学者众，得束脩以养母"。④临江王某，"家苦贫，入城僦馆，月得束脩二千"。童蒙，"贫甚，聚小儿学以自给"。齐琚，"温厚好学，家苦贫，教生徒以自给"。⑤冯贯道"以训童子为业"，"月得钱不过数千"。⑥从史料来看，私学学费虽然一般并无明确数额，常根据具体情况而定，但必须要交纳一定数额，这是入学的前提，现实中有因学生不交学费老师将之告至官府的事情："有书生为学子不行束脩，自往诣之，学子闭门不接。书生讼于向。"⑦学费支付方式多样，或钱或粮；学费交付日期，一般有约定的时间，如王省元因回老家用钱，但还不到发薪俸的时候，不得已向学生家长预借，"欲买市中物。时去俸日尚旬浃。王君令学生白父母豫贷焉"。⑧再如很多地方重视少儿教育，很早就聘请老师授课，为了达到预期效果，有的人就采用类似"计件给酬"的办法："教者预为价，终一经偿钱若干。"⑨这是事先约定

---

① 章竟可、林咸吉：《古田县志》卷7《孝义》，《中国方志丛书》，台北成文出版社1967年版，第172页。
② 叶梦得：《避暑录话》卷4，《宋元笔记小说大观》(3)，上海古籍出版社2001年版，第2660页。
③ 刘斧：《青琐高议》前集卷7《孙氏记》，上海古籍出版社2012年版，第46页。
④ 脱脱等：《宋史》卷432《李觏传》、卷457《种放传》，中华书局1985年版，第12839、13422页。
⑤ 分别见洪迈：《夷坚志》丙志卷16《王省元》、补卷9《童蕲州》、甲志卷16《水府判官》，中华书局2006年版，第503、1628、32页。
⑥ 邹浩：《道乡集》卷40《冯贯道传》，文渊阁四库全书本。
⑦ 潘永因：《宋稗类钞》卷1《吏治》，书目文献出版社1985年版，第42页。
⑧ 洪迈：《夷坚志》丙志卷16《王省元》，中华书局2006年版，第503页。
⑨ 叶梦得：《避暑录话》卷1，《宋元笔记小说大观》(3)，上海古籍出版社2001年版，第2617页。

比起师塾老师,家塾的老师待遇相对好一些,如李建中"侍母居洛阳,聚学以自给",后来"携文游京师,为王祜所延誉,馆于石熙载之第,熙载厚待之"。① 这说明李建中在石熙载家里当教师的待遇应比他自己聚学所得要丰厚。这源于宋人普遍重视教育,认为择师教子"实非细事",要尽力"隆礼厚币,延好师席"。② 如四明袁氏对于塾师"未尝三日无馈遗",史称"其家延先生,敬礼备至,遂得成名,且相继科名"。③ 吕祖谦家里也设有私塾。据吕氏家塾规定,家塾教师,饮食是"每日二膳",衣服、束脩是"以家之有无,诸生之众寡为之节",另外家塾教师生病,诸生还要"侍粥药"。④ 除了生活上的一些待遇较好以外,收入也较高,如瓯宁人范斗南做家庭教师收入每月 30 贯,"浦城赵氏遣仆持书来,欲月以钱三十千邀我作馆客"⑤。铅山周氏,"岁又以十万钱招延儒士,俾其幼稚学礼无缺者"⑥。刘巢林在一富户家教书,年薪也是 100 贯,"岁俸百缗"⑦。这远远超出一般年入二三十贯的师塾老师的收入。

2. 参加科举考试相关费用

宋代的科举考试中解试、省试和殿试分别在各地的行政中心和国都进行。古代交通落后,一般以步行为主,且赴考路途较远,这个过程中的路费和食宿费是笔不小的开支。因此,很多赶考士子都要提前准备考资,如张楠曾接受学生们为他准备的考试费用,"时诸生从受业者闻师赴省,各随力致助",他仔细计算有四百三十几贯几百几十文。⑧ 而义学的

---

① 脱脱等:《宋史》卷 441《李建中传》,中华书局 1985 年版,第 13056 页。
② 李之彦:《东谷所见·择师》,《说郛三种》卷 77,上海古籍出版社 1988 年版,第 1110 页。
③ 俞正燮:《癸巳存稿》卷 4《尊师正义》,商务印书馆 1957 年版,第 112 页。
④ 吕祖谦:《东莱集·别集》卷 1《家塾》,文渊阁四库全书本。
⑤ 洪迈:《夷坚志》支丁卷 8《范斗南妾》,中华书局 2006 年版,第 1029 页。
⑥ 韩元吉:《铅山周氏义居记》,《全宋文》第 216 册,第 215 页。
⑦ 无名氏:《湖海新闻夷坚续志》前集卷 1《馆俸前定》,中华书局 1986 年版,第 39 页。
⑧ 洪迈:《夷坚志》支乙卷 8《张元干梦》,中华书局 2006 年版,第 858 页。

士子们只要得到贡举身份也常得到家族支持,所在家族会给予其一定的赶考费,如范仲淹创立的义学,在《义庄规矩》中规定:"诸位子弟得贡赴大比试者,每人支钱一十贯文,七十七陌,下皆准此。再贡者减半。并须实赴大比试乃给。"后来,随着物价上涨又有相应调整:"旧规,诸房子弟得贡赴大比者,义庄支裹足钱十千。今物价翔贵,难拘此数。如有子弟得解赴省,义庄支官会一佰千,其钱于诸房月米内依时直均剅。其免举及补入太学者,支官会五十千。庶使诸房子弟知读书之美,有以激劝。"① 除了来自家族的经济支持,个人也要想办法筹措一部分。有典卖田地的,如眉州人孙文懿公"少时家贫,欲典田赴试京师"②;有借贷的,如"缙云何丞相在布衣时贫甚,预乡贡,将入京师,无以为资,往谒大姓假贷……主人举万钱赠之"③。还有经商的,如"天下待补进士,都到京赴试。各乡奇巧土物,都担戴来京都货卖,买物回程"④;"吴兴士子六人入京城赴省试,共买纱一百匹,一仆负之"⑤,很显然100匹纱并不是自用,而是将当地的特产贩运到京师以期获利的行为。四川士子有借赴京赶考之机,"多引商货押船"⑥。这些商业行为都是以获利为目的的。《春渚纪闻》中记载一例,南剑州乡贡进士吴味道赶考时,带着乡人集资的钱购得建阳纱准备贩至都下,"乡人集钱,为赴都之赆。以百千就置建阳小纱,得二百端"⑦。为了避税而冒名送至苏轼宅却被官府发现。吴味道之所以如此费尽心机,应该说,这种通过顺道的长途贩运,如果避税成功,其获利是可观的。

相比私学,官学士子们的负担较轻,因为政府会资助一部分,如崇宁五年(1106)著令:"凡州学上舍生升舍,以其秋即贡入辟雍,长吏集

---

① 分别见范能濬编,范仲淹撰:《范仲淹全集·义庄规矩》,凤凰出版社2004年版,第920、928页。
② 邵伯温:《邵氏闻见录》卷8,中华书局1983年版,第78页。
③ 洪迈:《夷坚志》甲志卷11《何丞相》,中华书局2006年版,第97页。
④ 西湖老人:《西湖老人繁胜录》,《宋史资料萃编》第3辑,台湾文海出版社1981年版,第21页。
⑤ 洪迈:《夷坚志》丁志卷11《霍将军》,中华书局2006年版,第633页。
⑥ 脱脱等:《宋史》卷156《选举志二》,中华书局1985年版,第3638页。
⑦ 何薳:《春渚纪闻》卷6《赝换真书》,中华书局1983年版,第98页。

合郡官及提学官,具宴设以礼敦遣,限岁终悉集阙下。自川、广、福建入贡者,给借职券,过二千里给大将券,续其路食,皆以学钱给之。"① 学生进京赶考,学校不仅会以学粮设宴款待,如果路途遥远,还能资助部分费用。但是并非所有官学士子都能享受此待遇,受不到资助的人占绝大多数。如绍兴九年(1139)张丞相浚奏:"据州学学生陈备中等三百三十八人状,窃见本州科场赴试至七千余人,补试终场二千五百五十五人,今繁籍学生五百余人,本学养士止二百人额,每人食钱止一十九文,余皆供给不到。"② 参加考试的人近万人,而最终能获得食钱资助的仅200人,可见比例之小。有的地方为了保证应试举人的资费,在乡里形成义约。在泰和县,绍兴年间,"西昌壮邑,素号多士,三岁大比应诏者不下二千人,岂可于道里之费使家自为备乎?"因此"约以千人为率每人日出一文,约三岁得钱一千有奇,是科题名者十人,十月序乡饮于学,邑宰丞尉与焉,义举之领袖者集钱得四十四万有奇,析而送之",此后"庆元嘉泰以次举行而倡,戊午科知县卓洵复益以公帑之钱"。③ 在新淦,其义约规定了寓公助送之例,解决"士方穷时骤得一举,属有千里之役无所取资"的困难。④

备考费用多用在路费和食宿费上。《夷坚志》中记载了黎秀才在赶考途中备考费用因住店丢失又复得的事情,其所丢失的"银四十四两、金五两、又金钗一双"⑤,就是其赶考费用。这个例子反映了在古代交通不便、信息不畅的情况下,所带钱物就是维持生命之需,一旦丢失后果严重。真德秀也讲述其赶考经过:庆元初,他从家乡建州浦城到临安参加贡举,因家中贫寒,勉强凑够10贯钱,步行10天,"囊衣笈书,疾走不敢停,至都则已惫矣",这次科举没有成功。第二次"获钱凡数万,益以亲友之

---

① 脱脱等:《宋史》卷157《选举志三》,中华书局1985年版,第3664页。
② 梁克家:《淳熙三山志》卷8《庙学》,《宋元方志丛刊》(8),中华书局1990年版,第7859页。
③ 冉棠修、沈澜:(乾隆)《泰和县志》卷8《宾兴》,《中国方志丛书》,台北成文出版社1989年版,第435—436页。
④ 文天祥:《新淦曾叔仁义约籍序》,《全宋文》第359册,第91页。
⑤ 洪迈:《夷坚志》丁志卷7《荆山客邸》,中华书局2006年版,第596页。

赆，始舍徒而车，得以全其力。于三日之试，遂中选焉"。① 第一次钱不多，选择步行，到了正式考试时就已经很疲惫，影响了正常发挥而没有考中。当他再次参加科考时，吸取了第一次的经验，多备了钱雇了车，全力应付考试，结果考中了。这个例子说明赶考费用多用在路途中，也说明赶考费用准备的多少一定程度上影响考生的发挥。

考察宋代史料，一般情况下，赶考的士子在住宿方面主要有两种选择：一是租赁私人宅第，如林邵赴省试时"入京师僦居戴门楼门内"；一是投宿商业旅馆，如项宋英"绍兴八年试南京，馆于临安逆旅"。黄若纳"入都赴省试，中途贪程，暮到旅邸"。② 这是途中的住宿情况，而到达目的地后，由于时间地点较集中，旅店常常爆满。如郡试时，"进士王胜、盖夷，元和中求荐于同州。其时客多，宾馆颇溢"③。当到省试时，京城更是人满为患，"到省士人，不下万余人，骈集都城。铺席买卖如市"④；混补年"诸路士人，比之寻常十倍，有十万人纳卷"，加上"每士到京，须带一仆，十万人试，有十万人仆，计二十万人"。这么多人大部分住在商业旅馆，如"乾道二年，豫章钱某赴省试，馆于贡院前姚氏店"；括苍何湛叔存，"淳熙丁未赴省试，馆于三桥旅邸"；陈元于"淳熙十年，再以乡荐赴省试，寓贡院前旅馆"；"淳熙中，明州士人往临安赴省试"，"至都城旅舍，留颇久"。⑤

至于住宿价格，其与房屋地理位置的优劣、档次的高低及时节等因素相关。一般来说，大城市的房价和租赁价要高于其他一般地区。宋人有"重城之中，双阙之下，尺地寸土，与金同价"⑥ 的说法。在有的大城市

---

① 真德秀：《万桂社规约序》，《全宋文》第313册，第143页。
② 分别见洪迈：《夷坚志》丁志卷7《戴楼门宅》、甲志卷4《项宋英》、支乙卷2《黄若讷》，中华书局2006年版，第591、35、807页。
③ 李复言：《续玄怪录》卷3《窦玉妻》，中华书局2006年版，第176页。
④ 吴自牧：《梦粱录》卷2《诸州府得解士人赴省闱》，三秦出版社2004年版，第19页。
⑤ 分别见洪迈：《夷坚志》补卷卷11《钱生见前世母》、支景卷10《婆惜响卜》、支乙卷10《王尚书名纸》、支癸卷9《鲤鱼玉印》，中华书局2006年版，第1647、958、869、1290页。
⑥ 王禹偁：《李氏园亭记》，《全宋文》第8册，第68页。

中，房租高达"月僦钱十八千文"①;"月收僦值可及十五千"②。按日收取者有"僦舍日得千钱"③;"僦舍钱日三千"④,甚至日收入就有"数十千"者⑤。而到应举时节,房价会因供不应求上涨,如临安贡院附近旅馆每逢考试房价都随之上涨。《梦粱录》中有相关记载:"其诸处贡院前赁待试房舍,虽一榻之屋,赁金不下数十楮。"⑥而在一般地方和普通时节,则要低很多,如熙宁六年(1072),日本僧人成寻一行途经剡县住"张九郎家"时所付的房赁钱是"五十文"。翌日,至陈公店宿,"与家主坊功五十文钱了"。⑦成寻一行 8 人,每晚 50 文的住宿钱,人均尚不到 7 文,此与京城的"数十楮"⑧一间房的价格相差之大由此可见。总之,不管房价如何变化,赶考的士子们都需在此开销一笔,差别是因财力不同选择也不同。如前面的林邵赁居在戴门楼门内,就是图了赁金低廉,甚至不管其是否是凶宅。

餐饮费也是一项重要开支,如宋代鄱阳士人林子安于"绍兴三十二年秋,入州赴举。行半程,饭旅店"⑨。那么一顿便饭在宋代需要多少钱呢?据程民生考证,熙宁年间农夫吃一顿便饭需花 10 文左右。⑩这应是较低水平,而且是物价水平较低时期。到南宋时,吃一顿较好的饭则要 2 贯以上了。成都秀才俞良来临安应试落第,心灰意冷,来到丰乐楼,意欲饱餐一顿后自尽。当他看到所上餐具尽是银器时,心中自言:"好富贵去处!我却这般生受,只有两贯钱在身边,做甚用?"⑪说明在这里的消费

---

① 李焘:《续资治通鉴长编》卷 412,中华书局 1992 年版,第 10023 页。
② 脱脱等:《宋史》卷 177《食货上五》,中华书局 1985 年版,第 4313 页。
③ 李焘:《续资治通鉴长编》卷 73,中华书局 1980 年版,第 1668 页。
④ 李焘:《续资治通鉴长编》卷 188,中华书局 1985 年版,第 4528 页。
⑤ 文莹:《湘山野录》卷下,中华书局 1984 年版,第 43 页。
⑥ 吴自牧:《梦粱录》卷 4《解闱》,三秦出版社 2004 年版,第 50 页。
⑦ 〔日〕成寻:《参天台五台山记》第 1,转引自程民生:《宋代物价研究》,人民出版社 2008 年版,第 57 页。
⑧ "楮"在南宋时指纸币,即会子,大约每贯合钱 770 文,事实上这样的比价并不稳定,时有贬值,这里我们姑且以 700 文换算,也与 7 文的价格相差几百倍。
⑨ 洪迈:《夷坚志》支庚卷 1《林子安赴举》,中华书局 2006 年版,第 1141 页。
⑩ 程民生:《宋代食品价格与餐费考察》,《河北大学学报》2008 年第 4 期。
⑪ 程毅中辑注:《宋元小说家话本集》下《俞仲举题诗遇上皇》,齐鲁书社 2000 年版,第 749 页。

至少是 2 贯以上。

3. 登第后的花费

宋代举子登第后就可享受来自皇帝的"恩例"以及朝廷和地方官府的许多优渥待遇，并举行各种场面盛大的庆典，使及第举子在物质、精神两方面均获得优厚的回报。[①] 但这并不意味着及第举子所有费用均由政府支付，也有一些仍需举子自己承担，主要反映在交纳和准备期集费、谢恩银、鞍马费和铺地钱等。

期集指新进士自主组织的大型系列宴会及相关活动（如刊《小录》[②]、刻石题名等）。这些费用原来是由进士们按照高下原则自行筹备的，有些贫穷的进士甚至不得不去借贷："国初，进士期集，以甲次高下率钱刊小录、事游燕，或富而名次卑，所出无几，或贫而名次高，至于假丐。"[③] 虽然后来皇帝有所赏赐，"熙宁六年（1073）三月庚申，诏赐进士及第钱三千缗，诸科七百缗，为期集费。一时歆羡，以为盛事"，但由于朝臣的奏请，期集费后来也大为减少，且宴游费用仍由进士们"率钱为之"，"酿钱为游宴之资"[④]；"次举熙宁九年三月戊寅，练亨甫奏罢期集钱，止赐钱造小录，及第五百千，诸科二百千，而游燕之费复率钱为之"。而被选为"职事"[⑤] 的则不用出资，对此，王栐认为不公平："又为职事者，日叼饮食，所得《小录》、题名纸札装潢皆精致，不费一金；其不与职事者，

[①] 宋代登第进士的恩例与庆典，主要有皇帝恩例（包括赐诗、箴等，赐钱，赐绿袍、靴、笏，为状元差导从，赐闻喜宴）、期集庆典（包括置状元局，朝谢，拜黄甲，叙同年，乡会，谒谢先圣、先师，游西湖、名园及试射等，归里）和赐官授职（参见祝尚书：《宋代登第进士的恩例与庆典——兼论科举的公正性问题》，《四川师范大学学报》2006 年第 2 期）。

[②] 《宋史·选举志一》记载："缀行期集，列叙名氏、乡贯、三代之类书之，谓之《小录》。"（中华书局 1985 年版，第 3608 页）

[③] 王栐：《燕翼诒谋录》卷 5，中华书局 1981 年版，第 49 页。

[④] 脱脱等：《宋史》卷 155《选举一》，中华书局 1985 年版，第 3608 页。

[⑤] "职事"是期集所的办事人员，其职责有纠弹、笺表、主管题名《小录》、掌仪、典客、掌客、掌器、掌膳、掌酒果、监门等，多至百余人，均由新进士担任（《朝野杂记》甲集卷 13《新进士期集》）。

出钱而所得绝不佳,不沾杯勺,无乃太不均乎?"①进一步反映了一般及第进士都要为期集出钱的事实。

在宋初及第进士们还需交一笔"谢恩银",这可从免谢恩银的相关记载看出。神宗熙宁四年(1071),"诏新及第进士、诸科及第人入谢免银"。原注:"故事:既赐第,诣合门谢恩,进银百两,至是罢之。"②"罢"之前就是"进",且"银百两"不是小数目。

鞍马费是进士游街时的相关费用,宋初是由及第进士们自备,"旧制,进士首选同唱第,人皆自备钱为鞍马费"③。由于自备就出现贫富差异,富贵的人,排场甚大,十分铺张,朝廷不得不下令抑制。真宗景德二年(1005),礼部贡院言:"新及第举人,自今欲令状元用一节呵道,馀止双控马首,遇常参官,敛马侧立。诏可。"原注:"近岁得第进士导从过多,车服侈靡,故因是奏抑损之。"但贫穷之家,连简单的排场也无力操办,在此背景下,朝廷特为状元指派导从。大中祥符八年(1015)"三月二十四日诏:'朕亲选英髦,擢登甲乙。……自今第一人及第,宜令左金吾司差七人导从,许出两节。'"④

铺地钱一般指岳家为女婿进士登第后赴宴琼林所花的费用。"进士登第赴宴琼林,结婚之家为办支费,谓之铺地钱。"⑤但据有关史料记载可知登第举子赴琼林宴时送给新婚同年的礼金也叫"铺地钱"。《宋人轶事汇编》中记载:

> 西方琥,东州人,郑毅夫榜登第,告毅夫曰:"榜中琥最年少也,乞作探花郎。"毅夫云:"已差二人。"琥曰:"此无定员,添一员何损?"公吏曰:"琥第三甲,合出铺地钱二十缗,若作职事,则

---

① 王林:《燕翼诒谋录》卷5,中华书局1981年版,第49页。
② 徐松:《宋会要辑稿·选举》2之11,中华书局1957年版,第4250页。
③ 王林:《燕翼诒谋录》卷2,中华书局1981年版,第12页。
④ 分别见徐松:《宋会要辑稿·选举》3之7、3之11,中华书局1957年版,第4265、4267页。
⑤ 庄绰:《鸡肋编》卷中,中华书局1983年版,第71页。

不出钱。"琥曰："愿出钱。"毅夫从其请，琥已受符，不出缗。毅夫切责之，而倍其罚。①

总之，登第后的种种花费，总算起来也应不少，否则不会出现贫困之家需借贷的情况。

三、宋代文化教育消费的特点

（一）普及性

接受文化教育行为和消费行为具有同一性，故消费的普及性可以从接受文化教育的群体（消费者）身份的多样化来分析。

在"右文"政策的鼓励下，宋代接受文化教育的人数大量增加，出现"人人尊孔孟，家家诵诗书"②，"今吴、越、闽、蜀家能著书，人知挟册"③，"（福州）城里人家半读书"④，"垂髫之儿，皆知翰墨"⑤的盛况，即使在一些农村也是"释耒耜而执笔砚者，十室而九"⑥，"孤村到晓犹灯火，知有人家夜读书"⑦。读书人随处可见，这从前文讲到的宋代科举取士和参加科举考试的人数大为增加也可看出。可以说，相比前代，宋代的文化教育确实具有了普及的特点。

---

① 丁传靖辑：《宋人轶事汇编》上，中华书局2003年版，第440页。
② 吴之振等：《宋诗钞·止斋诗钞·送王南强赴绍兴签幕四首》，中华书局1986年版，第2022页。
③ 叶适：《汉阳军新修学记》，《全宋文》第286册，第67页。
④ 梁克家：《淳熙三山志》卷40《入学》，《宋元方志丛刊》(8)，中华书局1990年版，第8247页。
⑤ 朱长文：《吴郡图经续记》卷上《风俗》，《宋元方志丛刊》(1)，中华书局1990年版，第644页。
⑥ 苏轼：《苏轼文集》卷49《谢范舍人书》，中华书局1986年版，第1425页。
⑦ 吴之振等：《宋诗钞·具茨集钞·夜行》，中华书局1986年版，第1074页。

宋代接受文化教育者扩展至社会的各阶层，有农人、商人、女性、蒙童、武将等。宋代农家子弟学习文化的事例很多，如王禹偁"世为农家，九岁能文"①；蔡襄"年十八，以农家子举进士"②；巢谷"眉山农家也，少从士大夫读书"③；戚彦广"务农植谷"，"粗读书，尤邃法律"；曲江村人吴琪，"略知书"；④等等。宋代科举制度的放宽，使"工商之子亦登仕进"⑤，自此"天下之士多出于商"⑥。虽此表述有些夸张，但宋代"虽为市贾，亦重儒术"⑦的事例不少。饶州帽匠吴翁"日与诸生接，观其济济，心慕焉"，于是"教子任钧使读书"；鄂州富商武邦宁"交易豪盛，为一郡之甲"，让其子武康民"读书为士人"等⑧，都是商人重视读书的例子。宋代的女性中也涌现出不少人才，如李清照、朱淑真、张玉娘以及苏八娘等。在厉鹗《宋诗纪事》入选的诗作者中，女性多达 106 人。宋代还涌现出许多"神童"，诸如王禹偁 9 岁、丘浚 10 岁、孔文仲 7 岁、蒋堂 6 岁、黄庭坚 7 岁会写诗、能作文一类的记载比比皆是。在尚文的社会背景下，宋代的许多武将也喜好读书，如士兵起家的狄青"博览书史，通究古今"⑨；出身农家的岳飞"好贤礼士，览经史，雅歌投壶，恂恂如书生"⑩；宋真宗时官至侍卫步军副都指挥使的冯守信"虽在军旅，数以《孝经》、《论语》为人进说，人尚以儒者目之"⑪。

---

① 脱脱等：《宋史》卷 293《王禹偁传》，中华书局 1985 年，第 9793 页。
② 欧阳修：《欧阳修全集》卷 35《端明殿学士蔡公墓志铭》，中华书局 2001 年版，第 522 页。
③ 苏辙：《苏辙集·栾城后集》卷 24《巢谷传》，中华书局 1990 年版，第 1139 页。
④ 分别见洪迈：《夷坚志》支丁卷九《戚彦广女》、甲志卷十《谭氏节操》，中华书局 2006 年版，第 1035、84 页。
⑤ 徐松：《宋会要辑稿·选举》14 之 15，中华书局 1957 年版，第 4490 页。
⑥ 沈垚：《落帆楼文集》卷 24《费席山先生七十双岁寿序》，转引自傅衣凌：《明清时代的商人及商业资本》，人民出版社 1956 年版，第 41 页。
⑦ 朱瑞熙：《宋代商人的社会地位及其历史作用》，《历史研究》1986 年第 2 期。
⑧ 分别见洪迈：《夷坚志》补卷 2《吴任钧》、支庚卷 5《武女异疾》，中华书局 2006 年版，第 1562、1174 页。
⑨ 王辟之：《渑水燕谈录》卷 2《名臣》，中华书局 1981 年版，第 16 页。
⑩ 脱脱等：《宋史》卷 365《岳飞传》，中华书局 1985 年版，第 11395 页。
⑪ 王安石：《王安石全集》卷 84《冯鲁公神道碑》，上海古籍出版社 1999 年版，第 644 页。

我们再以藏书者的群体身份来看文化教育的普及性。梳理史料，可以发现藏书家除了士大夫外，还包括武将、宗室、平民、僧道等，甚至还有一些女性。

官僚士大夫是藏书者的主体，如表4—1中藏量在3万卷以上的藏书者中除了3位宗室、1位武将外，其余全是官僚士大夫。张邦基也注意到这种现象："京都盛时，贵人及贤宗室往往聚书，至多者万卷。"[①]周密则历数全国的藏书名家，绝大部分为官僚士大夫，"如南都戚氏、历阳沈氏、庐山李氏、九江陈氏、番易吴氏、王文康、李文正、宋宣献、晁以道、刘壮舆，皆号藏书之富"[②]。武将与宗室藏书也引人注目。宋代武将在太祖"武臣尽读书"[③]的号召下，多好藏书，如宋初大将杨崇勋"家有藏书，积万余卷，修识之外，研味忘倦"[④]；山南东道节度使吴元扆"聚书乃至数万卷"；左卫上将军王汉忠"聚书万卷"[⑤]；南宋初抗金名将郭永"博通古今，得钱即买书，家藏书万卷"；供奉官王希逸"聚书万余卷"等。而宗室藏书中尤以荣王宗绰所藏为多，多达7万卷；南宋宗室赵叔充"藏书至万卷"；赵宗晟"好古学，藏书数万卷"。[⑥]百姓也多有藏书者，以普通士人为主。如荣州杨处士"辑古今书史万卷"[⑦]；大梁蔡致君"不乐仕进，独喜收古今之书……今二万卷矣"[⑧]；另有布衣杨汇也藏书万卷[⑨]。在藏书家中不乏女性。宋初刘式夫人陈氏"聚书以教其子，有墨庄之名"；李清照"遇

---

① 张邦基：《墨庄漫录》卷5《藏书之富者》，中华书局2002年版，第142页。
② 周密：《齐东野语》卷12《书籍之厄》，中华书局1983年版，第217页。
③ 脱脱等：《宋史》卷1《太祖本纪一》，中华书局1985年版，第11页。
④ 宋祁：《景文集》卷61，文渊阁四库全书本。
⑤ 曾巩：《隆平集》卷9《枢密》、卷18《武臣》，《宋史资料萃编》第1辑，台湾文海出版社1967年版，第366、685页。
⑥ 分别见脱脱等：《宋史》卷448《郭永传》、卷268《王显传》、卷244《赵叔充传》、卷245《赵宗晟传》，中华书局1985年版，第13207、9233、8672、8712页。
⑦ 文同：《丹渊集》卷38，文渊阁四库全书本。
⑧ 苏过著、舒大纲等注：《斜川集校注》卷9，巴蜀书社1996年版，第682页。
⑨ 邵博：《邵氏闻见后录》卷22，中华书局1983年版，第173页。

书史百家字不刊阙、本不讹谬者,辄市之,储做副本"。① 此外,还有道士藏书者,陈景元"博识多闻,藏书数万卷"②。有僧人藏书者,如哲宗绍圣间京口祥窟寺僧人"聚书数千卷诵读,晨夜不休"③。

(二) 市场性

文化教育领域的消费具有典型的市场性特点,主要表现在以下几方面。

1. 价格受产品质量、供求关系与消费偏好等因素影响

以笔墨纸砚为例,从表4—4可明显看出,除纸的价格较稳定外(一般是1幅100文),其他各类产品价格相差较大,该表中笔最便宜的是3文,最贵的1000文;墨最便宜的是每笏百文,最贵的是每两黄金1斤;砚最便宜为数十文,最贵者为150贯。价格相差如此悬殊,主要原因如下:

一是与产品质量有关,高质量的产品价格贵,低质量的则便宜。表4—4中只值3、5、10文一支的笔,质量明显太差,如苏东坡在绍圣三年(1096)以20文买的两支笔,一用即"墨水相浮,纷然欲散",使他发出"信岭南无笔也"的感叹。④ 宋代市场上确实存在着大量的劣质笔,欧阳修曾在其诗中谈到京师笔铺所销售的笔质量很差的情况:"京师诸笔工,牌榜自称述。累累相国东,比若衣缝虱。或柔多虚尖,或硬不可屈。但能装管楬,有表曾无实。价高仍费钱,用不过数日。"⑤ 曾几的"市上无佳笔,营求亦已劳"⑥,也直言洛阳市场上没有好笔,多是伪劣笔。而真正的

---

① 分别见罗愿:《刘子信墓志铭》、李清照:《金石录后序》,《全宋文》第259、174册,第319、117页。
② 叶梦得:《避暑录话》卷3,《宋元笔记小说大观》(3),上海古籍出版社2001年版,第2628页。
③ 佚名:《京口耆旧传》卷4,文渊阁四库全书本。
④ 苏轼:《苏轼文集》卷70《书岭南笔》,中华书局1986年版,第2236页。
⑤ 欧阳修:《欧阳修全集》卷54《圣俞惠宣州笔戏书》,中华书局2001年版,第768页。
⑥ 曾几:《茶山集》卷4《乞笔》,文渊阁四库全书本。

好笔"一筒至千钱，下此不可得"。即使是很有名气的产品，如果质量上出了问题，也很快会反映在价格变化上。如表中的名笔屠希笔"一筒至千钱"，至其孙子屠觉所制笔一支"财价百钱"，这就是由质量下降所导致的，前者"作万字不少败"，后者则"不二百字，败矣"。① 再以墨为例，宋人给予李廷珪墨极高评价，说其"人间万金直"，"黄金可得，李氏之墨不可得"，主要原因在于其高品质。《新安志》中有生动的记载："有贵族尝误遗一丸（廷珪墨）于池中，踰年临池饮又坠一金器，乃令善水者取之，并得墨，光色不变，表里如新。"② 质量是产品的生命，如果质量下降，常会危及产品的生命力。如常和墨"胶法殊精，必得佳煤然后造，故其价与潘、陈特高"，但是在他死后，其儿子常遇"不为五百年后名，而减胶售俗"，遂"败其家法"，最终遭到市场的抛弃。③ 再以砚为例，米芾在谈到歙砚的价格时指出"少有病，不直数十金，幸完好，直五七千以上无估"④。《记砚》中记载了一例名牌和伪劣品之间的价格差异，高平吕老所造陶砚在其死后被人冒牌生产，"吕老既死，法不授子。而汤阴人盗其名而为之甚众，持至京师，每研不满百钱之直。至吕老所遗，好奇之士，有以十万钱购一研不可得者"⑤。这些例子充分说明了产品质量的好坏直接影响其价格。

二是与供求关系有关，供大于求，价格便宜，反之则贵。如欧阳修诗中所说的京师"比若衣缝虱"诸多笔工，决定了市场上一般不会出现求大于供的现象，所以笔的价格较便宜。但如果是非常好的笔，价格也较贵，宣城笔"一束喜从公处得，千金求买市中无"⑥。受供求关系影响最典型的一个例子是陈瞻墨前后价格的差异。陈瞻墨质量很好，但"每斤止售半千，价虽廉而利常赢余"，但后来"胡马南渡，一扫无余。继访好事所

---

① 陆游：《陆游集·渭南文集》卷25《书屠觉笔》，中华书局1976年版，第2220页。
② 罗愿：《新安志》卷10《墨》，《宋元方志丛刊》（8），中华书局1990年版，第7760页。
③ 陆友：《墨史》卷中，文渊阁四库全书本。
④ 米芾：《米芾集·砚史》，湖北教育出版社2002年版，第176页。
⑤ 何薳：《春渚纪闻》卷9《记砚》，中华书局1983年版，第135页。
⑥ 黄庭坚：《黄庭坚全集·外集》卷9《谢送宣城笔》，四川大学出版社2001年版，第1080页。

藏，盖一二见也。缘瞻在宣和间，已自贵重，斤直五万，比其身在，盖百倍矣"。[1] 这在砚的消费中也有明显表现。韩琦在《答章望之秘校惠诗求古瓦砚》一诗中云："求之日盛得日少，片材无异圭璧珍。"何薳的《记砚》中也通过一个砚工之口讲到这一点，黄材成伯嗜砚，"求为婺源簿。既至，顾视一老研工甚至。秩满，而研工饯之百里，探怀出此研为赆，且言：'明府三年之久，所收无此研也。'黄始责其不诚。工云：'凡临县者，孰不欲得佳研。每研必得珍石，则龙尾溪当泓为鲸海不给也。此石岁采不过十数，幸善护之。'"[2] 一年采不过十枚，足见其珍贵。

三是与消费偏好有关。苏轼对笔墨纸砚、法书名画等精于鉴赏，时人对之多有尊崇。宋人潘衡就巧妙地利用了人们的这种偏好心理，对外宣传自己曾经为苏轼造墨，并得到了他的秘法，于是，市场上马上出现"争趋之"的局面，而他的墨售价也数倍于前。[3] 笔市场上也有这种情况，随着人们偏好的改变，就连一支贵为千金的诸葛氏名笔也逐渐衰落，"治平、嘉祐前有得诸葛笔者，率以为珍玩，云'一枝可敌他笔数枝'。熙宁后世始用无心散卓笔，其风一变。诸葛氏以三副力守家法不易，于是寖不见贵，而家亦衰矣"[4]。有因偏好改变衰落，也有因之改变而兴盛的。如宋代的竹纸由于受到王安石、苏轼、米芾等名人的爱好和推崇，到北宋中期以后，竹纸在市场上的身价日益提高，"自王荆公好用小竹纸，比今邵公样尤短小，士大夫翕然效之。建炎、绍兴以前，书简往来率多用焉"[5]。

2. 产品生产具有产区化、品牌化的特征

以笔墨纸砚和书籍的生产为例，笔有宣城笔、常州笔、晋陵笔等，墨有歙墨、兖墨、蜀墨和海南墨等，纸有澄心堂纸、江东纸、川蜀纸等，

---

[1] 何薳：《春渚纪闻》卷8《陈赡传异人胶法》，中华书局1983年版，第122页。
[2] 何薳：《春渚纪闻》卷9《记砚》，中华书局1983年版，第141页。
[3] 陆友：《墨史》卷中，文渊阁四库全书本。
[4] 叶梦得：《避暑录话》卷1，《宋元笔记小说大观》(3)，上海古籍出版社2001年版，第2589页。
[5] 施宿：《嘉泰会稽志》卷17《纸》，《宋元方志丛刊》(7)，中华书局1990年版，第7045页。

砚有歙砚、端砚、洮河砚、澄泥砚等。刻印书籍的书坊在南宋时也形成了四大中心,"印书之地,以蜀、赣、越、闽为最盛"①。这种分类显然是以地域来划分的,相应地,其生产具有了产区化的特征。产区化,指某一区域集中生产某一类产品。这与产品原料的出产地有关,往往原材料出自何处,何处就具有生产优势。笔墨纸砚很多品牌均是因产地而得名。如歙墨就是南唐制墨名家李廷珪随父来到歙地而开创的。深受宋人欢迎的竹纸,也多产于盛产竹子之地,如浙江会稽、湖南潭州、江东饶州、江西、福州和四川等地都盛产各种竹材,宋代的三大造纸中心——两浙、川蜀、福建也多位于这些地方。

笔墨纸砚和书铺往往是以某一地区的名称或某一制作者的姓名来命名,说明其生产已具有品牌化的特征。宋人的品牌意识确已显现,消费购物开始讲求名品名店,"大抵都下买物,多趋有名之家"②。如宋代名笔宣城笔,其代表人物是诸葛氏,"笔工诸葛高,海内称第一"③,代表产品是散卓笔。"宣州诸葛氏,素工管城子,自右军以来世其业,其笔制散卓也"④。散卓笔凭着高质量,受到时人追捧,并在市场上形成了一个著名的品牌——诸葛散卓笔。类似的有:李廷珪墨是宋代墨市场上的一个著名品牌;澄心堂纸是宋代纸市场上的一个著名品牌;端砚、歙砚、洮砚、澄泥砚则是宋代砚市场上的著名品牌。杭州城著名的大书铺有:临安府棚北睦亲坊陈宅书籍铺、临安府棚北大街陈解元书籍铺、临安府洪桥子南河西岸陈宅书籍铺、临安府太庙前尹家书籍铺、临安府众安桥贾官人宅经书铺、临安府修义坊相对王八郎家经铺、杭州沈二郎经坊,等等。⑤

既然形成品牌,就有相应的品牌价值,所以产品的真品价格往往都较同类产品贵。一些人为了逐利,随之市场上出现了许多伪劣假冒产品。

---

① 袁同礼:《宋代私家藏书概略》,《图书馆学季刊》第2卷第2期,1928年3月。
② 耐得翁:《都城纪胜·食店》,上海古籍出版社1993年版,第6页。
③ 梅尧臣:《宛陵先生集》卷21《次韵永叔试诸葛高笔戏书》,四部丛刊本。
④ 蔡絛:《铁围山丛谈》卷5,中华书局1983年版,第94页。
⑤ 叶德辉:《书林清话》卷3《宋私宅家塾刻书》《宋坊刻书之盛》,复旦大学出版社2008年版,第70—79页。

如笔市场上就出现一批劣质散卓笔，形似而质差。对此，黄庭坚作过仔细对比："阎生作三副，规摹宣城葛。外貌虽铣泽，毫心或麤粝。工将希栗尾，拙乃成枣核。李庆缚散卓，含墨能不洩。病在惜白毫，往往半巧拙。小字亦周旋，大字难曲折。时时一毛乱，乃似逆梳发。张鼎徒有表，徐偃元无骨。模画记姓名，亦可应仓卒。"① 墨市场上假冒伪劣现象也很严重。"近世工颇拙，所巧惟见欺。摹成古鼎篆，团作革靴皮。挥毫自惨淡，色比突中煤。"② 黄庭坚曾谈到有人专门仿造廷珪墨，"廷珪赝墨出苏家，麝煤漆泽纹乌鞾"③。砚市场上也有类似情况，韩琦《答章望之秘校惠诗求古瓦砚》中云："巧工近岁知众宝，杂以假伪规钱缗。头方面凸櫱难别，千百未有三二真。"

3. 书籍内容生产以市场需求为导向

宋代书籍内容多样、种类丰富，正如《四库总目》中说："宋以后则一切赏心悦目之具，无不勒有成编，图籍于是始众焉。"值得注意的是，随着宋代书籍的市场化，为适应大众需求，除了正统的说教内容外，娱乐性的图书数量大增。如诗歌、小说、戏曲、野史、医书、历书、评话、堪舆及儿童启蒙读物等书得到普遍印刷。如临安太庙前的"尹代书经铺"刻印了许多小说和文集。④ 临安睦亲坊内的沈八郎、众安桥南街东的"贾官人书经铺"和棚前南街西经坊的"王念三郎家"则专刻零本佛经出售。⑤ 再如词在宋代发展至高峰，则与大量受欢迎的词集的刻印有关。宋代刊刻的词集主要有别集、丛刻、总集等几类。它们多是作为唱本、歌本面

---

① 黄庭坚：《黄庭坚全集·外集》卷1《林为之送笔戏赠》，四川大学出版社2001年版，第871页。
② 孔文仲、孔武仲、孔平仲：《清江三孔集·孔平仲集·梦锡惠墨，答以蜀茶》，齐鲁书社2002年版，第353页。
③ 黄庭坚：《黄庭坚全集·外集》卷7《谢景文惠浩然所作廷珪墨》，四川大学出版社2001年版，第1038页。
④ 王国维：《两浙古刊本考》卷上，《王国维遗书》第7册，上海书店出版社1983年版。
⑤ 傅增湘：《藏园群书经眼录》卷10"沈八郎印行《妙法莲华经》"条，中华书局1983年版，第868页。

世，大都按照词调编排，著名的有《花间词》《家宴集》《尊前集》《金奁集》等。这些词集很受社会欢迎，以致有些书坊为了谋利而不顾质量随意收录。陈振孙注意到了这一现象说："自《南唐二主词》下，皆长沙书坊所刻，号《百家词》。其前数十家，皆名公之作。其末亦多有滥吹者。市人射利欲富，其部帙不暇择也。"[1] 宋代的话本小说十分盛行，与市民阶层的勃兴有关。因为小说话本多直接取材于市民自己的现实生活，宣扬的也是市民阶层的思想意识和价值取向，话本小说遂成为最受市民欢迎的种类。鲁迅曾对之评论道："然在市井间，则别有艺文兴起。即以俚语著书，叙述故事，谓之'平话'，即今所谓'白话小说'者是也。"[2] 当时的话本很多，仅据《醉翁谈录》中的记载就有近120种之多。[3] 可惜留存下来的很少。但现存的宋代笔记小说中也有许多都是异闻琐事、神怪传奇，如《东坡志林》所载内容为名臣勋业、治朝政教、地里方域、梦幻幽怪、神仙伎术等；江少虞的《宋朝事实类苑》中可见各地民情风俗、里苑琐事。这些内容一定程度上反映了当时民众的审美趣味。蒙学读物《三字经》《百家姓》《千字文》等大受欢迎，平民色彩浓重，成为儿童的教材性读物。另外，宋代书籍内容中有应举的成分，并大受欢迎。如岳珂在《愧郯录》言："自国家取士场屋，世以决科之学为先，故凡编类条目撮载纲要之书，稍可以便检阅者，今充栋汗牛矣。建阳书肆，方日辑月刊，时异而岁不同，以冀速售。"[4] 可见，宋代书籍的生产已经以市场为导向，不仅种类多、内容全，而且适合各阶层阅读。

4. 产品促销方法多样化

第一，以信誉求胜。如被称为"墨仙"的潘谷所制的墨，"既精好而价

---

[1] 陈振孙：《直斋书录解题》卷21《歌词类》，上海古籍出版社1987年版，第629页。
[2] 鲁迅：《中国小说史略》第12篇《宋之话本》，上海古籍出版社2004年版，第92页。
[3] 罗烨：《新编醉翁谈录》甲集卷1《小说开辟》，辽宁教育出版社1998年版，第3—4页。
[4] 岳珂：《愧郯录》卷9《场屋编类之书》，《笔记小说大观》第8册，江苏广陵古籍刻印社1984年版，第378页。

不二，士或不持钱，留券取墨，亦辄与之"。陈瞻不仅墨法精湛，而且重视信誉，有人曾"以二万钱就瞻取墨，适非造墨时，因返金，而以断裂不全者二十笏为寄。曰：'此因胶紧所致，非深于墨不敢为献也。'"可见其认真严谨的态度。当然这非但不影响其销售，反而起到了促销作用，在他死后，其墨达到"斤直五万"。[①]

第二，低价促销，甚至不计成本。如制笔名家侍其瑛，"元丰中以笔为业，入太学，供诸生甚勤，不计其直，辄与之，率日至或二三日一至，自尔稍稍受知当世公卿、大夫，遂以笔名家"。陈瞻墨"价虽廉而利常赢余"。[②]潘谷墨只卖一笏百钱，物美价廉。何薳年幼时曾亲眼见到潘谷卖墨情景，"元祐初，余为童子，侍先君居武学直舍中。谷尝至，负墨筐而酣咏自若，每笏止取百钱，或就而乞，探筐取断碎者，与之不吝也"[③]。

第三，非常重视产品宣传。较常见的是广告宣传法，如东京相国寺东笔铺作的广告，"京师诸笔工，牌榜自称述"。许多制墨者在墨锭上作铭，如宋初柴珣"作玉梭样"，铭曰"柴珣东窑"；又如陈赟所作墨其铭曰"易水光真墨"，幕曰"陈赟"；朱知常所制墨其铭曰"朱知常墨"等。[④]这些铭文既有品牌标识之用，又有宣传知名度之功。甚至还有巧借名人进行宣传，最典型的如上文已提到的金华人潘衡借苏轼名气成功地促进了他的销售，使其"售墨价数倍于前"。

（三）地域性

宋代文化教育消费具有明显的地域性特点，这在书籍消费和求学教育发展消费方面表现突出。

书籍消费与各地的文化发展水平有趋同性。一般而言，文化水平较

---

① 陆友：《墨史》卷中，文渊阁四库全书本。
② 陆友：《墨史》卷中，文渊阁四库全书本。
③ 何薳：《春渚纪闻》卷8《潘谷墨仙揣囊知墨》，中华书局1983年版，第122页。
④ 陆友：《墨史》卷中、卷下，文渊阁四库全书本。

高的地方，书籍的需求量大，消费水平也较高。反之则低。我们以藏书家的地域分布为例进行分析。据潘月美《宋代藏书家考》[1]统计，宋代全国藏书家的地区分布情况如下表：

表4—6　宋代藏书家之地区分布[2]

地区	浙江	江苏	江西	河南	福建	四川	安徽	河北	山东	湖北	湖南	山西	陕西
人数	31	18	15	13	12	7	7	6	5	3	2	2	1

从该表中可看出藏书家的地域分布十分广泛，涉及宋代的大部分地区。但分布明显不均衡，广东、广西地区无一例，而陕西路只有一例，最多的地区浙江则有31例。而且南方地区明显多于北方地区，浙江、江苏、江西、福建等这些位于前列的都是宋代经济文化发达地区，而河南人数之多主要与其是政治文化中心有关。

为了使数据更有效，再以范凤书的《中国私家藏书史》里的宋代收藏万卷以上藏书家的地区分布情况[3]作简表统计：

表4—7　宋代藏书万卷以上藏书家之地区分布

地区	江西	浙江	福建	江苏	河南	四川	安徽	河北	山东	山西	湖南	湖北	陕西
人数	54	32	21	20	19	13	11	10	8	5	2	2	1

此表中的排名顺序稍有变动，但前五位基本没变，还是浙江、江苏、江西、河南、福建，这些地区的私家藏书繁荣，除了与经济发达有关，也

---

[1] 潘月美：《宋代藏书家考》，《绪论·藏书家之地区分布》，台海出版社1980年版，第26页。
[2] 该表是对宋代藏书家的大概统计，从地域上讲是包括整个宋时段的总体情况而言的，没有严格区分北宋与南宋。实质上，严格意义上讲，由于南宋时北方大片地区的失守，所占疆域已大大缩小，此时所指北方地区已不同于北宋时的北方所指。因此，考虑到疆域的变化及人口的南迁等因素，此表的统计并不甚严格。本书在研究中尽管注意到这种背景，但由于不是所研究的主要内容和时间限制，没有作深入分析，只作一个大概趋势性的研究，这一原则在书中所涉及的地域性的特征表述中都有不同程度的体现。
[3] 范凤书：《中国私家藏书史》，大象出版社2001年版，第82页。

与其印刷业发达有关,这与"印书之地,以蜀、赣、越、闽为最盛"的记载相符。

综合两表及结合其他史料,可以发现,全国各省区经济发展不平衡,文化基础不同,藏书家的多少也不同。私家藏书情况与地域的经济、文化发展水平及出版业发达程度密切相关,具有明显的地域性。又由于书籍消费与各地的藏书水平正相关,从总体上来看,在书籍消费方面,南方地区比北方地区发达,东部地区比西部地区发达。河南、河北是北方发达之地,浙江、江西、江苏、福建等是南方发达之地。

宋代求学教育消费也呈现出地域性特征。一般来说各地科举状况反映着当地教育水平和成效,也是考察求学教育消费水平的重要指标之一。程民生考察了各地参加科举考试的人数分布情况后认为:东南地区应试人数多于或远多于西北地区,并且南宋时南方地区应试者数量有大增趋势。[1]这应是客观的,宋人已注意到这一现象:"宋受天命,然后七闽二浙与江之西东,冠带《诗》、《书》,翕然大肆,人才之盛,遂甲于天下。"[2]其中尤为突出的是福建地区,陈襄言:"天下士儒,惟言泉、福、建、兴化诸郡为盛,其间中高第、历显官、福吾天子之民者为不少。"[3]"闽人之贵进士,自泉之人始,由是文物浸盛,波流及宋之季,闽之儒风,甲于东南。"[4]而其应试之人动辄上万。如淳熙初福州"是岁试者二万人"[5];开禧三年(1207),福州"终场万八千人"[6]。这与西北州军最多者不过百人[7]的应试人数相差巨大。

我们也可从人才区域分布的情况进行分析。宋代人才分布不均衡,呈现明显的地域性特征。基于人才和教育的因果关系,可以说教育消费水

---

[1] 程民生:《宋代地域文化》,河南大学出版社1997年版,第215—221页。
[2] 洪迈:《容斋随笔·四笔》卷5《饶州风俗》,中华书局2005年版,第682页。
[3] 陈襄:《与陆学士书》,《全宋文》第50册,第119页。
[4] 吴澄:《临川吴文正公集》卷16《送姜曼卿赴泉州路录事序》,文渊阁四库全书本。
[5] 徐松:《宋会要辑稿·选举》16之21,中华书局1957年版,第4522页。
[6] 刘宰:《上钱丞相论罢漕试太学补试札子》,《全宋文》第299册,第173页。
[7] 欧阳修:《欧阳修全集》卷113《论逐路取人札子》,中华书局2001年版,第1717页。

平与人才的地域分布成正相关关系。肖华忠通过考察包括有史可考的知州（包括州通判）一级及其以上各级文武官吏、名见经传的进士和史书上有著作名称或发明创造可考者等 5765 个人才的地域分布，得出的结论是：人才最多、密度最大、比率最高的是黄河下游、江南东部和成都府路三个地区，其中江南东部的两浙路、江南东路、江南西路和福建路人才最盛，占全国的 53%。① 这是与经济文化发展水平相适应的。经济繁荣为教育发展奠定了基础，而教育发展的直接结果则是人才的勃兴。如江南地区，自五代以来，环境比较安定，生产得以发展，逐步成为全国的经济和文化重心。尤其国都的南迁，更促进了南方地区政治经济文化的发展，江南的人才也更集中地勃兴起来而盛冠天下。

从各地的科举状况和人才区域分布的情况综合来看，宋代教育消费水平总体上南方高于北方。这与书籍消费情况趋于一致，也符合"今吴、越、闽、蜀家能著书，人知挟册"，"（福州）城里人家半读书"等记载。同时前文中讲到的具体消费案例多是南方地区，如私学之盛的地区：兴化军莆田县、南剑州、邵武军等都属于福建地区；私人积极捐助官学和义学的很多地方（吉州、新城县、奉新县等）都属于江西地区等。这也进一步印证了南方教育消费更盛的特点。但要特别注意的是，这仍然是个相对说法，一是要注意到这是一个渐进的过程，并不是一开始南方就盛于北方，而是随着宋代经济和政治中心的南移，这一特点逐渐显现出来；二是南方教育总体上盛于北方，只是一个大体表现，实际上，教育发展较快的地区更集中于如浙江、福建等东南一带，南方的其他许多地方的教育还是非常落后的，如广东、广西一带，"居民稀少，业儒之家既疏，能文之士益寡"②。

---

① 肖华忠：《宋代人才的地域分布及其规律》，《中国历史地理论丛》1993 年第 3 期。
② 徐松：《宋会要辑稿·选举》16 之 33，中华书局 1957 年版，第 4528 页。

第五章
宋代艺术品消费

一、宋代艺术品消费的主要内容

所谓艺术品一般指造型艺术的作品[①]，包括书画、古玩、奇石、陶瓷和剪纸、泥塑、刺绣等民间工艺品及蕴含着艺术美感的其他器物。由于其内容的庞杂性，本书只选取主要的、有代表性的艺术品作为研究对象，即从书画、花卉、奇石及金石等古器物几个方面对宋代艺术品消费作初步探析。

（一）书画消费

宋代书画艺术进入了一个繁荣期，其具体消费情况更加复杂。按消费目的来划分，可将宋代市场上书画消费情况分为如下几类。

1. 以收藏鉴赏为目的的法书名画消费

法书名画指有较高艺术水平的书法和绘画作品。宋人尤其是文人群

---

① 中国社会科学院语言研究所词典编辑室编：《现代汉语词典》，商务印书馆 2005 年版，第 1613 页。

体对书画艺术品的嗜好可以说是空前的,出现了一大批酷嗜书画人士。如据《图画见闻志》记载:"苏大参雅好书画,风鉴明达。……至今苏氏法书名画最为盛矣。""王文献家书画繁富,其子贻正,继为好事。尝往来京雒间访求名迹",而其藏品俱是妙笔。"丁晋公家藏书画甚盛,南迁之日,籍其财产,有李成山水寒林共九十余轴。""张文懿性喜书画,今古图轴,襞积繁夥,铨量必当,爱护尤勤。"①成都人刘铨"家本豪富,性好画"。"荣辑子邕,酷好图画。""政和间,有外宅宗室,不记名,多蓄珍图。"②苏轼书画精绝,"其简笔才落手,即为人藏去,有得真迹者,重于珠玉。""华阳杨褒,好古博物,家虽贫,尤好书画奇玩充实中橐。""陈亚少卿,蓄书数千卷,名画数十轴,平生之所宝者。"③"信安孟王仁仲,酷嗜法书名画,且能别真赝。""老米酷嗜书画",传闻为了得到他中意的画,他竟以死要挟。④苏轼翰墨经崇宁大观焚毁后,人间所藏已经很少,但何薳却在中贵任源家,见其所藏苏轼翰墨几近有三百轴。⑤赵孟坚"酷嗜法书。多藏三代以来金石名迹,遇其会意时,虽倾囊易之不靳也"。尤其在他乘坐的船翻了后,不顾危险而手持禊帖示人曰:"兰亭在此,余不足介意也。"也因之题八言于卷首:"性命可轻,至宝是保。"⑥石康伯"独好法书、名画、古器、异物,遇有所见,脱衣辍食求之,不问有无"⑦。诸如此类,不一而足。

宋人收藏鉴赏书画,一方面满足了精神需求,如杨之美虽然"官卑

---

① 分别见郭若虚:《图画见闻志》卷6《近事》,人民美术出版社1964年版,第138、138、146、146页。

② 分别见邓椿:《画继》卷4《搢绅韦布》、卷9《杂说》、卷10《杂说》,人民美术出版社1964年版,第50、119、123页。

③ 分别见王辟之:《渑水燕谈录》卷4《才识》、卷8《事志》、卷9《杂录》,中华书局1981年版,第42、101、117页。

④ 分别见周煇撰,刘永翔注:《清波杂志校注》卷2《书画》、卷5《王右军帖》,中华书局1994年版,第68、227—228页。

⑤ 何薳:《春渚纪闻》卷6《翰墨之富》,中华书局1983年版,第96页。

⑥ 周密:《齐东野语》卷19《子固类元章》,中华书局1983年版,第357—358页。

⑦ 苏轼:《苏轼文集》卷11《石氏画苑记》,中华书局1986年版,第364页。

俸薄不自给",但欣赏藏品却给他带来无穷乐趣,"有时陈书出众画,罗列卷轴长短俱。破缣坏纸抹漆黑,笔墨仅辨丝毫余。补装断绽搜尺寸,分别品目穷锱铢。以兹为玩不知老,自适其适诚君徒。岂无高门华屋贮妖丽,中挂瑶圃昆仑图。青红采错乱人目,珠玉磊落荧其躯"①。罗大经也时常"弄笔窗间,随大小作数十字,展所藏法帖、墨迹、画卷纵观之"②。可见寄情于书画的宋人品鉴藏品已成为日常生活中的重要内容。另一方面,收藏书画却要花费太多的精力和财力,尤其法书名画作为收藏品,往往价格昂贵,以致一些人为了收藏书画甚至耗尽所有家财,如刘景文"死之日,家无一钱,但有书三万轴,画数百幅耳"③。姜夔家贫无立锥之地,而"图书翰墨之藏,充栋汗牛"④。江南人郝处"本一商贾,酷好图画,因而家产荡尽"⑤。刘渊材"游京师贵人之门十余年,贵人皆前席",而其家"贫至馆粥不给",及至其归家,囊中仅"有李廷珪墨一丸、文与可竹一枝、欧公《五代史》草稿一巨编"而已,而他视拥有这些物件为"富可敌国"。⑥文人之执着雅好,由此可见一斑。

2. 以悬挂装饰或祭拜为目的的书画消费

随着商品经济的繁荣发展,宋人的习俗风尚也在逐渐改变。表现之一就是非常重视住宅的装饰,"杭人素轻夸,好美洁,家有百千,必以大半饰门窗,具什器"⑦。甚至借钱也要为之,"其或借债等,得钱首先充饰门户"⑧。通过悬挂书画来装饰房间是非常流行的做法。如官府贵家置四司

---

① 吴之振等:《宋诗钞·南阳集钞·又和杨之美家琵琶妓》,中华书局1986年版,第545页。
② 罗大经:《鹤林玉露》丙编卷4《山静日长》,中华书局1983年版,第304页。
③ 张世南:《游宦纪闻》卷9,中华书局1981年版,第76页。
④ 陈郁:《藏一话腴》,《说郛三种》卷5,上海古籍出版社1988年版,第99页。
⑤ 郭若虚:《图画见闻志》卷3《人物门》,人民美术出版社1964年版,第74页。
⑥ 惠洪:《冷斋夜话》卷8《刘渊材南归布橐》,《宋元笔记小说大观》(2),上海古籍出版社2001年版,第2209页。
⑦ 江少虞:《宋朝事实类苑》卷60《杭人好饰门窗什器》,上海古籍出版社1981年版,第789页。
⑧ 张仲文:《白獭髓》,丛书集成本。

六局，其中之一的排办局，"专掌挂画，插花，扫洒，打渲，拭抹，供过之事"①，以致民间百姓也竞相仿效，附庸风雅，以"烧香、点茶、挂画、插花"为"四般闲事"。周密在《癸辛杂识》续集里讲过一个卖烧饼的家里墙上贴着四幅文天祥字的事情。当有人想用两贯钞换其中的两幅时，遭到主人拒绝。②可见家里悬挂字画已是宋人的一种社会生活风尚。

店铺里张挂字画也非常流行，尤以茶肆和酒店较为突出。米芾在论程坦、崔白、侯封等人的画时说："皆能污壁，茶坊酒店，可与周越仲翼草书同挂。"③而宋代酒店茶坊遍及各地，如东京大酒店有 72 家，脚店不可遍数。东京出朱雀门东壁，"以南东西两教坊，余皆居民或茶坊。街心市井，至夜尤盛"。"马行北去，旧封丘门外祆庙斜街州北瓦子……处处拥门，各有茶坊酒店，勾肆饮食。"④南宋临安的茶肆也遍布各处，"平康诸坊……外此诸处茶肆，如清乐茶坊、八仙茶坊、珠子茶坊、潘家茶坊、连三茶坊、连二茶坊，及金波桥等两河以至瓦市，各有等差"⑤。如此多的酒店茶肆竞争必然很激烈，为了招徕顾客，提高门店环境是重要的经营策略，悬挂名人书画就是重要手段之一。"大茶坊张挂名人书画，在京师只熟食店挂画，所以消遣人待也。今茶坊皆然。"⑥"汴京熟食店，张挂名画，所以勾引观者，留连食客。今杭城茶肆亦如之，插四时花，挂名人画，装点店面。"⑦也有皇帝赐画来装饰茶肆的例子。《后山谈丛》记载："太祖阅蜀宫画图，问其所用，曰：'以奉人主尔。'太祖曰：'独览孰若使众观耶！'于是以赐东华门外茶肆。"⑧小酒店也有张挂字画的，西湖断桥

---

① 耐得翁：《都城纪胜·四司六局》，上海古籍出版社 1993 年版，第 7 页。
② 周密：《癸辛杂识》续集下《文山书被北人所重》，中华书局 1988 年版，第 186 页。
③ 米芾：《米芾集·画史》，湖北教育出版社 2002 年版，第 156 页。
④ 分别见孟元老著，邓之诚注：《东京梦华录注》卷 2《酒楼》《朱雀门外街巷》、卷 3《马行街铺席》，中华书局 1982 年版，第 72、59、111 页。
⑤ 周密：《武林旧事》卷 6《歌馆》，上海古籍出版社 1993 年版，第 246 页。
⑥ 耐得翁：《都城纪胜·茶坊》，上海古籍出版社 1993 年版，第 6 页。
⑦ 吴自牧：《梦粱录》卷 16《茶肆》，三秦出版社 2004 年版，第 232 页。
⑧ 陈师道：《后山谈丛》卷 5《太祖以蜀宫画图赐茶肆》，《宋元笔记小说大观》（2），上海古籍出版社 2001 年版，第 1613 页。

旁"有小酒肆，颇雅洁，中饰素屏，书《风入松》一词于上"①。又有一孙姓者的"脚店"，其店内装饰讲究，"置图画于壁间，列书史于几案，为雅戏之具皆不凡"②。连药店都有张挂名人字画的，"宋家生药铺，铺中两壁皆李成所画山水"③。

另外，宋人家里也有出于崇敬目的而悬挂人物画像的现象。如苏轼的画像就被杭州民众挂在家里祭拜。"轼二十年间再莅杭，有德于民，家有画像，饮食必祝。又作生祠以报。"④司马光的画像也被东京城人广泛祭拜，需求之大以致画工因此而致富。司马温公"及薨，京师民刻画其像，家置一本，四方争购之，画工有致富者，公之功德为民爱如此"⑤。

3. 以满足信仰或娱乐需要的年画消费

年画，特指年节时张贴于住宅内外，并反映城乡世俗生活的绘画作品。随着经济繁荣、工艺技术发展以及社会审美趣味的世俗化和多样化，宋代年画的需求量骤然增大起来。宋代将年画称为"纸画儿"，《东京梦华录》《西湖老人繁胜录》及《武林旧事》等文献中，都记载了两宋时汴梁和临安的商业繁华地带"纸画儿"市场的兴隆情况。如开封，"近岁节市井皆印卖门神、钟馗、桃板、桃符及财门钝驴，回头鹿马，天行帖子"。"如果木亦集于朱雀门外，及州桥之西，谓之果子行，纸画儿亦在彼处行贩不绝。"东京城东角楼街巷的瓦子里也有卖纸画的。"瓦中多有货药、卖卦、喝故衣、探搏饮食、剃剪、纸画、令曲之类。"东京城"诸色杂卖"中有"日供打香印者……时节即印施佛像等"。⑥南宋临安"都下

---

① 周密：《武林旧事》卷3《西湖游幸》，上海古籍出版社1993年版，第199页。
② 苏象先：《丞相魏公谭训》卷10《杂事》，四部丛刊本。
③ 孟元老著，邓之诚注：《东京梦华录注》卷3《寺东门街巷》，中华书局1982年版，第102页。
④ 脱脱等：《宋史》卷338《苏轼传》，中华书局1985年版，第10814页。
⑤ 王辟之：《渑水燕谈录》卷2《名臣》，中华书局1981年版，第20页。
⑥ 分别见孟元老著，邓之诚注：《东京梦华录注》卷10《十二月》、卷3《天晓诸人入市》、卷2《东角楼街巷》、卷3《诸色杂卖》，中华书局1982年版，第249、117、66、119页。

自十月以来，朝天门内外竞售锦装、新历、诸般大小门神、桃符、钟馗、狻猊、虎头，及金彩缕花、春贴幡胜之类，为市甚盛"①。"岁旦在迩，席铺百货，画门神桃符，迎春牌儿，纸马铺印钟馗、财马、回头马等，馈与主顾。"② 一些纸马铺为了宣传产品，"皆于当街，用纸衮叠成楼阁之状"③。

宋代年画有两种生产形式，一种是通过雕版印刷而成，最早的记载可见沈括《梦溪补笔谈》："禁中旧有吴道子画钟馗……熙宁五年，上令画工摹揭镂版，印赐两府辅臣各两本。"④ 这明显是批量生产。上述市场上的"纸画儿"应该多属于这一类型；另一种是手工绘制而成，如《画继》中记载了某画工售画情形：刘宗道所作"《照盆孩儿》，以手指影，影亦相指，形影自分，每作一扇，必画数百本，然后出货，即日流布，实恐他人传模之先也"⑤，以手工制作的方式一个题材要画数百幅，生产量还是非常大的。

（二）花卉消费⑥

由于花卉的新、奇特性，以及所具有的观赏性，本书将花卉列入艺术品之列，并探析其市场消费情况。

1. 购买花卉行为

买花苗。宋代花卉市场比较成熟，花苗也多从市场购买而得。欧阳修在其《洛阳牡丹记》中载："魏家花者，千叶肉红花，出于魏相仁溥家。

---

① 周密：《武林旧事》卷3《岁晚节物》，上海古籍出版社1993年版，第206页。
② 吴自牧：《梦粱录》卷6《十二月》，三秦出版社2004年版，第87页。
③ 孟元老著，邓之诚注：《东京梦华录注》卷7《清明节》，中华书局1982年版，第178页。
④ 沈括：《梦溪补笔谈》卷3《杂志》，《全宋笔记》第2编（3），大象出版社2006年版，第243页。
⑤ 邓椿：《画继》卷6《仙佛鬼神》，人民美术出版社1964年版，第78—79页。
⑥ 关于花卉消费问题，魏华仙在其《宋代四类物品的生产和消费研究》（四川科学技术出版社2006年版）一书中专辟一章进行了具体的考察。笔者不打算作更深入的突破性研究，考虑到系统性，本书只在魏文的基础上根据需要作总结性地介绍。在此特别说明并致以感谢。

始樵者于寿安山中见之,斫以卖魏氏。"同书"风俗记"条又记:"春初时,洛人于寿安山中斫小栽子卖城中,谓之山篦子,人家治地为畦塍种之,至秋乃接。"这都说明牡丹花是买来野生花苗经过培育而成的。以后栽种者日多,但也是购买花苗。"洛人惊夸立名字,买种不复论家资。比新较旧难优劣,争先擅价各一时。"①范成大《吴船录》载:"(眉州)城中荷花特盛,处处有池塘,他郡种荷者皆买种于眉。"眉州成了荷花苗的供应基地,远销他郡。扬州则是芍药花苗的供应基地,四方之人都携带金钱前去购买。"(花朵)敷腴盛大,而纤丽巧密,皆他州之所不及。……四方之人,尽皆赍携金帛,市种以归者多矣。"②

宋代花卉品种丰富,花卉市场买卖频繁,《梦粱录》中记载了南宋临安城花卉买卖繁盛情况:"是月(三月)春光将暮,百花尽开,如牡丹、芍药、棣棠、木香、荼䕷、蔷薇、金纱、玉绣球、小牡丹、海棠、锦李、徘徊、月季、粉团、杜鹃、宝相、千叶桃、绯桃、香梅、紫笑、长春、紫荆、金雀儿、笑靥、香兰、水仙、映山红等花,种种奇绝。卖花者以马头竹篮盛之,歌叫于市,买者纷然。"正是对花卉巨大的需求量,造成"买者纷然"的盛况。临安市民喜欢新奇,所以新品种花卉的销路很好:"又有钱塘门外溜水桥东西马塍诸圃,皆植怪松异桧,四时奇花,精巧窠儿,多为龙蟠凤舞飞禽走兽之状,每日市于都城,好事者多买之,以备观赏也。"③也有见花鲜艳美丽心生喜爱便买回家,如一周家女"尝闻市外卖花声,出户视之,花鲜妍艳丽,非常时所见者比。乃多与直,悉买之,遍插于房桅间,往来谛玩,目不暂释"④。官僚士大夫也有极为爱花者,如陆游说他买天彭牡丹:"余客成都六年,岁常得饷,然率不能绝佳。淳熙丁酉岁,成都帅以善价私售于花户,得数百苞,驰骑取之。至成都,露犹未

---

① 欧阳修:《欧阳修全集》卷2《洛阳牡丹图》,中华书局2001年版,第34页。
② 吴曾:《能改斋漫录》卷15《芍药谱》,上海古籍出版社1979年版,第458页。
③ 分别见吴自牧:《梦粱录》卷2《暮春》、卷19《园囿》,三秦出版社2004年版,第27、292—293页。
④ 洪迈:《夷坚志》支丁卷8《周女买花》,中华书局2006年版,第1033页。

晞。"①尽管会因赏赐、赠送等方式免费获得花卉，但总不觉得如意，对喜爱的花还是以高价从花户那里买来的才满意。节日依然是花卉买卖最兴盛的时候，如端午时，"城内外家家供养，都插菖蒲、石榴、蜀葵花、栀子花之类，一早卖一万贯花钱不啻，何以见得？钱塘有百万人家，一家买一百钱花，便可见也"②。重阳节临安"士庶之家，亦市一二株（菊）玩赏"③。只一家一株，总量也是很惊人的。在一些婚嫁等喜庆日子也买花："买花西舍喜成婚，持酒东邻贺生子"，"村村婚嫁花簇檐，庙庙祷祠神降语"。④

2. 赏花付费

赏花付费是游人为获得精神愉悦而到花卉种植地参观游览的行为，属于旅游性质的消费。这反映出宋代花卉市场走向成熟。这里的花不再是公共品，由于新、奇，市场上少见，故物以稀为贵的原理在这里也以商品的形式体现出来。如魏花"初出时，人有欲阅者，人税十数钱，乃得登舟渡池至花所。魏氏日收十数缗"⑤。为了观看新开的魏花，游人必须要付费后才能登舟渡池到达植花地赏花。"人税十数钱"就是游人赏花付的费用，假定为15文，魏氏每天收入为十数缗，也假定为15缗，则每天前来赏花的人是1000人。这样的赏花规模在当时可谓盛况，花的主人也借此而暴富，如"姚黄苑圃主人，是岁为之一富"⑥。陈州园户牛家培植出一枝变异的牡丹，命名为"缕金黄"并将其圈护起来，"于门首遣人约止游人，人输十金，乃得入观。十日间，其家数百千"⑦。

---

① 陆游：《陆游集·渭南文集》卷42《天彭牡丹谱》，中华书局1976年版，第2402页。
② 西湖老人：《西湖老人繁胜录》，《宋史资料萃编》第3辑，台湾文海出版社1981年版，第23—24页。
③ 吴自牧：《梦粱录》卷5《九月》，三秦出版社2004年版，第55页。
④ 分别见陆游：《陆游集·剑南诗稿》卷3《岳池农家》、卷73《秋日村舍》，中华书局1976年版，第69、1711页。
⑤ 欧阳修：《欧阳修全集》卷75《洛阳牡丹记》，中华书局2001年版，第1099页。
⑥ 蔡絛：《铁围山丛谈》卷6，中华书局1983年版，第117页。
⑦ 张邦基：《墨庄漫录》卷9《陈州牛氏缕金黄牡丹》，中华书局2002年版，第251页。

除了新奇的品种观看要收费，在平日，游人入园赏花、游观也要付费。如朱勔的养殖园进园是要收费的，"游人给司阍钱二十文，任人游观，妇稚不费分文，故游女独多"①。这 20 文应是门票费。再据刘攽记载，"洛中例，看园子所得茶汤钱，闭园日与主人平分之"②。这里的"茶汤钱"应是游人给的参观费，似乎没有统一标准。但门票收入所得，园吏不得独吞而要与主人平分。这在张端义《贵耳集》里有所反映，司马光在洛阳所建的小花园——独乐园园丁吕直，"夏月游人入园，微有所得，持十千白公，公麾之使去。后几日，自建一井亭。公问之直，以十千为对。复曰：'端明要作好人，在直如何不作好人。'"③从这里可以看出入园所收费用至少"十千"。吕直将十千钱给主人司马光，主人不要，他就在园中建一井亭来还给主人。姑且以每人 15 文④来计算一下吕直的看园门票收入，同时也以一月为限，一月 20 贯的收入，则平均每天收入为 666.66 文，又每人 15 文，则平均每天入园人数为 44.44 人，也就是每天 50 人左右。而独乐园还只是洛阳几十上百个园林中的一个小园林而已，根本不能与其他大园林相比，可见当时在花开时洛阳赏花的人之多了。

（三）奇石消费

所谓奇石（包括怪石、丑石、雅石等）是指天然形成的各种石体，具有奇特、稀有性，有一定艺术观赏价值。宋代爱石、赏石、玩石的人越来越多，形成潮流。一般来说，形体较大的奇石用于装点宫苑、园林、寓所，小而巧的奇石作案头清玩。如叶梦得将其湖州卞山居住地命名为"石林"，就是以奇石造园的典范，"左丞叶少蕴之故居，在卞山之阳，万石

---

① 徐大焯：《烬余集》乙编，《中国野史大观》第 10 册，巴蜀书社 1993 年版，第 271 页。
② 马永卿：《元城语录解》卷中，文渊阁四库全书本。
③ 张端义：《贵耳集》卷上，《宋元笔记小说大观》（4），上海古籍出版社 2001 年版，第 4270 页。
④ 前引欧阳修记赏魏花牡丹才 15 文，根据独乐园的状况及其主人的为人，假定为此数。

环之，故名，且以自号"①。李谦溥"晚治第于道德坊，中为小圃，购花木竹石植之，颇与朝士大夫游"②。赏石文化在越来越大的需求中得到发展，且文人墨客对之的推崇使之更增添了人文色彩，也成为赏石文化的一大特色。

在诸多的赏石藏石家中，最为著名的是米芾和苏轼。米芾爱石成癖，曾对石下拜，并称其为"石丈"，《石林燕语》记载："知无为军，初入州廨，见立石颇奇，喜曰：'此足以当吾拜。'遂命左右取袍笏拜之，每呼曰'石丈'。"③米芾也因此有"米癫"的谑称。苏轼一生爱石、藏石，甚至多将奇石作为其绘画题材，至今仍有《寒石帖》《竹石图》《枯木怪石图》等藏于故宫博物院。他爱石玩石，并赋予其灵性和生机，他曾"得白石曲阳，为大盆以盛之，激水其上，名其室曰雪浪斋"④。他在扬州时得白绿双石，把玩之余，作《双石》一诗，其序曰："至扬州，获二石。其一，绿色，冈峦迤逦，有穴达于背。其一，正白可鉴。渍以盆水，置几案间。忽忆在颍州日，梦人请住一官府，榜曰仇池。觉而诵杜子美诗曰：'万古仇池穴，潜通小有天。'乃戏作小诗，为僚友一笑。"后来，为了避免仇池石孤单，他还特意想买九华石与它为偶，只可惜错过了。为此，特作《壶中九华诗》及引，其诗曰："念我仇池太孤绝，百金归买碧玲珑。"其引曰："湖口人李正臣蓄异石九峰，玲珑宛转，若窗棂然。予欲以百金买之，与仇池石为偶，方南迁未暇也。名之曰壶中九华，且以诗纪之。"⑤像米芾、苏轼这样的嗜石者在宋代并不少见，如也是收藏大家的王晋卿在看到苏轼的仇池石后，甚是喜爱，借去观赏，却一借不还，后苏轼不得已写诗催要，但王仍不理睬，最后在几位朋友的帮助下，用韩干画马图交换才最终

---

① 周密：《癸辛杂识》前集《叶氏石林》，中华书局1988年版，第12页。
② 王辟之：《渑水燕谈录》卷8《事志》，中华书局1981年版，第103页。
③ 叶梦得：《石林燕语》卷10，中华书局1984年版，第155页。
④ 苏轼：《苏轼诗集》卷37《雪浪石》，中华书局1982年版，第1998页。
⑤ 分别见苏轼：《苏轼诗集》卷35《双石并序》、卷39《壶中九华诗并引》，中华书局1982年版，第1880、2047—2048页。

物归原主。①

在宋人赏石爱石的风尚背景下，出现了众多的赏石专著，如《太湖石志》（范成大）、《云林石谱》（杜绾）、《宣和石谱》（常懋）等，从不同角度介绍了各种石品的生产及品鉴等知识，不仅为爱石赏石的宋人提供了技术指导，也进一步繁荣和规范了奇石市场。

爱石、藏石，自然要买石。李弥逊在《五石》诗序中讲到他曾以千金购买奇石的经历："岁戊戌秋，舟行宿泗间。有持小石售于市者。取而视之，其大可置掌握，峰峦郁然，若岩窦涧壑，水落月吐，云影渺冥。若远若近，皆有自然之势。乃以千金购之，而为之名。"②叶梦得不仅买下以奇石为胜的卞山之地作为居所，而且平日里遇到喜欢的石头也会欣然买下，如绍圣年间，他路过灵璧县时，看中了一块一尺多长的灵璧石，"价当八百，取之以归"③。曾丰也有买石经历，淳熙十二年（1185），他在英州花10贯钱买了一块山石供观赏："英石不与他石同，其色灿烂声玲珑。小山突兀百千重，万钱提之归自奉。"④还有某胡人花高价买得一奇石，一开始出价1万贯，后来增加到10万贯才成交："遂增价至十万缗，乃与之。"其人问胡人："此石何异也？"胡人将此石置于盆水中，可看见石头上有一马飞动之状，并说这是龙驹石，以浸泡过的水饮马，可生龙驹。⑤类似的有，建昌县一位富民子，乾道五年（1169）"见一石如碗大，巉嵓可爱，日光射其中，有物焉。审视之，则犀牛也。不甚以为贵，持往江州。德安潘氏者奇之，饷钱十万，取其石。后其父闻而索之，已无及

---

① 事迹见《仆所藏仇池石，希代之宝也，王晋卿以小诗借观，意在于夺，仆不敢不借，然以此诗先之》《王晋卿示诗，欲夺海石，仆以为晋卿岂可终闭不予者，若能以韩幹二散马易之者，盖可许也。复次前韵》《轼欲以石易画，晋卿难之，穆父欲兼取二物，颖叔欲焚画碎石，乃复次前韵，并解二诗之意》等几首诗（参见《苏轼诗集》第1940、1945、1947页）。
② 李弥逊：《筠溪集》卷11，文渊阁四库全书本。
③ 叶梦得：《岩下放言》卷中，《全宋笔记》第2编（9），大象出版社2006年版，第340页。
④ 曾丰：《缘督集》卷4《乙巳正月过英州买得石山》，文渊阁四库全书本。
⑤ 施德操：《北窗炙輠录》卷下，《宋元笔记小说大观》（3），上海古籍出版社2001年版，第3339页。

矣"①。潘某用 100 贯买走了这块有犀牛影像的奇异石头。《癸辛杂识》前集中还记载了一个所谓"石妖"的故事，为了三块太湖石，前后几次遭遇所费颇多，甚至"所费十倍于石"。② 这同时也反映出石头本身就有市场价格。何薳在《春渚纪闻》中也记载了一件与异石有关的轶事：赵子立在都下时于相国寺以百钱购得一块异石，打算将其作为镇纸，后却发现它非同寻常，石胆内有"泓水"且有"一鲫"竟是活鱼。③ 这虽是夸张，但说明艺术品市场中异石已是一重要组成部分。当然，市场中有需求就会有供给，在旺盛的需求下，有些人就以卖奇石为生，《舆地纪胜》记载："巨产之家，得米则南下于广，粜买钞盐可取赢，其贫无为生者，则采山之奇石以货焉。"④

（四）金石等古器物消费

古器物顾名思义是古代的器物，张世南《游宦纪闻》中曾有详细罗列：

> 古器之名，则有钟、鼎、尊、罍、彝、舟、卣、瓶、爵、斗、卮、觯、角、杯、敦、簠、簋、豆、甗、锭、釪、瓢、鬲、镂、盉、壶、盦、瓿、铺、罂、鉴、匜、盘、洗、盆、铜、杆、磬、錞、铎、钲、铙、戚、镦、奁、鉴、节钺、戈矛、盾、弩机、表、坐旂、铃、刀笔、杖头、蹲龙、鸠车、提梁、龟蛇、砚滴、车轱、杚辕之属。此其大概，难于尽备，然知此者，亦思过半矣。⑤

宋人雅好古器物，对之热捧达到前所未有之程度，蔡絛在《铁围山

---

① 洪迈：《夷坚志》丁志卷 19《建昌犀石》，中华书局 2006 年版，第 699 页。
② 周密：《癸辛杂识》前集《吴兴园圃》，中华书局 1988 年版，第 8 页。
③ 何薳：《春渚纪闻》卷 9《跃鱼见木石中》，中华书局 1983 年版，第 142 页。
④ 王象之：《舆地纪胜》卷 95《英昌府·风俗形胜》，中华书局 1992 年版，第 2994 页。
⑤ 张世南：《游宦纪闻》卷 5，中华书局 1981 年版，第 41 页。

丛谈》中记载了这一现象：

> 虞夏而降，制器尚象，著焉后世……然在上者初不大以为事，独国朝来，寖乃珍重，始则有刘原父侍读公为之倡，而成于欧阳文忠公。又从而和之，则若伯父君谟、东坡数公云尔。初，原父号博雅，有盛名，曩时出守长安。长安号多古簠、敦、镜、甗、尊、彝之属，因自著一书，号《先秦古器记》。而文忠公喜集往古石刻，遂又著书名《集古录》，咸载原父所得古器铭款。繇是学士大夫雅多好之，此风遂一煽矣。元丰后，又有文士李公麟者出。公麟字伯时，实善画，性希古，则又取生平所得暨其闻睹者，作为图状，说其所以，而名之曰《考古图》，传流至元符间。太上皇即位，宪章古始，眇然追唐虞之思，因大崇尚。及大观初，乃效公麟之考古，作《宣和殿博古图》。凡所藏者，为大小礼器，则已五百有几。世既知其所以贵爱，故有得一器，其直为钱数十万，后动至百万不翅者。于是天下冢墓，破伐殆尽矣。独政和间为最盛，尚方所贮至六千余数。百器遂尽。见三代典礼文章，而读先儒所讲说，殆有可哂者。①

文中提到雅好收藏古器的欧阳修、刘原父（刘敞）、李公麟等，都是北宋时期著名的官僚士大夫，其中李公麟还是当时极富盛名的古器鉴赏家，他"平日博求钟鼎古器，圭璧宝玩，森然满家"②。在这些名人的引领下，"学士大夫雅多好之，此风遂一煽矣"。如单炜"好古博雅。所蓄奇玩甚富，仍精于辨别。平生俸入，尽费于此"③；王钦若"其家金帛、图书、奇玩，富于丁谓"④；"夏英公竦，性好古器奇珍宝玩。每燕

---

① 蔡絛：《铁围山丛谈》卷4，中华书局1983年版，第79—80页。
② 邓椿：《画继》卷3《轩冕才贤》，人民美术出版社1964年版，第18页。
③ 张世南：《游宦纪闻》卷7，中华书局1981年版，第58页。
④ 司马光：《涑水记闻》卷7《王钦若阴险多诈》，中华书局1989年版，第136页。

处，则出所秘者，施青毡列于前，偃卧牙床，瞻视终日而罢。月常数四如此"①；李建中"好古勤学，多藏古器名画"；米芾"精于鉴裁，遇古器物书画则极力求取，必得乃已"；②杨汇"藏书万签，古金石刻本过六一堂中《集古录》所有者"③；王厚之"好古博雅，富藏先代彝器及金石刻，与尤袤俱以博古知名于时，尝取古今碑刻参订而详著之，号《复斋金石录》"④；洪迈也自称"予家蓄古彝器百种"⑤；越州石氏"尝纂集前古器为图记，亦无一不具，其后颇弗克守，而从子大理正尽以金求得之，于是为博古堂，博古之所有众矣，其冥搜远取，抑终身不厌者。后复散出，而诸孙提辖文思院稍加访寻闲亦获焉"⑥；"吴兴向氏，后族也，其家三世好古，多收法书名画古物"⑦；"亲党洪子予，收古泉币数十百种，自虞夏以降，一无遗者"。在大量需求的刺激下，宋代还出现有专职贩卖古物的商人，如宋高宗时有许多商人往来于临安和长安之间，"携长安秦汉间碑刻，求售于士大夫，多得善价"。⑧

古器物多被私人收藏，对此王国维评论道："然宋人收集古器之风，实自私家开之。刘敞知永兴军，得先秦古器十有一物。李公麟博物精鉴，闻一器捐千金不少靳。而《考古图》、无名氏《续考古图》、《王复斋钟鼎款识》以及《集古》《金石》二录跋尾，往往于各器之下注明藏器之家，其人不下数十。虽诸家所藏不及今日私家之富，然家数之多，则反过之。

---

① 吴曾：《能改斋漫录》卷12《夏英公好古器珍玩》，上海古籍出版社1979年版，第348页。
② 分别见脱脱等：《宋史》卷441《李建中传》、卷444《米芾传》，中华书局1985年版，第13056、13124页。
③ 邵博：《邵氏闻见后录》卷22，中华书局1983年版，第173页。
④ 张淏：《宝庆会稽续志》卷5《人物》，《宋元方志丛刊》（7），中华书局1990年版，第7150页。
⑤ 洪迈：《容斋随笔·续笔》卷11《古錞于》，中华书局2005年版，第349页。
⑥ 施宿：《嘉泰会稽志》卷16《藏书》，《宋元方志丛刊》（7），中华书局1990年版，第7024页。
⑦ 周密：《癸辛杂识》后集《向氏书画》，中华书局1988年版，第79页。
⑧ 周煇撰，刘永翔注：《清波杂志校注》卷7《钱谱》《没字碑》，中华书局1994年版，第315、297页。

观于周密《云烟过眼录》所记南方诸家藏器,知此风至宋末犹存矣。"①

古器物多具有文物性质,以旧藏和新出土为主要来源。因此,在需求和利益的驱使下,出现蔡絛所说的"天下冢墓,破伐殆尽"的现象。但是作为文物的古器物,不是一般的普通商品,按照宋代制度,所得文物如果是新出土是要上缴的,如在《宋刑统》中明确规定在别人地里得到埋藏物,却把它隐藏不送还的,"计合还主之分,作赃论,减三等。若得古器,形制异而不送官者,罪亦如之"②。另据宋末元初时,相关条令规定:"今后若有于官地内掘得埋藏之物,于所得物内一半没官,一半付得物之人。于他人地内得者,依上与地主停分。若租佃官私田宅者,例同业主。如得古器、珍宝、奇异之物,随即申官进献,约量给价。如有诈伪隐匿,其物全追没官,更行断罪。"③尽管有明文规定,但出于喜爱或利益的驱使,民间获得的古器物未必全部按制度上缴,通过私下或市场进行交易的现象在宋代屡见不鲜。如有人盗寿州张中墓,"既而货张墓金盂于市,为人擒之"④。有人为急于获利,竟将挖得的古器"击碎以鬻之"以逃避法律打击。⑤但并不是所有文物货卖都是违法的,如果是自家祖传的情况,根据藏者意愿,是可以自由买卖的。否则宋代市场上不会出现那么多文物买卖现象。

通过私下或市场进行交易的事例有:"王继先尝以黄金三百两从故秘阁修撰赵明诚家市古器。"精于鉴赏的毕良史,"少游京师,以买卖古器书画之属,出入贵人之门"。后来京师被金人占领,"良史乃搜求京城乱后遗弃古器书画,买而藏之"。⑥宋笔记中对购买古器的事情也多有记载,

---

① 王国维:《宋代之金石学》,姚淦铭、王燕:《王国维文集》第4卷,中国文史出版社1997年版,第121—122页。
② 窦仪等撰:《宋刑统》卷27《地内得宿藏物》,中华书局1984年版,第445页。
③ 方龄贵校注:《通制条格校注》卷28,中华书局2001年版,第687页。
④ 魏泰:《东轩笔录》卷7,中华书局1983年版,第78页。
⑤ 纳新:《河朔访古记》卷中,粤雅堂丛书本。
⑥ 分别见李心传:《建炎以来系年要录》卷27"建炎三年闰八月壬辰"条、卷88"绍兴五年夏四月己未"条、卷148"绍兴十有三年岁次戊午"条,《宋史资料萃编》第2辑,台湾文海出版社1980年版,第1089、2876、4658页。

如张邦基在《墨庄漫录》中讲到宋徽宗时襄阳府光化县有一农民耕地时，无意间打开一座古墓，得到一件"类鼎而有盖"的古器，被张邦基的表舅"数千得之"。①《夷坚志》中也讲述了一个关于古器的事情：宋高宗绍兴年间，保义郎刘稳因事路过陈家留宿，晚上无意间发现陈家喂猪的器具并不普通，问其来源，陈说："前岁耕夫获此于土中，吾以米五斗得之。"刘最后用绢两匹，就把汉朝时生金做成、重24斤的古器买走，并把它献给了相君。②除了上述这种意外收获，北宋末还有买古器而行贿者，"又尝见缙绅之士竞欲取媚于权门之子，悉于市廛易古器、鬻画图，得一珍异之玩即盛价而求售，争妍而乞怜傥合其意，美官要职指日可得"③。甚至有人花钱买下古坟地以寻求宝藏，江南内史舍人潘佑"乃共买鸡笼山前古冢地数十顷，以为别墅，遇休沐，则相与联骑，率仆夫，具畚锸而往。破一冢，得古器，必传玩良久"④。

当然，古器物并不仅限于青铜石碑等物，凡是古物且有一定审美艺术价值或历史价值的都属此列。如古琴就是士大夫们喜爱的古物之一。《渑水燕谈录》中记载了一把名为"冰清"的古琴几经易手的事情：

> 钱塘沈振蓄一琴，名冰清……山茌陈圣与名知琴，少在钱塘，从振借琴弹，酷爱之。后三十年，圣与官太常，会振侄述鬻冰清，索百千不售。未几，述卒，其妻得二十千，鬻于僧清道，转落于太一道士杨英。久之，圣与以五十千购得，极珍秘之。⑤

智和和尚收藏了一把名为"和样"的古琴，上有唐代篆刻家李阳冰题字，是一把名琴，后来有的说被收入禁中，有的说是"蔡叔羽以钱五万

---

① 张邦基：《墨庄漫录》卷7《虹敦》，中华书局2002年版，第208页。
② 洪迈：《夷坚志》丁志卷5《荆山庄瓮》，中华书局2006年版，第577页。
③ 徐梦莘：《三朝北盟会编》卷159《朱梦说进徽宗皇帝时务策》，上海古籍出版社1987年版，第1154页。
④ 李焘：《续资治通鉴长编》卷14，中华书局1979年版，第308页。
⑤ 王辟之：《渑水燕谈录》卷8《事志》，中华书局1981年版，第104页。

得之"①，具体归向哪里，不得而知，但 50 贯说明古琴价值不菲。比之更昂贵的古琴在市场上不时见到，如宣和年间，开封有僧人得到一旧琴，有古篆"霜镛"二字，声音"清越，声压数琴，非雷氏未易臻此也"，后被一人"以七百千得之"。②南宋时，南昌一士人家藏有古琴，"面上三穿孔，然皆不当弦、不碍声，号曰玲珑玉"，后被一位达官"以千缗市之而去"。③

古玉器也是人们争相宠爱的对象，如有人向韩琦兜售 2 只玉盏，说是"耕者入坏冢而得，表里无纤瑕，世宝也"。韩琦买下，"以百金答之，尤为宝玩"。④ 正是基于人们对它的喜好，一些人对玉器敢要出天价，如北宋末期，"丁石韫顷监花魇榷场。一日，数贾人用绵裹一物至，玉注碗也，非但表里莹澈无纤瑕，制琢亦甚精。贾人云：'此未足为珍，试注以酒，顷刻即温'。已而果然。碗底刻安美二字。诘之，云：'得于长安古圹中。'索银百笏，酬十之二，不售"⑤。要价百银一百锭，相当于 5000 贯⑥，价格之高令人咋舌。

二、宋代艺术品的消费支出

（一）购藏书画

书画艺术品市场上的交易动辄成百上千贯，尤其是法书名画，价格普遍昂贵。我们以史料中的价格为线索来看其消费支出情况：

---

① 姚宽：《西溪丛语》卷上，中华书局 1993 年版，第 37 页。
② 张邦基：《墨庄漫录》卷 4《霜镛琴》，中华书局 2002 年版，第 126 页。
③ 赵希鹄：《洞天清录·古砚辨·琴面有穿孔》，文渊阁四库全书本。
④ 刘斧：《青琐高议》后集卷 2《韩魏公》，上海古籍出版社 2012 年版，第 77 页。
⑤ 周煇：《清波别志》卷 3，文渊阁四库全书本。
⑥ 其论证参考程民生：《宋代物价研究》，人民出版社 2008 年版，第 417 页。

第五章 宋代艺术品消费 197

表5—1 宋代书法绘画作品之价格[①]

时间	买卖者	作品名称	数量单位	价格	资料出处及备注
宋太宗时期		《淳化贴》	1本	100贯	赵希鹄《洞天清录·古今纸花印色辨·淳化阁帖》
宋仁宗时期		欧阳询《荐福寺碑》墨本	1本	1贯	惠洪《冷斋夜话》卷2《雷轰荐福碑》
庆历间	李学究子	定武兰亭叙石刻拓本	1本	1贯	何薳《春渚纪闻》卷5《定武兰亭叙刻》
1073	日本僧人成寻	《不空三藏碑》《大证禅师碑》《大达法师碑》		0.12贯、0.13贯、0.15贯	成寻《参天台五台山记》第7
北宋中期	照大师等	《天圣惣目录》	1部3帖	0.6贯	成寻《参天台五台山记》第7
北宋中期	欧阳修	蔡襄书集古录目序		鼠须栗尾笔、铜绿笔格、惠山泉等	欧阳修《归田录》卷2
北宋中期	王文甫	两端砚及陈归圣篆字		5贯	《苏轼文集》卷69《书赠王文甫》
北宋中期	李玮	王夷甫帖		500贯	《苏轼文集》卷69《书赠宗人镕》
北宋中期	荣咨道	虞世南《孔子庙堂碑》	1本	200贯	黄庭坚《黄庭坚全集·正集》卷28《题荣咨道家庙堂碑》
北宋中期		书蒲葵扇		百金（疑为百文，即0.1贯）	梅尧臣《宛陵先生集》卷47《泗州观唐氏书》
北宋中期		《石曼卿墓表》	1本	0.385贯（省陌500文，即385文足）	文莹《湘山野录》卷下
北宋中后期		唐贞观年间的虞书刻本		千金（疑为千文，即1贯）	卞永誉《式古堂书画汇考》卷7
北宋中后期	米芾	王羲之《王略帖》	王略帖82字	150贯	周煇《清波杂志》卷5《王右军帖》

[①] 部分价格参考了程民生：《宋代物价研究》，人民出版社2008年版；李华瑞：《宋代画市场初探》，《宋史论集》，河北大学出版社2001年版。并在此基础上有一定的增删。另外，由于拓片的价值更大地体现于所拓书法绘画作品上，故本价格表将拓片价格也列入其中。

续表

时间	买卖者	作品名称	数量单位	价格	资料出处及备注
北宋中后期	王防	王献之《送梨帖》		20贯	米芾《书史》刘季孙以一千买得，米约以欧阳询真迹二帖、王维雪图六幅、玉透犀带一条、砚山一枚、玉座珊瑚一枝，以易，因刘死未易
北宋中后期	丁晋公孙	王羲之《来戏帖》	1幅	20贯	米芾《书史》未交易成功，主人以十二千质于贾氏
北宋中后期	米芾	王羲之《快雪时晴帖》		以书画宝玩易之	米芾《书史》
北宋中后期	刘季孙	羲戏帖		20贯	米芾《宝晋英光集》
北宋中后期	梁子志	王羲之《来戏帖》六朝临本		10贯	米芾《宝章待访录》物主质于梁家
北宋中后期	米芾	褚遂良黄绢临《兰亭》	1本	50贯	米芾《书史》欲质典未果
北宋中后期	程师孟	古摹《兰亭》	1本	40贯	米芾《书史》
北宋中后期	米芾	苏舜元藏《兰亭》	1本	以王维《雪图》六幅李主《翎毛》一幅徐熙《梨花大折枝》易得之	米芾《书史》
北宋中后期	米芾	唐文皇手诏		王羲之与王述书	米芾《书史》米芾与人互易得
北宋中后期	米芾	颜真卿《朱巨川告》		以金梭易之	米芾《书史》后王诜又以韩马易去
北宋中后期	某富家	米芾临颜真卿《不审》《乞米》二帖		800贯	米芾《书史》
北宋中后期	王君子	唐褚遂良临黄绢本《兰亭》		20贯	米芾《书史》
北宋中后期	米芾	殷令名数头陀寺碑		王维画古帝王	米芾《海岳题跋》米以王画易得殷书
北宋中后期	薛绍彭	为米芾书"考批会稽公襄阳丹阳二太夫人告"		智永临王羲之五幅	米芾《书史》米以智永书为薛润笔

续表

时间	买卖者	作品名称	数量单位	价格	资料出处及备注
北宋中后期	刘泾	王羲之书《东方朔画赞》		张僧繇画梁武帝像	米芾《书史》刘与人互易得王书
1094—1097	宋徽宗	蔡京书白团扇少陵诗一联	2枚	20贯	蔡绦《铁围山丛谈》卷4
1094—1097		蔡京书《上清储祥宫记碑》拓片	1本	5贯	蔡绦《铁围山丛谈》卷2
1096	米芾	李邕碧笺《胜和帖》		六朝画、韩马、银博山、金华洞天石等	米芾《书史》米芾与人互易得李书
1112		大书字		500贯	何薳《春渚纪闻》卷4《紫姑大书字》
1119—1125	内府	苏轼书	1纸	10贯	何薳《春渚纪闻》卷6《翰墨之富》
1119—1125	梁师成	苏轼书英州石桥铭		300贯	何薳《春渚纪闻》卷6《翰墨之富》
1119—1125	谭稹	沈元弼"月林堂"榜名	3字	50贯	何薳《春渚纪闻》卷6《翰墨之富》
北宋后期	黄庭坚		1纸	千金（疑为千文，即1贯）	董更《书录》卷中《黄庭坚》
北宋后期		古法帖	10卷	12贯	黄庭坚《黄庭坚全集·正集》卷28《跋翟公巽所藏石刻·又》后亲贤宅用重印，因质量稍差仅值6贯
北宋末	赵明诚	蔡襄《神妙帖》	3幅	200贯	岳珂《宝真斋法书赞》卷9《蔡忠惠赵氏神妙帖》
南宋初期		古法帖	10卷	12贯	罗愿《新安志》卷10
约南宋初	某豪族	成都《佛掌骨记》		300贯	邓椿《画继》卷4 非真物也
1145	韩世忠	宪圣慈烈（吴）皇后临兰亭帖		1000贯	熊克《中兴小纪》卷32"绍兴十五年七月"
1186	周必大	苏轼《高无雪》	2贴	7贯省（约5贯）	周必大《文忠集》卷15《题东坡子高无雪二贴》
1186	周必大	苏轼《吴子野远游庵铭》		200贯	周必大《文忠集》卷15《题东坡远游庵铭》

续表

时间	买卖者	作品名称	数量单位	价格	资料出处及备注
1195—1200		重模《淳化帖》并参入别帖的善本《绛州法帖》	20卷	1000贯省，即770贯足	赵希鹄《洞天清录·古今纸花印色辨·绛帖》
1168—1224	黄荦	黄庭坚帖	数10卷	千金（1000两银子，约3000贯）	袁燮《絜斋集》卷14《秘阁修撰黄公（荦）行状》
1208—1224	岳珂	徽宗手写的楷书御批		10贯	岳珂《宝真斋法书赞》卷2《徽宗皇帝传旨御批》
1208—1224	岳珂	高宗御笔草书临古法帖《四皓帖》	4行	30贯	岳珂《宝真斋法书赞》卷3《高宗皇帝御笔临古法帖四皓帖》
约南宋中期	岳珂	唐人临摹的王羲之《留女帖》	1卷	200贯	岳珂《宝真斋法书赞》卷7《右军留女帖》
南宋中期	韩侂胄	山阴僧伪作的王大令（王献之）书《保母墓志》原石		1000贯	赵希鹄《洞天清录·古今纸花印色辨·伪作王大令书》
南宋末		文宋瑞诗帖	2幅	0.2贯（两贯钞）	周密《癸辛杂识》续集下南宋末纸币贬值厉害，1贯钞以100文计
宋初	某隐士	吴道子画壁		300贯	康与之《昨梦录》
宋初	乐正宣黄居寀	荆浩山水画	1卷	100贯、300贯	唐志契《绘事微言》卷1《古画无价》
971—983	刘元嗣	王齐翰《罗汉》	16轴	400贯	刘道醇《圣朝名画评》卷1 郭若虚在《图画见闻志》卷3中的记载有所不同，为"白金二百星"，存疑
北宋前期	许偏头	道人画像	1幅	2贯	张师正《括异志》卷6《许偏头》
大中祥符中	丁朱崖	赵昌画瓜果蔬菜于东阁		750贯（白金五百两）	刘道醇《圣朝名画评》卷3 白金为白银，以1两白银=1.5贯铜钱计
景祐中	画僧	高文进《慈氏菩萨像》	1幅	0.5贯	郭若虚《图画见闻志》卷6《慈氏像》
1056—1063	苏轼	吴道子画藏经龛门		100贯	苏轼《苏轼文集》卷12《四菩萨记》

续表

时间	买卖者	作品名称	数量单位	价格	资料出处及备注
北宋中期	陈永	高克明《春龙启蛰图》		100贯	刘道醇《圣朝名画评》卷2《高克明》没交易成功
北宋中期		山水画	6幅	一匹细画绢、钱两千（合计约3贯多）	岳珂《宝真斋法书赞》卷12《苏文忠公书简帖》
北宋中期		蔬菜画	1幅	黄金百（疑为百文，即0.1贯）	王安石《临川先生文集》卷1《陶镇菜》这里应是王诗的夸张，一位当代普通画家不可能一幅值黄金百两，笔者认为应该为数百金，即数百文为更为合理
北宋中期	唐彦猷	黄筌《梨花卧鹊图》		数百贯	文莹《玉壶清话》卷8知为赝品后退回
北宋中期	刘子礼	包括卢鸿《草堂图》在内的藏画	500轴	500贯	米芾《画史》米认为只卢画一轴即可值百千
1086—1093	某负债人	苏轼书白团夹绢扇行书草圣及枯木竹石	1扇	1贯	何薳《春渚纪闻》卷6《写画白团扇》
北宋中后期	蒋长源	黄筌画狸猫		20贯	米芾《画史》
北宋中后期	赵君发	阎立本《太宗步辇图》		700贯	米芾《画史》
北宋中后期	米芾	徐熙《纸桃两枝》		0.008贯（八金，可能是8文，即0.008贯）	米芾《画史》如此便宜，与卖者不识货有关
北宋中后期	邵必之孙	韩滉《散牧图》		400贯	米芾《画史》系索价，后以五十千质于江氏
北宋中后期	米芾	僧梦休《雪图》	1幅	以范宽图易得	米芾《画史》以范图易得雪图，后以雪图及十一种物易得韦马
北宋后期	米芾	《雪图》	残片	0.7贯（七百金，疑为700文）	米芾《画史》
1102—1106	赵明诚	徐熙《牡丹图》	1幅	200贯	李清照《金石录校正后序》未成交
北宋后期		翟院深的山水画	1幅	5贯	米芾《面谕帖》

续表

时间	买卖者	作品名称	数量单位	价格	资料出处及备注
北宋后期		《墨牛图》	1 幅	10 贯	许景衡《横塘集》卷 6
1137	葛胜仲	《罗汉像》	1 堂	70 贯	葛胜仲《丹阳集》卷 9《十八罗汉赞并序》
南宋初期	曹耘季	《祠山像》	3 幅	300 贯	《永乐大典》卷 18224 原 30 万，典质了 2 万
南宋中期	楼钥	屏风画	1 幅	5 贯	楼钥《攻媿集》卷 3《醉题鱼屏》
1174—1189	周必大兄	阎立本《列帝图》	1 幅	200 贯	周必大《文忠集》卷 15《题阎立本列帝图》
南宋后期	张侃	李公麟的两幅小品画	2 幅	10 贯	张侃《张氏拙轩集》卷 5《跋李伯时马》
南宋后期		杨无咎画的梅花图	1 幅	不少于 100 贯	赵希鹄《洞天清录·古画辨·杨补之》
	海州贺氏	《观音像》	1 本	50—60 贯	洪迈《夷坚志》补卷 24《贺观音》
宋末元初	周密	徐熙《芙蓉》	1 轴	1500 贯	周密《志雅堂杂钞》卷下《图画碑帖》"欲十定"，以大银锭 50 两，1 两折 3 贯
宋末元初	周密	卫贤《骡鸣图》	1 片	20 贯	周密《志雅堂杂钞》卷下《图画碑帖》系索价
宋末元初	周密	赵昌《小折枝芍药萱草》	2 片	10 贯	周密《志雅堂杂钞》卷下《图画碑帖》系索价

注：1. 该表以先书后画的顺序著录，以宋初某隐士买吴道子画壁为界，表上半部分为书法作品，下半部分为绘画作品；2. 表中的时间一栏，如原始史料中无明确说明者，以买者或卖者的生活时间著录，并以通常的三分法分为前期、中期和后期；单位数量按原文著录，如原文无明确说明则为空；3. 表中价格一栏，价格的数量单位出现好几种，有贯、钱、金、贯钞，为了统计方便，统一换算成贯。数量单位"金"所指内涵不同，在不同的文意里有的指黄金，有的指白金（白银），也有的指铜钱，上表中根据文意笔者也作了一定推测。表中在备注里有简单说明。另外，由于金银铜之间的比率是不断变动的，笔者参看加藤繁的《唐宋时代之金银价格》（中华书局 2006 年版，第 373—374 页），也作了一定换算；4. 特别说明的是南宋物价上涨幅度较大，与北宋相比，上涨指数成倍、十数倍增加（参考漆侠：《中国经济通史·宋代经济卷》下，经济日报出版社 1999 年版，第 1239—1246 页）。因此进行价格分析时要注意和时间联系起来综合考察；5. 因为宋代物价时有涨落以及史料的分散（不能穷尽），仅就上表所列并不能深刻普遍地反映当时书画价格的实际情况，只是一个大概反映，因此难称严格意义上的统计，仅供作粗略的分析使用。

由表5—1可以看出，最贵的书法作品在北宋是800贯，在南宋是3000贯；最贵的绘画作品在北宋是700贯，在南宋是1500贯。如果仅从数字上来看，南宋明显高于北宋，但若考虑到南宋物价上涨、货币贬值的因素，南宋书画的实际价值并不很高甚至低于北宋时期。这一点李华瑞通过将宋代的画价与同时期的米、酒、土地等其他物品的价格加以比较，并有过详细论证，不再赘述。[1] 另外，程民生通过考察宋代书法绘画价格，认为："宋代书法作品整体上贵于绘画作品；绘画作品中，前代名家之作贵于宋代；书法作品中，宋人之作贵于前代名家之作。"[2] 笔者认为"宋代书法作品整体上贵于绘画作品"的看法可能不太妥当，以上表数据来统计，书法作品的价格案例为50例，绘画作品的案例为32例，其中以低于1贯（包括1贯）的价格区间来分，书法作品有9例，占总数的18%，绘画作品有5例，占总数的16%；以100贯以上（包括100贯）来分，书法作品有14例，占总数的28%，绘画作品有15例，占总数的47%。这反映出绘画作品价格明显高于书法作品，这与书法比绘画完成作品所花费的时间相对较少，耗费的劳动量也相对较少基本符合。如同唐代著名的书画评论家张彦远所说："书则逡巡可成，画非岁月可就，所以书多于画（指数量），自古而然。"书法作品完成得快，生产的量也就多，绘画则相对较慢，量上也相对较少。因此，无论从凝结的劳动量上还是供求关系上，绘画作品一般较贵于书法作品。不过也不能绝对看待，它们之间的可比性还很有限，"书画道殊，不可浑诘，书即约字以言价，画则无涯以定名"。而且书画价格与收藏者的个人喜好也有很大关系，"好之则贵于金玉，不好则贱于瓦砾。要之在人"。[3] 如米芾喜好古帖胜于古画，为了得到古帖常常不惜代价。如他所言："余家收古画最多，因好古帖，每自一轴加至十幅以易帖。大抵一古帖，不论赀用，及他犀玉琉璃宝玩无虑。"[4] 表中也

---

[1] 李华瑞：《宋代画市场初探》，《宋史论集》，河北大学出版社2001年版，第289—390页。
[2] 程民生：《宋代物价研究》，人民出版社2008年版，第391页。
[3] 分别见张彦远：《历代名画记》卷2《论名价品第》，人民美术出版社1964年版，第29、29、32页。
[4] 米芾：《米芾集·画史》，湖北教育出版社2002年版，第156页。

有所反映，如用六朝画、韩马、银博山、金华洞天石古鼎等去换取李邕碧笺《胜和帖》；又以王维《雪图》六幅、李主翎毛一幅、徐熙《犁花大折枝》换取苏舜元所藏《兰亭》等。

（二）购买花卉

宋人喜好花卉，那么其在花卉这一项上的支出如何？从前文中探讨的赏花付费中可看出，这一项的支出并不多，一般在几十文，而更多的花费应在日常的购买花卉上。对此，我们仍以史料中的价格为线索来看其消费支出情况。

表5—2　宋代花卉之价格[①]

花名	地点	单位	价格	资料出处
（嫁接过的牡丹）姚黄	洛阳	1枝	5000文	欧阳修《欧阳修全集》卷75《洛阳牡丹记·风俗记第三》
（刚嫁接的牡丹）魏花	洛阳	1枝	5000文、(后)1000文	
魏花	洛阳（天王院）	1枝	1000文	邵博《邵氏闻见后录》卷25《天王院花园子》
海棠	京师（临安）、江淮	1本	不下数十金	陈思《海棠谱》卷上
茉莉	临安	7插	数十券	周密《武林旧事》卷3《都人避暑》
素馨	番禺	1枝	2文	周去非《岭外代答》卷9《花木·素馨花》
（牡丹）双头红（初出）	天彭	1本	30000文	陆游《陆游集·渭南文集》卷42《天彭牡丹谱·风俗记第三》
祥云（初出）	天彭	1本	7000—8000文、(后)2000文	
彭州牡丹	彭州	1本	数万文	《蜀总志》

---

① 本表在魏文的基础上略有增添。

续表

花名	地点	单位	价格	资料出处
菊花	临安	1枝	300文	杨万里《诚斋集》卷2《甲申上元前闻家君不快西归见梅有感二首》
瑞香		1棵	3文余	叶适《叶适集·水心文集》卷6《新移瑞香旧作文忘之因今追忆云》
瓮载莲花		1把	3贯	华岳《翠微南征录北征录合集·翠微南征录》卷11《买盆池莲》

注：陈思《海棠谱》和周密《武林旧事》均写于南宋晚期，当时东南地区主要使用会子作为货币。所以陈思这里的"不下数十金"很难理解，姑且将"金"理解为铜钱即"不下数十文"。"券"是纸币，又有旧会和新会（即十七界和十八界）的区别，其价格在南宋末年不停地跌落，最低跌至1贯折铜钱50文上下。我们假定每券50文，"数十券"则在1500文以上。

从上表中可看出花卉价格差别很大。如初出双头红（牡丹）为30贯，素馨则只有2文，相差上万倍。这应与品种有关。越新越奇异的品种，价格越昂贵，如"洛中花工，宣和中，以药壅培于白牡丹，如玉千叶、一百五、玉楼春等根下。次年，花作浅碧色，号欧家碧，岁贡禁府，价在姚黄上"[1]。新奇的品种毕竟罕有，市场上更多的是普通花卉，正如前文中讲到三月时节上市的各种花均为常见品种，"买者纷然"的情况说明其价格并不贵，在节日或喜庆之日，无论士庶之家"亦市一二株玩赏"[2]，增加了生活的情调。想必这种意义上的消费更为常见，也在普通家庭经济能力承受范围之内。

（三）购藏奇石

从上文对奇石的消费中可看出奇石的价格参差不齐，便宜的数贯，贵

---

[1] 张邦基：《墨庄漫录》卷2《洛中花工以药壅培花》，中华书局2002年版，第63页。
[2] 吴自牧：《梦粱录》卷5《九月》，三秦出版社2004年版，第55页。

的达到 10 万贯，相差悬殊。这与购买者的审美和鉴赏能力密切相关，相对来讲也有较大的随机性，一块奇石，在懂得鉴赏的人眼里十分珍贵，反之则可能不值一钱。正如上文提到的赵子立买的那块异石，他认为值百文钱，玉工则认为价值更高，要用二万钱易之，而对于其他不懂的人来说则可能一钱不值。《云麓漫钞》中也记有一例："绍兴中，有渔者得一石于淮，狀如瓜，于瓜瓣凸处有字，屡鬻而不售。"① 卖不出去的主要原因是大多数人不懂鉴赏，这块石头后被王仲行得到，经鉴别是"新莽律权石"。试想，如果知道这块异石所蕴含的历史价值，那一定不是卖不出去的结果吧。

奇石的价格还与形制、质地和是否有大收藏家经手过有关。如形质上，除米芾总结出瘦、皱、漏、透四原则，还有奇、丑、顽、拙、浑厚、灵秀、品质、走势和气度等外形特征。石的审美价值不在于一般意义上的美，而注重奇特怪异，或石开奇异，或石纹奇特，或石色奇丽，越奇越值得收藏，也就越有经济价值。以丑为例，在鉴赏家眼里，丑石的"丑"恰恰是它的独特之处，正如刘熙载所云："怪石以丑为美，丑到极处，便是美到佳处。"② 如钱塘千顷院有石一块，高数尺，"其石置方斛中，四面嵌空崄怪，洞穴委曲。于石罅间植枇杷一株，颇年远。岩窦中尝有露珠凝滴，目为'丑石'"③，价值 500 余贯。比之更甚的还有一例，宋徽宗爱山石，有次游幸迎祥池，"见栏槛间丑石，顾问内侍杨戬曰：'何处得之？'戬云：'价钱三百万，是戬买来。'"④ 一块丑石用钱 3000 贯，令人咋舌。

奇石价格与质地也有一定关系，张世南《游宦纪闻》载："阶州产石，品第不一。白者明洁，初琢时可爱，久则受垢色暗，今朝廷取为册宝等用。有黄、青、黑、绿数色，取之不穷，而性软易攻，故价亦廉。巴州、嘉定府，皆产玉石，曰'巴璞'、'嘉璞'。坚而难琢，与玉质无异，故价数倍

---

① 赵彦卫：《云麓漫钞》卷 6，中华书局 1996 年版，第 94 页。
② 刘熙载：《艺概》卷 5《书概》，中华书局 2009 年版，第 221 页。
③ 杜绾：《云林石谱》卷上《临安石》，文渊阁四库全书本。
④ 张知甫：《可书》，中华书局 2002 年版，第 401 页。

于阶石，其温润略与玉等。"① 石头的软硬成为制定价格的重要参考因素。当然这里的石头已经含有人工因素，不是纯粹的赏石，而是一种玉石，具有一定的实用价值，但即便如此，也不能排除其作为艺术品的奇石性质。

与价格有关的另一个因素是是否有大收藏家经手过。如《萍洲可谈》中讲到郭祥正收藏的一枚奇石，经苏轼的品鉴，特起名为"壶中九华"，因此价格上涨。"近年拳石之贵，其直不可数计。太平人郭祥正旧蓄一石，广尺余，宛然生九峰，下有如岩谷者，东坡目为'壶中九华'，因此价重。"② 另外，作为商品的奇石的价格也与供求关系有关，正如欧阳修《菱溪大石》云："乃知异物世所少，万金争买传几人。"③

尽管整体上来说，宋人爱石风气日盛，但不能对奇石艺术品的商品化及市场化程度估计过高，因为一方面政府的"花石纲"干预过多，一定程度上影响了其商品化程度；另一方面，它属于高层次精神产品，只有具备一定鉴赏能力的人才能品味出其艺术韵味，并从中获得精神享受。对于忙于生计的一般百姓来说，一方面可能根本不懂得鉴赏，另一方面即使懂得对于他们来说也无疑属于奢侈品。

（四）购藏金石等古器物

古器物本身的特殊性，即具有文物性质，使价格具有不稳定性。一般来讲，由于古器物的稀缺性，市场价格较高，如前文提到的王继先从赵明诚家里买古器竟花费了黄金三百两，尽管我们不知道他买了什么以及买了多少，这个费用是相当高的。再如为了和政府争资源④，一些人"不较重价，一器有直千缗者。利之所趋，人竞搜剔山泽，发掘冢墓，无所不

---

① 张世南：《游宦纪闻》卷 9，中华书局 1981 年版，第 82 页。
② 朱彧：《萍洲可谈》卷 2《黄州拳石》，《宋元笔记小说大观》（2），上海古籍出版社 2001 年版，第 2322 页。
③ 欧阳修：《欧阳修全集》卷 3《菱溪大石》，中华书局 2001 年版，第 50 页。
④ 北宋的宫廷重视古器物的搜求和收藏，规定私家所获古器应当上献官府朝廷，并给予一定的奖赏。利之所在，天下趋之。"至崇宁后，古器毕集于御府，至不可胜计。一器之值，或数千缗，多因以求恩泽。"（参见陆游：《家世旧闻》下，中华书局 1993 年版，第 213 页）

至。往往数千载藏，一旦皆见，不可胜数矣"①。一器值上千贯，如此高的价格，自然会驱使"人竞搜剔山择，发掘冢墓，无所不至"的现象出现。蔡絛对此也有关注："世既各其所以贵爱，故有得一器，其直为钱数十万，后动至百万不翅者。于是天下冢墓，破伐殆尽矣。"②所言数百贯至上千贯的价格实在不菲。再如淳熙中，淮南和州一寺庙里藏有一铜瓶，"虽微有损蚀处，然形制高古可爱"，后来被转运使赵师揆"饷以钱五百千"买得。③500贯的价格还算是得了便宜，可见古器物的价格之高。乾道三年（1167），北方人李邦所带的两件古物其售价达到5000贯，"然于用不甚急，无肯售者"④。可能因为要价太高，最后也没卖出去。

同样，因为宋代文物已经市场化，其价格会受器物的类型、工艺、品相及历史价值等因素影响而不同。如史料表述中同为"一器"，则有上千贯的，有千钱的，文物鉴赏家李公麟"雅好钟鼎古文奇字……闻一器，则捐千金不少靳"⑤，也有百钱的，前文提到的同文以百钱即买得古铜篆。

古器物价格也与卖者或买者的鉴赏能力有关。本来是一件很值钱的古器，由于卖者不识货而贱卖之，如《夷坚志》中记载的那个真金瓮就是因前后的几个主人都不识货而被贱卖掉的。最初发现它的农夫不识货，只用五斗米就将它换走；而后一个主人仍然不识货，将它用来做喂猪的器具；等到刘稳发现了它，并只用了两匹绢将之换走。刘稳应该也不是太懂得它的价值，将之送给相君，相君鉴别后才还原了其真身，是一个重24斤的真金器物。这一意外收获，高兴的相君"厚以钱帛犒刘生"⑥。同一件器物由于人的鉴赏能力不同，给定的价格也相差甚远。再如前文所述的那

---

① 叶梦得：《避暑录话》卷3，《宋元笔记小说大观》（3），上海古籍出版社2001年版，第2637页。
② 蔡絛：《铁围山丛谈》卷4，中华书局1983年版，第80页。
③ 洪迈：《夷坚志》三志壬卷9《和州僧瓶》，中华书局2006年版，第1533页。
④ 洪迈：《夷坚志》补卷21《铁鼎甑》，中华书局2006年版，第1747页。
⑤ 吴曾：《能改斋漫录》卷11《李伯时好钟鼎古文奇字》，上海古籍出版社1979年版，第335页。
⑥ 洪迈：《夷坚志》丁志卷5《荆山庄瓮》，中华书局2006年版，第577页。

把"冰清"古琴,陈圣与一开始出价100贯沈述都不卖,述死后,其妻只用20贯就将其出卖,后来陈圣与终于用50贯将其从另一人手中买得。同一把琴,价格相差几倍,这源于卖者鉴赏能力的差异。

另外,价格也受器物真伪品质和其他主观因素影响,真伪品一般价格相差较大,如嘉定年间,有人在临安贩卖仿造的唐代雷氏琴,买家出钱1000贯也不答应,被高人识破为赝品后,因其琴确实音质良好,"顿损直十之九得焉",约以100贯成交。但因为仿品质量也不错,100贯的价格也不算太低。价格还受到一些主观因素影响,如某商人通过宦官将一"寿星通犀带"带入宫中售卖,被皇帝看中,准备以十万贯天价成交,但因宦官没有从中得利就说其不吉利,结果不仅皇帝不买了,而且在全国也再卖不出去。①

三、宋代艺术品消费的特点

(一) 多样性

多样性既指消费者对艺术品需求的多样性,也指艺术品在宋代时有全面发展,有多样化的趋势。这是一体两面,正是前者的需求进一步促进了艺术品的生产,使之从种类和数量上都有突破;后者则进一步刺激了前者的需求。

艺术品的价值,是凝结在产品中的艺术创造的一系列活动,包括创意、选材、构思、艺术提炼、形象塑造、传达情感、结构作品、运用技巧等。它的使用价值是用来满足人们审美需要的,而且审美需求因不满足于一般的、公式化的、陈陈相因的表达和叙述方式而总是发展变化着的。因此,追求新、

---

① 分别见岳珂:《桯史》卷13《冰清古琴》、卷4《寿星通犀带》,中华书局1981年版,第156、40页。

奇、美成了艺术鉴赏的主要倾向。艺术品消费的这个特点,势必要求艺术生产必须保持独特性和多样性。

艺术品发展具有历史性,即时代性,与社会经济发展程度及人们的审美能力密切相关。宋代商品经济的繁荣发展为艺术品的发展提供了经济保障。而宋人的审美也构成了中国古代社会独特的类型。相比唐人的开放,宋人更偏于保守与内向,更追求精神世界的圆通,正如有学者指出的:"如果说,魏晋人多以山川自然之美为乐事,唐人多以现实人世悲欢为关注对象(如严沧浪云'唐人好诗皆在迁谪、旅途'),而宋人则多以丰富的人文世界为精神生活之受用。宋诗中,人文意象如读书、读画、听琴、玩碑、弄帖、访旧、吊古等远远大于自然意象与事功意象如看月、听雨、赏花、弄水、骑马、饮酒等。在宋人眼中,自然意象亦因接受图式之异而转化为人文意象。"① 这不仅反映在诗作中,在现实生活中,把笔、品墨、看纸、鉴砚、观书、赏画、玩石、听琴等已成为宋人理想生活的重要组成部分。这从前文所述一大批宋人对艺术品的空前追捧中即可看出。而这恰与宋人的整体性格与审美特点有关,王国维对此评价说:"士大夫亦各有相当之素养,赏鉴之趣味与研究之趣味,思古之情与求新之念,互相错综。……汉唐元明时人之于古器物,绝不能有宋人之兴味,故宋人于金石书画之学乃陵跨百代。"②

正是在宋人独特的审美需求刺激下,宋代的艺术品种类也大为丰富起来。以书画艺术品来说,题材上大为拓展,不仅继承了前代的人物画,更广泛地出现了山水花鸟画以及喜闻乐见、题材多样的通俗年画等。从《图画见闻志》和《画继》两部著名的绘画史著作中,可以看到宋时的画作几乎涵盖了各种题材,如山水林石、花竹翎毛、畜兽虫鱼、人物传写、仙佛鬼神、屋木舟车、蔬果药草及小景杂画等。郭若虚也曾评价道:"若论佛道、人物、士女、牛马,则近不及古。若论山水、林石、花竹、禽

---

① 胡晓明:《中国诗学之精神》第5章《尚意》,江西人民出版社2001年版,第158页。
② 王国维:《宋代之金石学》,姚淦铭、王燕:《王国维文集》第4卷,中国文史出版社1997年版,第124—125页。

鱼，则古不及近。"①

花卉在宋时也不断创新品种，以牡丹为例，宋代牡丹品种明显增加。据欧阳修《洛阳牡丹记》称"牡丹名九十余种"。40多年后，周师厚的《洛阳花木记》与《洛阳牡丹记》则增为 109 种。现代学者根据现存的宋代的 7 种牡丹谱录以及散记在宋人文集及笔记中牡丹进行了统计，认为 7 种牡丹谱录中记载的牡丹品种数目有 191 种，宋人文集、笔记中记载的牡丹品种有 55 种，两项合计，宋代牡丹品种达 246 种，并指出这仍系不完全统计。② 魏华仙在深入研究后，认为："可以说不论是总的花卉种类，还是具体一种花卉的品种，宋代都超过以往任何朝代。"③

宋人对金石等古器物的追捧达到空前程度，不仅想方设法收藏，而且还对其深入研究，并进而兴起了一个崭新的学科——金石学，据《宋史·艺文志》记载，宋代学者完成的古器物方面的著作共有十几种：《集古绿跋尾》（欧阳修）、《先秦古器图》（刘敞）、《考古图》（吕大临）、《古器图》（李公麟）、《金石录》（赵明诚）、《重广钟鼎篆韵》（薛尚功）、《古鼎法帖》（娄机）、《庆元嘉定古器图》（胡寅），等等。能形成一门学科，足见其内容的多样与庞杂。

总之，艺术品只有懂得鉴赏的人才能见其本性而发现其价值，反之，若不懂鉴赏，其价值不被发现，也不过是普通一物，这在前文史料中已有体现。因此，从这个意义上说，宋人在发现和追逐其内蕴的艺术性上无疑作出了巨大贡献，丰富了艺术品，使其更加多样化，也自然满足了作为消费者的多样性需求。

（二）市场性

市场性最直观的表现是相对固定的艺术品专业市场的大量出现。宋

---

① 郭若虚：《图画见闻志》卷1《论古今优劣》，人民美术出版社1964年版，第24页。
② 陈平平：《宋代牡丹品种和数目研究之三》，《中国农史》2003年第1期。
③ 魏华仙：《宋代四类物品的生产和消费研究》，四川科学技术出版社2006年版，第191页。

时专营艺术品的店铺已成规模,如有"陈家画团扇铺"[①]、"纸画儿"铺等,还有专门作屏风画作的店肆等。[②] 集市里的艺术品市场也是渐具影响力,如东角楼街巷"以东街北曰潘楼酒店,其下每日自五更市合,买卖衣物、书画、珍玩、犀玉"。大相国寺的"殿后资圣门前","皆书籍玩好图画"。[③] 许多人常到这里搜寻自己喜爱的书画作品。如赵明诚夫妇常出入于相国寺市场,"赵、李族寒,素贫俭。每朔望谒告出,质衣取半千钱,步入相国寺,市碑文果实归,相对展玩咀嚼,自谓葛天氏之民也"[④]。米芾也常逛相国寺,并幸运地淘得一些精品。如在此他曾以 8 金购得纸桃两枝,"绿叶虫透背。二叶着桃上,二桃突兀,高出纸素",乃徐熙真迹。又记所买王维《雪图》也颇为珍贵,却被同行的范氏采取不光明的手段取得。[⑤] 李廷瓘之父也在相国寺资圣阁后画肆购得一幅珍品,"(李廷瓘)先君有博古之名,丙戌秋游相蓝(相国寺),于资圣阁后画肆获吴生胡部瓘一幅尔,水墨成之,细如丝、硬如铁者,与此政相类,盖不如此不足擅场也"[⑥]。"吴生"为吴道子的省称,宋时其画已很难得。李廷瓘的父亲能在相国寺画肆购得一幅,实属不易。

北宋时被称为"鬼市子"的夜市是艺术品买卖的又一个场所。东京"又东十字大街,曰从裹角茶坊,每五更点灯博易买卖衣物、图画、花环、领抹之类,至晓即散,谓之鬼市子"[⑦]。临安城内大街夜市有卖"细画

---

① 吴自牧:《梦粱录》卷 13《铺席》,三秦出版社 2004 年版,第 195 页。
② 西湖老人:《西湖老人繁胜录》,《宋史资料萃编》第 3 辑,台湾文海出版社 1981 年版,第 46、45 页。
③ 分别见孟元老著,邓之诚注:《东京梦华录注》卷 2《东角楼街巷》、卷 3《相国寺内万姓交易》,中华书局 1982 年版,第 66、89 页。
④ 李清照:《金石录后序》,《全宋文》第 174 册,第 117 页。
⑤ "范大珪,字君锡,富郑公婿,同行相国寺,以七百金常卖处买得《雪图》,破碎,甚古,如世所谓王维者。刘伯玉相值,笑问买何物,因众中展示。伯玉曰:'此谁笔?'余曰:'王维。'伯玉曰:'然适行一遭不见,岂有所归乎?'余假范人持之,良久,并范不见。翌日去取,云已送西京背。同行梅子平大怒曰:'吾证也。可理于官,岂有此理?'余笑曰:'吾故人也。'因以赠之。"(参见米芾:《米芾集·画史》,湖北教育出版社 2002 年版,第 161 页)
⑥ 张丑:《清河书画舫》卷 4《唐·吴道元》,文渊阁四库全书本。
⑦ 孟元老著,邓之诚注:《东京梦华录注》卷 2《潘楼东街巷》,中华书局 1982 年版,第 70 页。

绢扇"者。① 南宋越州城每年定期举行大型的商品交易集会，如正月十五的"灯市"上有售卖艺术品的，"傍十数郡及海外商贾皆集，玉帛、珠犀、名香、珍药、组绣、髹藤之器，山积云委，眩耀人目；法书、名画、钟鼎、彝器、玩好、奇物，亦间出焉"②。

市场性还表现在商品价格受质量和供求关系的影响。以书画艺术品为例，作为商品，首先应当遵循按质论价的原则，质量的好坏直接影响作品的价格。这里的质量包括作者水平和品相的好坏等。前者如邵必的孙子曾出卖据说是唐代韩滉的《散牧图》，要价 400 贯，因"诸人共笑其伪"，遂以 50 贯作了抵押。正因为不是真品，所以价格上不去。品相也很关键，因为书画作品属于易耗品，保存的好坏也直接影响价格，如米芾在相国寺淘得王维《雪图》，外表破碎甚古，所以他以七百金（应指 700 文）买得。③ 如果品相很好，肯定不会是这个价钱。另外，供求关系的变化，往往会在价格上很快反映出来，典型的如苏轼的书法作品，"既经崇宁大观焚毁之余，人间所藏，盖一二数也。至宣和间，内府复加搜访，一纸定直万钱"④。《却扫编》中有更生动的记载，因遭禁，苏轼书法作品大量焚毁，而他书写的《徐州黄楼赋》石刻因守者不忍毁，将之投入城濠中得以保存下来。"宣和末年，禁稍弛，而一时贵游，以蓄东坡之文相尚。鬻者大见售，故工人稍稍就濠中摹此刻。有苗仲先者适为守，因命出之，日夜摹印。既得数千本，忽语僚属曰：'苏氏之学，法禁尚在，此石奈何独存？'立碎之，人闻石毁，墨本之价益增。仲先秩满，携至京师尽鬻之，所获不赀。"⑤ 文中的苗仲先深谙此道，为了获利，不惜毁石，使供求紧张，导致价格上涨，他也从中获利不菲。

市场性的另一个重要表现是职业中间商——牙人的出现。"牙人"的

---

① 吴自牧：《梦粱录》卷 13《夜市》，三秦出版社 2004 年版，第 197 页。
② 施宿：《嘉泰会稽志》卷 7《寺院》，《宋元方志丛刊》(7)，中华书局 1990 年版，第 6822 页。
③ 分别见米芾：《米芾集·画史》，湖北教育出版社 2002 年版，第 167、161 页。
④ 何薳：《春渚纪闻》卷 6《翰墨之富》，中华书局 1983 年版，第 96 页。
⑤ 徐度：《却扫编》卷下，《宋元笔记小说大观》(4)，上海古籍出版社 2001 年版，第 4512 页。

称谓始见于唐代①，它是商人的一类，是一种沟通买卖双方的交易中介人。至宋时，随着商业市场的不断扩大，商品流通的过程也更趋复杂，在商人和商人之间，商人与生产者之间以及商人与消费者之间担任中介的牙人，越来越成为商业活动中的重要角色。他们不仅居间介绍买卖、协议价钱，并且有时自己也从事商品包买、批发或兼营邸店、旅舍或仓库业，甚至有操控物价、垄断市场的情形，而官府也利用他们来检验商品的品质、田地的界至，或是担保商人申报的商税。②在艺术品市场中也出现有他们的身影。如《图画见闻志》中记载，张侍郎将有黄筌画的"屏衾围障"换下出售，其中的一个重要环节即"呼牙侩高评其值"。③而《圣朝名画评》中记载的李宥欲收藏其祖李成画作，请相国寺僧人惠明代购（倍出金币，结果归者如市），其中僧人惠明的作用即类似于牙人。④作为中介人的牙人出现在艺术品市场，有一定的特殊意义，不仅提高了买卖双方的交易效率，也促进了艺术品市场的健康发展，标志着宋代艺术品市场运作更加规范化。

（三）分层性

艺术品是高端精神文化类产品，对其的消费不仅要有一定的资金支持，更需相当的鉴赏和审美能力。即一般来说消费者应是具有一定财力且有相当文化素养的人。从上文史料中也可看出，在宋时艺术品尤其是法书名画、

---

① 据唐人薛用弱《集异记·宁王》中记载，当时有鬻马牙人："宁王方集宾客，宴话之际，鬻马牙人曲神奴者，请呈二马焉。宁王即于堂中阅试，步骤、毛骨、形相、神俊精彩。"《旧唐书·食货志》中亦有记载："自今以后，有因交关用欠陌钱者，宜但令本行头及居停主人、牙人等检查送官。"（参见任仲书、于海生：《宋代"牙人"的经济活动及影响》，《史学集刊》2003年第3期）

② 参见台湾学者梁庚尧：《宋代牙人与商业纠纷》，载《燕京学报》新14期，北京大学出版社2003年版，第41—70页；姜锡东在其论著中也提到宋代牙人参与市场垄断，详参姜锡东：《宋代商人和商业资本》，中华书局2002年版，第74页。

③ 郭若虚：《图画见闻志》卷6《近事》，人民美术出版社1964年版，第145页。

④ 刘道醇：《圣朝名画评》卷2《山水林木门》，于安澜编：《画品丛书》，上海人民美术出版社1982年版，第131页。

奇石及古器物等领域，消费主体是官僚士大夫群体。这是由艺术品消费的本身属性决定的。但值得注意的是，相比前代，宋时更具有明显意义的是艺术品领域的消费者亦扩展至社会其他阶层，且消费具有了社会分层的意义。以书画领域的消费情况为例：

在宋代，随着书画市场逐渐走向通俗化和更广泛的市场化，书画艺术从创作风格上来看出现分化，既有阳春白雪的法书名画，也有喜闻乐见的通俗年画，适应了不同阶层的审美需求。前者追求极致的雅，后者迎合大众的俗，雅俗并举成为这一时期书画艺术的鲜明特色。雅与俗不仅仅是对书画类型的区别，这种表面区分的背后更是对不同社会阶层的隐喻，不同的书画类型对应着相应的阶层。大致是中上层以消费古书画和当代名人书画（包括文人画）为主，下层以消费喜闻乐见的通俗画为主。

被文人士大夫们热捧的"文人画"[①]，在创作技法上以线条艺术追求笔墨情趣，强调神韵和意境，并以书法入画，题材多以梅、兰、竹、菊为对象，开创出了独特的艺术流派。文人画在宋代的流行绝不仅是由于创作技法上的发展，更有着深层的社会内涵，单从名称上看，这种画法没有像"山水画"或"人物画"那样以所画对象来命名，而强调了作画者的身份，时人称之为"士夫画"。这样的命名明显具有表征社会身份的功能，是文人阶层在艺术领域独特的表达。且不论文人画在宋代艺术上的意义及对后世的深远影响，从文化社会学视角来看，它不单纯是艺术领域产生的一个流派，更像是一种解读士人阶层的符号，它标识着这一阶层独特的审美意识，体现了他们的文化心理结构，是士人阶层的集体习性在绘画领域的展示。如果说文人画初兴于唐，成熟发展于宋，说明这种画风不是偶然和个别，而是宋代的文人士大夫阶层"文人意识"觉醒的自觉选择。这种选择的动机和背景应是综合因素的结果，交织着政治生态、哲学思潮及社会结构等多重元素，这在处于转型期的宋代包含的社会意义更为显著。正如文

[①] 学界有人认为文人画出现在唐，以王维为始祖；有人认为在宋，以首提"士夫画"的苏轼为始祖。本书对此不加考证，基于宋时文人意识的普遍觉醒，至少在宋时文人画已形成一个较成熟的流派。

化消费所具有的塑造文化特权和建构社会壁垒的象征意义,强调社会或职业身份的文人画无疑也具有这种功能,它通过对艺术的特别鉴赏力的显示,而进一步将作者同其他阶层区分开来。法国社会学家布迪厄曾以《区分:鉴赏判断的社会批判》一书构建起他的文化消费理论,他从人们的文化实践入手,探讨了鉴赏趣味与行动者在社会中所处的位置的关系,认为品位是区分等级、建构等级分野的标志。[1] 这种理论在千年前的宋代从"士夫画"这一名称即可得到些许印证。

如果说文人画代表着高雅的艺术品位和尊贵的社会身份,那么广受民众喜爱的通俗画则代表了普通大众的审美需求。宋代文人画流行的同时通俗画也大放异彩。表现在:一是宋代民间画工数量众多,这从当朝的一次应征即可看出,景德末年,宋真宗营建玉清昭应宫,"募天下画流逾三千数,中程者不减一百人"[2]。民间画工们以佣画或卖画为生,成为普遍的社会现象。二是所画题材丰富多样,具有浓郁的生活气息并有吉祥寓意。如《百子嬉春图》(苏汉臣)、《春社图》(李嵩)、《丰年图》(陈垣)、《游鱼图》(刘寀)、《三星图》(龚开)、《猫蝶图》(黄居寀)等,都成为后来年画的经典题材。朴实多元的民间画风甚至影响到宫廷的画院,宋代杨威,擅画田园风光,"每有贩其画者,威必问所往,若至都下,则告之曰:'汝往画院前易也。'如其言,院中人争出取之,获价必倍"[3]。可见,来自民间的创作艺术性并不低。也就是说并非通俗就意味着艺术性的降低,流传至今的珍贵名画——《清明上河图》,从题材上来看就属于城市通俗画。

相比文人画所蕴含的社会意义,后者这种"俗"力量的兴起也不可小觑,它是国家推行"右文"政策、科举制度及经济发展等综合因素促成

---

[1] Bourdieu Pierre, *Distinction: A Social Critique of the Judgement of Taste*, London: Routledge, 1984.

[2] 刘道醇:《圣朝名画评》卷1,《中国书画全书》第2册,上海书画出版社2000年版,第119页。

[3] 邓椿:《画继》卷7《小景杂画》,人民美术出版社1964年版,第96页。

的结果,表明文化艺术不再专属于权贵阶层,开始下移至各阶层人士,这是历史的进步。宋代书画艺术领域的雅俗并举反映了艺术内部出现了阶层性分化而向多元化方向发展,同时,它也从艺术品位上对不同社会阶层进行了区分,正如布迪厄所认为的文化鉴赏与社会等级具有对应性,书画雅俗品位的区分也隐喻或对应了宋代的相应社会阶层。笔者要特别强调的是,这种对应并非是静态和绝对的,在一个流动的社会里,尤其从下往上流动的群体为追求上层的社会认同感,将会突破相应阶层的局限而去附庸风雅。在宋代,这种情况并不是个例。我们仍以书画消费群体的具体情况来分析,根据史料,宋代书画市场上的消费者主要可以分为官僚士大夫群体、富民群体和平民群体。这种区分背后有深层的社会意义。

1. 官僚士大夫与书画消费

官僚士大夫是宋代书画市场的主要消费者。这个阶层可以细分为两类,一类为既富又贵的,一类为不甚富裕的一般文人士大夫。前者一般是王公贵族,以《春明退朝录》中的一段较集中的史料为例:"王祁公家有晋诸贤墨迹,唐相王广津所宝有永存珍秘图刻,阎立本画老子西升经,唐人画锁谏图。王冀公家褚遂良书唐太宗帝京篇、太宗见录东赞步辇图。钱文僖书画最多,有大令黄庭经、李邕杂迹。钱宣靖家王维草堂图。周安惠家王献之洛神赋。苏侍郎家魏郑公谏太宗图。楚枢密有江都王马。王尚书仲仪有回文织锦图。"① 这些人大多官至相位,藏品也大多是法书名画。另一类不太富裕的士大夫们也广泛参与,如李清照夫妇酷爱金石书画,为购求不惜典当衣物,有时还因财力所限不得不与心爱之物失之交臂,"或见古今名人书画、三代奇器,亦复脱衣市易。尝记崇宁间,有人持徐熙《牡丹图》求钱二十万。当时虽贵家子弟,求二十万钱,岂易得耶?留信宿,计无所出而还之。夫妇相向惋怅者数日"②。

---

① 宋敏求:《春明退朝录》(下),中华书局 1980 年版,第 34—35 页。
② 李清照:《金石录后序》,《全宋文》第 174 册,第 117 页。

官僚士大夫们竭力追捧法书名画，除了财力上的支持和喜好外，还不外乎一种隐性的心理寄求——标榜上层的社会身份。官僚士大夫中虽然不乏部分人对书画是发自内心的喜爱——像米芾、赵孟坚、刘季孙等一生痴迷于此，但还有很多人收藏购求书画其实并不真懂得其中的艺术内涵，正如刘复所言，"其能自辨而识其趣者甚寡"[1]，而"多取空名"，"偶传为钟王顾陆之笔，见者争售"[2]。鉴赏家米芾也曾深刻地指出，许多"好事者"购求书画"元非酷好，意作标韵，至假耳目于人"[3]，也即通过其来标识自己的雅韵，标榜高贵的社会身份。

宋代社会流动性加强，社会各阶层间不断转换，"贫富无定势"，在此背景下，位于社会上层的官僚士大夫阶层自然想通过各种方式维护自己的尊贵地位。传统社会中原来通过对衣服穿着及出行工具和装饰等外在的许多方面做出严格规定，以别尊卑贵贱，但在宋时受财富力量冲击，这些制度规定往往形同虚设，人们争相奢侈，甚至以逾制为荣，"不独贵近，比比纷纷，日益滋甚"[4]。南宋时人王迈也曾感叹道："今天下之风俗侈矣，宫室高华，僭侈无度，昔尝禁矣，今僭拟之习，连甍而相望也。……而中产亦强仿之矣。"[5] 这些原本标识身份的物品或行为如果不能只由这一阶层的人所独享，而逐渐走向混杂，那其标识身份的功能也就大大减弱了。宋代，随着"富民"阶层的崛起，位居社会上层的官僚士大夫们仅以是否拥有奢侈品和一些外在的装饰已不能有效地标榜身份，在此背景下，高雅昂贵的书画艺术品成为他们的新宠。因为书画所附着的文艺性，常人非受过训练或特别喜好，一般并不懂得鉴赏，也不明白其蕴含的文化价值，书画也天然地成为精神类物品中的贵族。拥有它不仅表明有一定的经济地位，还凸显了收藏者的文化品位。因此，不管懂与不懂，爱与不爱，大家

---

[1] 李复：《潏水集》卷6，参见《隋唐画家史料》，文物出版社1987年版，第206页。
[2] 江少虞：《宋朝事实类苑》卷51，上海古籍出版社1981年版，第676页。
[3] 米芾：《米芾集·画史》，湖北教育出版社2002年版，第155页。
[4] 脱脱等：《宋史》卷153《舆服志》，中华书局1977年版，第3577页。
[5] 王迈：《丁丑廷对策》，《全宋文》第324册，第333页。

都去追捧。书画甚至成为普通士人结交权贵的手段,如刘渊材"游京师贵人之门十余年,贵人皆前席",而其结交贵人的资本中最重要的是"李廷珪墨"、"文与可画"、"欧公《五代史》稿草"等物。① 张知甫更是一语道破:"当时搢绅之士,竞于取媚权豪。易古器,鬻图画,得一真玩,减价求售,争妍乞怜。服儒者衣冠,为侯门常卖。"② 连礼品都选择书画,可见上层对之的认可,同时,"意做标韵",标榜身份的功能也自然表现出来。

2. 富民阶层与书画消费

唐宋时期的"富民"已经成为与其他阶层有着明确区别的群体,他们不同于官户和贫穷人群,特指那些既占有大量社会财富又没有政治特权的富裕者阶层,他们中既有靠土地经营致富的人,也有靠手工业和商业经营致富的人,他们不论职业差别,而以占有财富的多少为标准,被时人称为"富民"。③ 富民阶层的兴起一方面为宋代社会发展注入了新的血液,赋予了新的活力,另一方面,这个新的阶层急需社会对他们的身份认同。而选择消费是实现阶层认同的最好方式之一。因此出现了上文王迈所言许多中产人士从衣食住行方面不断模仿上层,加剧了社会的奢靡之风。正如凡伯伦所认为的这种"炫耀性消费"的功能主要不在于其实际用途,而在于其符号象征功能,通过超越于一般人消费水平之上的消费来引起社会的关注、羡慕甚至嫉妒,从而显示自己的财富,提升自己的社会地位。

但现实中,没有政治特权的富民们仅凭这种纯粹物质性的奢侈消费并不能有效融入上层,因为"共治天下"的宋代官僚阶层普遍具有良好的文化修养,物质性的东西好模仿,文化底蕴与品位则需要时间积淀,而文化修养和品位恰恰在很大程度上决定了社会对一个人社会地位的评价。富民对这一点有着清楚的认识,所以为抬高社会地位,"富民之家普遍培养

---

① 惠洪:《冷斋夜话》卷8《刘渊材南归布橐》,《宋元笔记小说大观》(2),上海古籍出版社2001年版,第2209页。
② 张知甫:《可书》,中华书局2002年版,第413页。
③ 参见林文勋:《唐宋社会变革论纲》,人民出版社2011年版,第120—166页。

子弟向学应举"①,同时,在消费品的选择上,书画艺术品成为新的目标。相比作诗赋词,书画收藏是件相对容易的事,只要有财力和兴趣,通过这一渠道,至少从表面上看可以快速地提高文化品位,从而获得相应阶层的认可,融入上层社会,提高社会地位。因此,一些富民也经常活跃于书画市场,如"淮海富商陈永以百千求春龙起蛰图"、"京师富商高生有画癖"、"有富商刘元嗣以白金四百两请售(王齐翰画《罗汉图》十六幅)",甚至有些人藏品之富不亚于官僚士大夫们,如刘道醇提到的他在富商高氏家看到诸多书画藏品,有"(郭)权辉画架上鹞子二轴"、"(卫)贤画盘车水磨图"、"文贵画舳船海像一本"等,且大为珍妙。②

漆侠先生曾说过,富民们为了改变自己的门第,巩固自己的经济地位,"总是想方设法挤进官僚士大夫群中"③。为此,富民们除了让下一代读书应举以入仕外,还想办法结交权贵,如采取与官僚贵族联姻的办法,"初不限阀阅,富家多赂宗室求婚。苟求一官,以庇门户"④。如果说普通士人通过书画来结交权贵,想必有财力支撑的富民们也会这样做,就如富商高氏着力于书画收藏,以此为契机,他与许多文人士大夫们都有交往,不仅著名书画评论家刘道醇常去他家欣赏他的藏品,就连轻易不为人作画的武宗元,在与他结交十余年后,终于同意为他作画:高"常刺拜于庭下追十余年,欲得水月观音一轴,宗元许之"⑤。

富民参与书画买卖收藏,虽不能排除喜好的因素,但努力追求上一阶层身份上的认同应是重要原因。富民代表着财富和经济的力量,但因没有政治特权而严重影响和制约了其社会地位。基于"消费在社会学意义上

---

① 林文勋:《唐宋社会"富民"阶层的崛起及其历史意义》,《唐宋社会变革论纲》,人民出版社 2011 年版,第 135 页。
② 分别见刘道醇:《圣朝名画评》卷 2、1,《中国书画全书》第 2 册,上海书画出版社 2000 年版,第 452、448、449、463、463、452 页。
③ 漆侠:《中国经济通史·宋代经济卷》下,经济日报出版社 1999 年版,第 1279 页。
④ 朱彧:《萍洲可谈》卷 1,《宋元笔记小说大观》(2),上海古籍出版社 2001 年版,第 2306 页。
⑤ 刘道醇:《圣朝名画评》卷 1,《中国书画全书》第 2 册,上海书画出版社 2000 年版,第 448 页。

的重要作用之一就在于它既是用于建构认同的原材料,又是认同的体现和表达"①,以及书画艺术品的特性所能代表的消费者的文化品位,书画消费无疑是富民获取社会身份认同的重要选择。

3. 平民阶层与书画消费

所谓平民阶层是指普通市民和农民阶层,以财富的占有量较少而与富民阶层区分开来。随着城市的发展和经济的繁荣,这一阶层的人们也加入到书画消费行列。但从消费品的质量和类型来看,他们与官僚士大夫们有本质的区别。受财力和审美上的局限,他们大多无缘昂贵的法书名画,而是在市场上购买些门神、纸画、观音像、桃符之类的通俗书画作品。

通常来讲,不同社会阶层的人存在不同的消费偏好和消费方式,处于不同社会阶层地位的人们也逐渐形成层级化的消费模式。普通民众选择价格低廉的通俗性书画既是财力所限,也一定程度上有效进行了社会阶层的区分,是对上层进行法书名画消费的反衬,衬托出上层社会的地位和品味。但要强调的是,虽然平民阶层的书画消费以其通俗性而明显区别于上层社会所追捧的法书名画,但在市场性加强、社会流动性加剧的宋代,对此并不能一概而论。也就是说虽然书画雅俗品位的区分隐喻或对应了宋代的相应社会阶层,但这种对应并非是静态和绝对的,宋代所具有的变革性的意义就在于这种阶层的固化逐渐被打破,尤其从下往上流动的群体为追求上层的社会认同感,将会突破相应阶层的局限而去附庸风雅,富民阶层如此,连普通百姓中也有这样的现象,最典型的是宋时一些普通小工商业者对书画的追捧也蔚然成风,其中史料记载最多的是各种酒店、茶坊里流行悬挂名人字画。这在前文"以悬挂装饰或祭拜为目的的字画消费"中已有论述。对于这种现象,有学者认为它反映了当时的社会风尚,是商家促销的手段②,这固然有一定道理。但同时我们也可看出,将书画作品悬挂

---

① 王宁:《消费社会学》,社会科学文献出版社2001年版,第43页。
② 李华瑞:《宋代画市场初探》,《美术史论》1993年第1期。

于商店的醒目位置既能达到吸引顾客的效果,又能彰显商店主人的雅致品位,是店主提升社会身份和获得文化品位认同的重要手段。

总之,宋代社会阶层间的流动和商品经济的繁荣,使书画消费所具有的分层功能已经显现。作为社会上层的官僚士大夫阶层是法书名画的消费主体,除了喜好,更将之作为标榜身份的象征;新崛起的富民阶层因没有政治特权,又急于想挤入上层社会而得到身份上的认同,基于书画作为精神类奢侈品的特性,故他们也广泛加入书画消费行列;平民阶层受财力和审美局限,消费的书画类型多以通俗类为主,但也并非绝对,一些小工商业者对书画艺术品的追捧也蔚然成风,由此可见书画消费已经成为宋人社会身份建构的重要手段。

消费对社会阶层进行了有效区分,不同的经济状况和文化品位的人对消费品的选择也不同。在书画领域里,雅与俗不仅仅是对书画类型的区别,这种表面区分的背后更是对不同社会阶层的隐喻,不同的书画类型对应着相应的阶层。并且这种区分不是静态的,也非单向度的,而是具有互构的性质,消费既可以标志差异,又可以构建差异。社会阶层的不同是决定消费差异的决定性因素,而消费的差异又进一步对社会阶层进行了区分和建构。就本书来说,书画消费活动是个人社会地位的体现,同时它也对消费者的社会地位起着重构的作用。尤其对像宋代富民阶层这样的处于从下往上流动的群体,这一社会意义表现得最为显著。

可以看出,现代语境中的消费分层意义在宋代已有体现。无论是士夫画在宋代的流行,还是米芾的"元非酷好,意做标韵,至假耳目于人"的评论以及富民阶层的崛起,那种在消费中标识和建构社会身份的意义足以彰显。但要注意的是,虽然宋代经济发展到古代的一个新高度,但毕竟并没有进入大工业时期,与现代的消费社会有着本质区别,所以消费的社会分层意义虽已初显,但并不能估计过高,这一点应是始终明晰的。

第六章
宋代文化消费与经济社会发展

一、经济社会发展奠定文化消费基础

宋代是中国历史上一个承前启后的重要时代，政治、经济、社会、文化乃至社会习俗、心理和意识形态等各个方面均发生了巨大的变化，对此，中外史学家已给予高度关注，出现了著名的"唐宋变革论""宋代近世说""宋型社会"等观点。虽然学界对出现于唐宋之际的变化有不同的理解和判断（或认为是根本性的变化，"宋是近世之始"；或认为"这个时期的变革是中国封建经济制度内部的推移衍化"，"它是从唐代农奴制向宋代封建租佃制转化的全局性的重大问题"等）[①]，但"重大变化"则是共识，文化消费也在这种变革大潮中显示出独特的意义，为理解宋代社会的变革提供了新的注脚。本书无意对种种变化都予以阐述，只从较宏观的角度，从政治、经济、社会、文化几个方面的突出变化来理解宋代文化消费发展的时代背景和动力所在。

[①] 此方面的研究成果丰硕，具体不再展开，总结性的成果可参见李华瑞《"唐宋变革"论的由来与发展》（上、下）(《河北学刊》2010年第4、5期）一文。

(一) 政治基础: 宋政府右文政策的大力推行

北宋立国后,一改唐末、五代之重武风尚,大力推行右文政策,"崇文抑武"成为宋历代治国的重要方略,正如太宗朝的宰相薛居正所说"上意方欲兴文教,抑武事"。① 就"尊儒崇文"来说主要表现在以下方面:一是尊孔崇儒。宋太祖、太宗及真宗等历代都非常重视重修或重建孔庙,如宋太祖时诏令增葺开封文宣王庙祠宇,亲撰《先圣亚圣传》,"以表严师崇儒之意",还率百官听讲于国子监,"凡三幸国子监,谒文宣王庙";宋太宗"亦三谒庙"。并以国家规格的礼仪尊孔祭孔,如宋真宗祭孔采用天子祭祀社稷的最高礼仪:"初有司定仪肃揖,帝特展拜,以表尊师崇儒之意,亲制赞,刻石庙中。复幸孔林,以树拥道,降舆乘马,至文宣王庙设奠再拜。"② 宋太宗时对昭文馆、集贤院和史馆进行迁址和重建,亲赐名为"崇文院",又为翰林学士院题写"玉堂之署",时人评说道"自唐置学士来,几三百年,今日方知贵矣"。③ 这些举措都显示出宋统治者尊儒崇文的态度和决心。二是改革科举制度,扩大取士名额。宋时对科举制度进行了一系列的改革,诸如废"公荐"、禁纳卷、确立殿试制度以及实行糊名、誊录、锁院、别试、唱名等措施,使科举制度中"一切以程文为去留"的原则得到了真正的实行,为寒士通过公平竞争跻身仕途提供了制度上的保证。④ 其中最具特别意义的是取消了门第限制,无论工农士商,皆可应举,扩大了取士范围,"国家开贡举之门,广搜罗之路,如工商杂类人内有奇才异行,卓然不群者,亦许解送;或举人内有乡里是声教未通之地,许于开封府、河南府寄应"⑤。同时,大幅度增加了科举录取

---

① 李焘:《续资治通鉴长编》卷18,中华书局1979年版,第394页。
② 脱脱等:《宋史》卷105《礼志八》,中华书局1977年版,第2547—2548页。
③ 苏耆:《次续翰林志》,洪遵:《翰苑群书》卷9,《影印文渊阁四库全书》第595册,第386页。
④ 何忠礼:《科举与宋代社会》,商务印书馆2006年版,第99—103页。
⑤ 徐松:《宋会要辑稿·选举》14之15,中华书局1957年版,第4490页。

的名额，如真宗平咸三年（1000），一次就录取进士及诸科 1800 余人①，大大超出了过往。根据张希清等人的统计，两宋共取士 115427 人，年均 361 人，为唐年均取士额的 14 倍。② 不仅录取人数大幅增加，而且还为科举出身者提供了十分便利的升迁条件，及第者荣耀无比。"状元登第，虽将兵数十万，恢复幽蓟，逐强房于穷漠，凯歌劳还，献捷太庙，其荣亦不可及也。"③ 南宋人也称："国朝科举取士，自太平兴国以来，恩典始重。"④ 三是"与士大夫共天下"。宋代统治者对文官的礼遇是空前的。宋太祖时就立定了不轻杀大臣与言官的"祖宗家法"，王夫之曾说："自太祖勒不杀士大夫之誓以诏子孙，终宋之世，文臣无欧刀之辟。"⑤ 在这种思想引导下，士大夫们享有政治和经济上的优渥待遇。⑥

宋政府大力推行的右文政策，对文化发展起到了根本性的促进作用。最突出的表现是读书人剧增，"人人尊孔孟，家家诵诗书"（陈傅良诗）的描述虽有夸张，但也基本反映了时人对文化的追捧。相应地，与之相伴生的求学教育消费及文化用品等相关消费也自然达到高峰。这种自上而下的激励政策达到了预期效果，不仅培养和笼络了大批文士，"自是取人益广，得士益多"⑦，使其成为治国的中坚力量，而且宋时文化迅速得到普及，助推宋文化达到古代的高峰。

（二）经济基础：商品经济的空前繁荣

商品经济发展到宋代已经达到了一个新的高度，正如漆侠先生所

---

① 李焘：《续资治通鉴长编》卷 46，中华书局 1979 年版，第 998 页。
② 张希清等：《宋朝典制》，吉林文史出版社 1997 年版，第 10 页。
③ 田况：《儒林公议》卷上，丛书集成初编本，商务印书馆 1937 年版，第 3 页。
④ 洪迈：《容斋随笔·续笔》卷 13《科举恩数》，中华书局 2005 年版，第 374 页。
⑤ 王夫之：《宋论》卷 1，中华书局 1964 年版，第 6 页。
⑥ 具体可参见周益：《论宋代文官制度充分发展的三大因素》，湖南师范大学 2002 年硕士学位论文。
⑦ 叶梦得：《避暑录话》卷 2，《宋元笔记小说大观》（3），上海古籍出版社 2001 年版，第 2613 页。

论:"社会生产力在唐宋特别是两宋时期的高度发展……正是这个高度发展把宋代中国推进到当时世界经济文化发展的最前列。"[1] 英国汉学家伊懋可认为唐宋两代存在"中古时期的经济革命"(the medieval economic revolution),表现在农业革命、货币和信贷革命、市场结构与都市化革命等方面。[2] 美国学者斯塔夫里阿诺斯指出:"宋朝时期值得注意的是,发生了一场名副其实的商业革命。"[3] 日本学者斯波义信指出"作为宋代社会的货币经济环境的商业,在当时的整个经济秩序中具有积极的构成意义"[4],并认为"8—13世纪的中国取得了很大的经济增长,从而带来了社会和文化的变化"[5]。

宋代经济领域的深刻变革,将之称为一次"经济革命"并不为过,这已得到国内学界普遍认同,比如林文勋将之概括为商品生产扩大、商品流通活跃、商人资本崛起、货币制度飞跃、市场关系扩大及其影响加强等方面。[6] 其中葛金芳的观点具有代表性,他认为:"与汉唐相比,宋代经济最引人注目的特点,就是商品经济成分在传统社会母胎中的急速成长。晚唐以降,特别是入宋以后,随着农业生产的发展,粮食剩余率的提高,煤铁革命的出现,手工业生产的扩大,以及运输工具(如漕船、海船)的进步和交通条件(如汴河和沿海海运)的改善,商品经济继战国秦汉之后迎来了它的第二个高涨时期。"[7] 进而他从多个方面论证了这种变化:一是商品性农业的成长(以桑麻、竹子、茶叶、水果、蔬菜、花卉等经济作物为主体的商品性种植业加速扩展,同时,许多专业茶农、果农、蔗农、菜

---

[1] 漆侠:《宋代社会生产力的发展及其在中国古代经济发展过程中的地位》,《中国经济史研究》1986年第1期。
[2] Mark Elvin, *The Pattern of the Chinese Past*, Stanford: Stanford University Press, 1973.
[3] 〔美〕L. S. 斯塔夫里阿诺斯:《全球通史:1500年以前的世界》,吴象婴、梁赤民译,上海社会科学院出版社1999年版,第438页。
[4] 〔日〕斯波义信:《宋代商业史研究》,庄景辉译,台湾稻禾出版社1997年版,第184页。
[5] 〔日〕斯波义信:《宋代江南经济史研究》,方健、何忠礼译,江苏人民出版社2000年版,第65页。
[6] 林文勋:《唐宋社会变革论纲》,人民出版社2011年版,第55页。
[7] 葛金芳:《宋代经济:从传统向现代转变的首次启动》,《中国经济史研究》2005年第1期。

农大批涌现，开始向小商品生产者转化）。二是都市化进程的加速（城镇数量和城市人口大幅度增加，城市中工商业从业者增多，地域性经济中心城市不断涌现，同时，坊市制的崩溃使城市商业突破地域和时间限制）。三是商品构成的变化和商业性质的转折（越来越多的生活资料和生产资料进入流通领域。原先主要为社会上层服务的、以奢侈品和土特产为主的贩运型商业，开始转变为以黎民百姓的日常生产和生活用品为主的规模型商业）。四是草市镇的勃兴和地方性市场的初步形成（"草市"成批涌现，以草市—镇市—区域经济中心为三级构成的地方性市场开始形成）。五是商人群体的崛起和"谋利"观念的盛行（越来越多的官僚、地主、士人、农民投入经商活动，商人阶层的实际地位和社会影响也有所提高。同时，体现商人意识的谋利观念——以叶适、陈亮为代表的浙东功利主义学派崛起对传统观念的冲击力日益增强）。六是海外贸易的拓展（海上"香料之路""陶瓷之路""丝绸之路"兴起，有60多个国家和地区与宋朝建立了外贸联系）。七是纸币的出现和白银的货币化（北宋前期出现了世界上最早的纸币——交子，稍后，以白银为代表的贵重金属称量货币亦开始跻身于流通领域）。①

文化消费作为一种较高层次的经济活动，它的发展必须以商品经济的繁荣作为保障，只有在一定的经济基础上，人们的可支配收入水平普遍较高的条件下，消费才不再局限于生存性需要，同时，消费品多经由市场而得，文化消费才有发展的可能。宋代商品经济的空前繁荣无疑为文化消费活跃提供了经济基础。

（三）社会基础：市民阶层的崛起

宋时，与商品经济繁荣发展相携而进的是城市取得了突破性发展，

---

① 葛金芳对宋代经济发展水平的评价，客观全面，颇具说服力，本书不再作重复性研究，更多的是对代表性观点的总结归纳，具体见葛金芳：《中国经济通史》第5卷，湖南人民出版社2002年版，第462—465页。

有国外学者甚至称其为"城市化革命"(the revolution in urbanization)[①] 或"中世纪城市革命"(the medieval urban revolution)[②]。国内学者也多有认同,如有学者认为,由"镇的人口规模、经济职能、政权机构进一步发展而形成一批经济型城市,逐渐改变着中国城市以政治型城市居住的总体格局,这是宋代城市化高潮最突出的表现"。"商业街区的形成、侵占官街河道事件的屡屡出现,以及城墙外附郭草市的增多,改变了宋以前中国传统城市的内部及外部形象,使城市具有近代城市的色彩。"[③] 与前代相比,宋代城市本质上的变化主要体现在由于坊市的崩溃和城郭限制的突破,城市格局由封闭转而开放。这种变化的直接结果是城市人口激增,出现百万人口的大城市,如宋太宗曾提到,"东京养甲兵数十万,居人百万"[④],大城市的容纳功能提升,东京城"添十数万众不加多,减之不觉少"[⑤],同时,10万户以上的中型城市增多,据《元丰九域志》可知,北宋元丰年间 10 万户以上的城市有 40 多个,崇宁年间更上升到 50 多个,而在唐代只有 10余个。[⑥] 像武昌、建康、扬州、成都、长沙等均是万户以上乃至十万户的城市。[⑦] 大量人口涌入城市,使城市居民的结构发生了变化,最显著的是"市民阶层"异军突起,成为一支新兴的社会力量。虽然学界对"市民阶层"的内涵理解有不尽相同之处[⑧],但共同之处多指生活在城镇,其经济文化生活与城镇市场息息相关,并具有非官非农身份的社会群体,主体是各类工商业者,还包括"小地产所有者、仆役走卒、闲汉食客、倡优浪

[①] Mark Elvin, *The Pattern of the Chinese Past*, Stanford: Stanford University Press, 1973, pp.113-199.
[②] 〔美〕施坚雅等主编:《中华帝国晚期的城市》,叶光庭等译,中华书局 2000 年版,第 23—24 页。
[③] 吴晓亮主编:《宋代经济史研究》,云南大学出版社 1994 年版,第 145 页。
[④] 李焘:《续资治通鉴长编》卷 32,中华书局 1979 年版,第 716 页。
[⑤] 孟元老著,邓之诚注:《东京梦华录注》卷 5《民俗》,中华书局 1982 年版,第 131 页。
[⑥] 转引自朱瑞熙:《宋代社会研究》,中州古籍出版社 1982 年版,第 14 页。
[⑦] 漆侠:《中国经济通史·宋代经济卷》下,经济日报出版社 1999 年版,第 1065 页。
[⑧] 具体辨析参见包伟民所著《两宋"城市文化"新论》(《文史哲》2012 年第 5 期)一文中"学术史视野中的'市民'"部分。

子以及落魄知识分子"①等城市居住者。两宋文献中的"富商巨贾"、"冶家"、"磨户"、"茶培主",还有"行老"、"市头",以及"杂作工匠"、"裨商细贩"、"百姓绣夫"、"游手末作"等,均是这一阶层的组成部分。

与前代相比,宋代城市中的工商业者等群体更具有特别意义的是他们被政府作为"坊郭户"列入名籍,并与乡村户相对应,这从制度上明确了其城市居民的性质,这也是宋代市民阶层作为重要的社会群体正式登上历史舞台的标志。钱穆认为"论中国古今社会之变,最要在宋代",其中最主要的变化是宋以前可称为贵族社会,"宋以下,始是纯粹的平民社会"。②贵族社会转向平民社会,不仅是指社会主体身份的转变,更在于日常生活中经由市场消费的经济意义凸显,为文化消费活动提供了社会基础,正如马克思所说:"消费和消费能力是市民等级或市民社会的原则。"③市民阶层是宋代消费市场中的重要力量,在文化教育、休闲娱乐等领域均有突出表现,这在前文中已有充分论述。

(四) 文化基础:宋代文化的非凡成就

宋代文化取得非凡成就,在文学、哲学、史学、书画、科学技术、教育等领域均有建树。对此,时人已有一定自觉意识,朱熹就说过:"国朝文明之盛,前世莫及。"④后人更有许多高度评价,最为著名的如近代学者王国维所言:"故天水一朝人智之活动与文化之多方面,前之汉唐,后之元明,皆所不逮也。近世学术多发端于宋人,如金石学亦宋人所创学术之一。"⑤现代国学大师陈寅恪先生在20世纪40年代初也曾说:"华夏民族

---

① 杨万里:《宋词与宋代的城市生活》,华东师范大学出版社2006年版,第138页。
② 钱穆:《理学与艺术》,《宋史研究集》第7辑,中华丛书编审委员会,1974年。
③ 〔德〕马克思、〔德〕恩格斯:《马克思恩格斯全集》第1卷,人民出版社1956年版,第345页。
④ 朱杰人、严佐之等主编,朱熹撰:《朱子全书·楚辞集注·楚辞后语》卷6《服胡麻赋第四十八》,上海古籍出版社、安徽教育出版社2002年版,第305页。
⑤ 王国维:《宋代之金石学》,姚淦铭、王燕:《王国维文集》第4卷,中国文史出版社1997年版,第120页。

之文化，历数千载之演进，造极于赵宋之世。"[①] 宋史专家邓广铭先生也有过类似评述："宋代文化的发展，在中国封建社会历史时期之内达于顶峰，不但超越了前代，也为其后的元明之所不能及。"[②] "宋代是我国封建社会发展的最高阶段。两宋期内的物质文明和精神文明所达到的高度，在中国整个封建社会历史时期之内，可以说是空前绝后的。"[③] 这些经典论断足可见宋代文化在中国文化史上所具有的承上启下、继往开来的重要地位。

宋代文化的繁荣发展已是共识，诸如在文学、哲学、史学、艺术、科学技术、教育等领域的具体表现，相关研究已很充分[④]，不再一一赘述。从消费的意义来讲，宋代文化的发展为文化消费提供了客体，不仅从内容、类型上大为拓展，如宋代娱乐市场上的文艺表演"新声"辈出（诸宫调、叫果子、手影戏、乔影戏、杂剧等都是诞生于北宋时期的新的艺术形式），为人们提供了更多精彩的文艺表演和更多的消费选择。更具有时代意义的是出现文化下移或文化普及现象[⑤]，这使文化不再被少数士家大族所垄断，逐渐由士阶层扩展到农工商阶层。文化受众增多直接的意义是为文化市场上提供了大批的消费者，最典型地体现在文化教育领域，"人人尊孔孟，家家诵诗书"的现象已非夸张。同时，大量平民的积极介入，使宋代文化出现雅俗互融的特点，一方面自上而下的文化影响更为常见，如服饰、妆式都以"宫样"、"内样"（内廷的服饰梳妆样式）为时尚标准，被世人竞相效仿，"由贵近之家仿效宫禁，以致流传民间，鬻簪珥者必言内样"[⑥]。另一方面，由下而上的文化渗透也不乏见，尤其在文艺领域表现突出，如文学中杂剧、话本等俗文学在民间广为流传，一定程度上影响了

---

① 陈寅恪：《陈寅恪文集》第 2 卷，上海古籍出版社 1980 年版，第 245 页。
② 邓广铭：《邓广铭学术论著自选集》，首都师范大学出版社 1994 年版，第 169 页。
③ 邓广铭：《关于宋史研究的几个问题》，《社会科学战线》1986 年第 2 期。
④ 具体内容可参见徐吉军：《中国古代文化造极于宋代论》（《河北学刊》1990 年第 4 期）、刘乃昌：《闪光的人格风采和深沉的社会意蕴——宋代文化概观》（《高校理论战线》1999 年第 1 期）、虞云国：《略论宋代文化的时代特点与历史地位》（《浙江社会科学》2006 年第 3 期）等文章。
⑤ 参见张邦炜：《宋代政治文化史论》，人民出版社 2005 年版，第 367—400 页。
⑥ 徐松：《宋会要辑稿·舆服》4 之 10，中华书局 1957 年版，第 1798 页。

雅文化的创作，从一味求雅转向了雅俗结合。[①]宋代文化的雅俗互融互动为消费提供了动力，尤其是下对上的模仿，力图使自己的消费达到高一层阶级的标准，以期获得相应的社会认同。这为文化消费的发展提供了动力。

二、文化消费推动经济社会加速发展

宋代政治、经济、社会、文化等诸方面因素的共同融合发展促进了文化消费的勃兴。同时，作为重要发展因子的文化消费也必然会进一步推动经济社会的发展。这是一个经济社会发展与文化消费双向良性互动的过程。

（一）文化消费促进生产发展

消费与生产之间具有辩证的"同一性"，高度依存且互相促进。文化消费和生产之间亦如是。在宋代，蓬勃兴起的文化消费不仅促进了文化类产品和服务的生产与供给，而且也带动了与文化类产品和服务相关行业的生产与供给，并解决了许多人的就业问题，扩大了再生产。

1. 促进了文化类产品和服务的生产与供给

宋代文化消费对文化产品和服务的促进作用不仅体现在种类和内容的丰富上，而且也体现在质量的提高上。这在本书所论述的四大类文化消费内容中均有体现。以笔墨纸砚和书籍的生产为例：

笔墨纸砚和书籍均是必需的文化用品，在宋代教育发展的背景下，对文化用具的需求急剧上升，需求的刺激有效地扩大了生产，提升了产品质量。以纸的生产为例，不仅纸的产区几乎遍及各路，并形成两浙、川

---

① 参见邓乔彬:《宋代文学的雅俗变化及成因》,《求是学刊》2006年第4期。

蜀、福建三大造纸中心①，而且造纸技术和造纸手工业都有了很大的改进和发展，比如宋时改进了造纸技术中的一个关键环节——把纸浆从抄到墙壁上晾干改到熏笼中焙干，这一技术使纸张"自首至尾匀薄如一"，也能够制作成三五丈长的长幅巨纸。造纸手工业中出现了雇佣关系而更具有了专业化。②笔墨砚的生产虽然因为更多具有家族传承性，其生产规模和广度上不如纸，但比起前代，一方面生产技术有了提升，市场上出现了许多名牌产品，如笔有著名的宣城笔、常州笔、晋陵笔等，墨有著名的歙墨、兖墨、蜀墨和海南墨等，砚有歙砚、端砚、洮河砚、澄泥砚等，中国四大名砚的地位更加巩固；另一方面产量上也大为增加，如在东京相国寺的笔铺，欧阳修用"累累相国东，比若衣缝虱"来形容其之多。同时，供应量的增多，必然带来激烈的竞争，市场上随之出现了鱼龙混杂的现象，有质量好的产品，也充斥着大量假冒伪劣产品。对此，各生产者为在竞争中胜出，使用了多种促销手段，有以质量取胜者，有以信誉求胜者，有低价促销者，也有以外观求胜者等，各种广告宣传促销法也应运而生。但质量无疑是产品最重要的生命力。总之，在商品经济社会里，优胜劣汰机制得到了充分的发挥，使产品质量也得到了很大的提高。

雕版印刷术在宋代大为发展，尤其是活字印刷术的发明，极大地提高了印刷效率，书籍的批量规模生产成为现实。产量扩大的同时，质量也得到提升，宋版书成为精刻书的代表，为后人所追捧。著名的藏书家、出版家叶德辉曾引用同是藏书家的高濂和孙从添之语高度评价了宋刻本之精："藏书以宋刻为善，宋人之书，纸坚刻软，字画如写……用墨稀薄，虽著水湿，燥无湮迹，开卷一种书香，自生异味"；"所谓墨香纸润，秀雅古劲，宋刻之妙尽矣！"③

宋代书籍的发展与关键技术的突破有密切关系，也与市场巨大的需求推动相关。宋代蒙学的勃兴和科举的高歌猛进一定程度上保证了书籍的

---

① 魏华仙：《宋代四类物品的生产和消费研究》，四川科学技术出版社 2006 年版，第 128 页。
② 参见漆侠：《中国经济通史·宋代经济卷》下，经济日报出版社 1999 年版，第 795—802 页。
③ 叶德辉：《书林清话》卷 6《宋刻书纸墨之佳》，复旦大学出版社 2008 年版，第 141 页。

刚性需求。宋人普遍重视蒙学教育，使用的蒙学教材比起前代的"识字读本几乎是蒙学教材发展的单一主线"[①]来说大为丰富，宋人在继承前代的基础上新编了大量蒙学教材。据学者统计："已知宋代新编的蒙学读物有110种以上，不但比以往任何一个朝代的数量都多，也超过了以往历朝历代编写的童蒙读物的总和。"[②]来自科举的书籍需求更为普遍和持久。宋时的考试内容趋向多样化，进士科由以诗赋为主转变为经义、诗赋、策、论并重；经义由试墨义改为试大义。[③]为了应举，市场上除了儒家经典、诗赋、类书和国史外，与应举有关的律令、兵法、医学、书画、历算等书籍也都大受欢迎。甚至应市场之需，还有书商模拟试题编印成书，且颇为畅销，前文所引岳珂评论此类书"今充栋汗牛矣"并非夸张。除了来自教育的刚性需求之外，宋时文化的普及使书籍广为流布和刊印，书籍内容更为广博，教材以外的其他类图书如小说、戏曲、野史、评话、堪舆、佛经等都得到普遍印刷。这已在前文的"书籍内容生产以市场需求为导向"一节中有所论述，不再赘言。

2. 带动了与文化类产品和服务相关行业的生产与供给

随着文化消费在宋代社会的逐渐深入和扩展，也带动了与文化类产品和服务相关行业的生产与供给。这在休闲娱乐类行业表现得最为突出。

旅游消费必然带动与旅游密切相关的旅馆业、饮食业及交通运输业的发展。如著名的旅游景点西湖周围店铺林立，尤其每逢旅游旺季，"店舍经营，辐辏湖上，开张赶趁"[④]。宋时舟船租赁业的快速发展与"无论四时，常有游玩人赁假"[⑤]的旺盛需求有关。再如至宋时普遍发展起来的茶馆业受到娱乐业的直接推动，吴自牧曾一语道破其间的关系："大凡茶楼

[①] 杨中华：《宋代蒙学教材研究》，云南师范大学2014年硕士学位论文。
[②] 潘伟娜：《宋代新编童蒙读物初探》，四川大学2005年硕士学位论文。
[③] 何忠礼：《科举与宋代社会》，商务印书馆2006年版，第73页。
[④] 西湖老人：《西湖老人繁胜录》，《宋史资料萃编》第3辑，台湾文海出版社1981年版，第13页。
[⑤] 耐得翁：《都城纪胜·舟》，上海古籍出版社1993年版，第10页。

多有富室子弟、诸司下直等人会聚，习学乐器、上教曲赚之类，谓之'挂牌儿'。人情茶坊，本非以点茶汤为业，但将此为由，多觅茶金耳。"[1] 茶馆成为习艺娱乐的场所，经营者以茶业为由可能更多赚的是赏金等与娱乐有关的钱。游玩之地，常常最集聚人气，这也正是商家做买卖的好时机，许多具有商业头脑的民众也积极参与进来，如永康青城山举行道会时，"会者万计，县民往往旋结屋山下，以鬻茶果"[2]。

这在看戏消费中也有充分表现，看戏不仅仅是单一形式的消费，更有许多配套消费，最为显著的是饮食业和一些时令物品，如有的商家在瓦子里建置饮食店肆，甚至还设有大酒楼和茶坊，就是为满足人们在看戏之后的不时之需。如《咸淳临安志》的"瓦子"条中记有"熙春楼"，熙春楼即南瓦的酒楼。[3]《梦粱录》记有"中瓦内王妈妈家茶肆名一窟鬼茶坊"[4]，这是中瓦内著名的茶坊。《西湖老人繁胜录》记载的北瓦"内有起店数家，大店每日使猪十口，只不用头、蹄、血、脏。遇晚烧晃灯，拨刀饶皮骨。壮汉只吃得三十八钱，其吃不了皮骨，饶荷叶裹归，缘物贱之故"[5]。有的则在热闹之处卖些零食，如有人在中元节"耍闹处亦卖果食、种生、花果之类"[6]。尤其在节日里，民众的消费欲望更加高涨，出现"倾城娱乐竞沽酒"[7]的场面。正如周宝珠先生说："节日与经济买卖、文化娱乐相结合。"[8] 另外，瓦子里还有售戏剧文化商品和其他百货的，如有制成戏剧人物或道具的"行娇惜、宜娘子、秋千稠糖、葫芦、火斋郎果子、吹

---

[1] 吴自牧：《梦粱录》卷16《茶肆》，三秦出版社2004年版，第232页。
[2] 洪迈：《夷坚志》丙志卷4《饼店道人》，中华书局2006年版，第391页。
[3] 潜说友：《咸淳临安志》卷19《瓦子》，《宋元方志丛刊》(4)，中华书局1990年版，第3549页。
[4] 吴自牧：《梦粱录》卷16《茶肆》，三秦出版社2004年版，第233页。
[5] 西湖老人：《西湖老人繁胜录》，《宋史资料萃编》第3辑，台湾文海出版社1981年版，第40页。
[6] 孟元老著，邓之诚注：《东京梦华录注》卷8《中元节》，中华书局1982年版，第211页。
[7] 孔文仲、孔武仲、孔平仲：《清江三孔集·孔平仲集·上元作》，齐鲁书社2002年版，第390页。
[8] 周宝珠：《宋代东京研究》，河南大学出版社1992年版，第496页。

糖麻婆子孩儿"，有"粉糕孩儿鸟兽、像生花朵、风糖饼、十般糖……鸡头担儿、罐儿、碟儿、锹小酒器、鼓儿、板儿、锣儿、刀儿、枪儿、旗儿、马儿、闹竿儿、花篮、龙船、黄胖儿、麻婆儿、桥儿、棒槌儿，及影戏线索、傀儡儿、狮子、猫儿"①等等都是热卖的商品，"瓦中多有货药、卖卦、喝故衣、探搏、饮食、剃剪、纸画、令曲之类。终日居此，不觉抵暮"②。这些相配套的各色消费大大刺激了人们的购买欲望，虽表现形式为物质，但却是由一些文化活动带动起来的。

其他领域的文化消费活动对相关产品的生产促进作用也很显见，如在色情消费中，凡能够提升女性魅力的物品，尤其是服装、首饰、化妆品等行业，都会受到一定程度的带动，而青楼妓女的家居日常用品的生产（参看前文所述名妓赛观音、孟家蝉、吴怜儿、徐兰等人的家居置品），会受到直接影响。求学教育中因要赶考，也会促进饮食旅馆业及交通运输业的发展；宗教消费领域则因大量的布施行为本身就是为修庙建观、修桥建塔等，这必然会促进建筑领域相关行业的生产。

3. 解决了一部分人的就业问题，扩大了再生产

文化消费领域的扩展和繁荣及其对生产的促进作用，无疑会吸纳社会上大量的劳动力，从而解决了相当一部分人的就业问题。比如在休闲娱乐领域，为了生计，很多人从事色情行业或作为专业伎艺人，如据宋人陶穀记载北宋开封的娼妓数量："今京师鬻色户将及万计，至于男子举体自货，进退惬然，遂成蜂窠巷陌，又不止烟月作坊也。"③在宋初这个百万人口的城市里，妓女竟将及万计，而男妓尚不在内，其数目之大令人咋舌。而职业艺人在宋代的数量也骤增，如《东京梦华录》中记载的北宋有姓名可考的艺人80余人，《武林旧事》中记载的南宋各类艺人500余人。而这

---

① 吴自牧：《梦粱录》卷13《诸色杂货》，三秦出版社2004年版，第201—202页。
② 孟元老著，邓之诚注：《东京梦华录注》卷2《东角楼街巷》，中华书局1982年版，第66页。
③ 陶穀：《清异录》卷上《人事门·蜂窠巷陌》，《宋元笔记小说大观》(1)，上海古籍出版社2001年版，第18页。

仅仅是冰山一角。宗教领域,在狂热的宗教信仰风气弥漫整个时代的背景下,从事佛道者人数达到了历史的高峰,如僧尼数量在宋真宗时多达45余万,是唐代至清代的最高数字。[①] 教育领域,由于宋代民众普遍重视教育,相当多的人从事私塾和家塾老师的职业。再如随着喜欢花卉的宋人越来越多,从事花卉种植和售卖的人也越来越多,如魏华仙在对花卉消费的研究中所关注到的:"城里有许多专靠卖花为生的人。陆游一首描写卖花翁的诗写道:'君不见会稽城南卖花翁,以花为粮如蜜蜂,朝卖一株紫,暮卖一株红,屋破见青天,盎中米常空,卖花得钱送酒家,取酒尽时还卖花。'"[②]

上述领域的从业者还基本是在文化领域,如果再加之受文化消费带动的其他行业的从业者,人数将更加庞大,如旅馆、饭店、酒楼、茶肆等本身数量就很多,其相关从业者更多。如此多的人的就业与文化消费的繁荣密切相关。同时,也有着重要的经济意义,一部分人在工商领域的就业,使其脱离农业的同时,获得了生活保障,并作为生产者或服务者或消费者的身份为经济的发展提供了原动力。劳动就业与经济增长有密切关系。一般来说,经济发展能带动就业增长,就业增长反过来也能促进经济发展,两者具有良性的互动机制。在千年前的宋代,经济一派繁荣之时,就业人数也在攀升,更多劳动力的参与,不仅扩大了再生产,也会进一步激活消费需求,从而直接促进经济的发展。

(二) 文化消费助推行业分工

经济学理论早已证明分工会提高劳动生产率,促进经济增长,反过来说,经济发展必然伴随着分工的进一步细化。亚当·斯密最早系统地研究了分工的经济影响,认为劳动分工带来了生产效率的提高,指出:"劳动生产力最大的改进,以及劳动在任何地方运作或应用中所体现的技能、

---

① 程民生:《宋代地域文化》,河南大学出版社1997年版,第259页。
② 魏华仙:《宋代四类物品的生产和消费研究》,四川科学技术出版社2006年版,第220页。

熟练和判断的大部分，似乎都是劳动分工的结果"①，并通过对制针业的分工如何提高生产率的案例来具体说明。熊彼特在评析《国富论》一书时，高度评价了斯密在分工方面的贡献："有一点一直没有得到应有的注意，那就是无论斯密以前还是斯密以后，都没有人想到要如此重视分工。在斯密看来，分工是导致经济进步的唯一原因。"并直接指出了"分工是经济进步的巨大原动力"。②马克思也强调了分工的重要性，认为："一个民族的生产力发展的水平，最明显地表现于该民族分工的发展程度。任何新的生产力，只要它不是迄今已知的生产力单纯的量的扩大（例如，开垦土地），都会引起分工的进一步发展。"③

在中国古代随着商品经济的发展，行业分工越来越细化，唐时已有120行之多，宋时行的数量更多，据《西湖老人繁胜录》记载南宋临安已有414行。这里的行指的应是职业的种类，而且，加藤繁认为这些职业数目并不是"实际的计数"，而是形容为数之多，如同现代人常用360行来形容不同职业的类别数一样。④漆侠先生认同了这一观点，并指出："不论是虚数还是实数，从隋唐时的120行，发展到南宋的414行，'行'成倍数地增加是确切无疑的。"⑤这从文献记载可看出，《都城纪胜》中记载："不以其物大小，但合充用者皆置为行。"《梦粱录》中亦有相似记载："市肆谓之'团行'者，盖因官府回买而立此名，不以物之大小，皆置为团行。"⑥除京师外，地方城镇也置有行，如真德秀所云黄池镇"诸般百物，皆有行名"。⑦

---

① 〔英〕亚当·斯密：《国富论》上卷，杨敬年译，陕西人民出版社2001年版，第7页。
② 〔美〕约瑟夫·熊彼特：《经济分析史》第1卷，朱泱、孙鸿敞等译，商务印书馆1991年版，第285页。
③ 〔德〕马克思、〔德〕恩格斯：《马克思恩格斯选集》第1卷，人民出版社1995年版，第68页。
④ 〔日〕加藤繁：《中国经济史考证》卷1，吴杰译，商务印书馆1962年版，第346页。
⑤ 漆侠：《中国经济通史·宋代经济卷》下，经济日报出版社1999年版，第822页。
⑥ 吴自牧：《梦粱录》卷13《团行》，三秦出版社2004年版，第191页。
⑦ 真德秀：《西山先生真文忠公文集》卷7《申御史台并户部照会罢黄池镇行铺状》，商务印书馆1937年版，第126页。

尽管现有研究中对宋代"行"、"团"的性质有不同理解[①]，但可以肯定的是，宋代行的普遍增加与经济发展密切相关，是经济发展的重要标志。对此，漆侠先生虽然肯定了行的建立与官府科索和差役有着重要的联系，但认为："如根据这些材料认为行完全是因此而建立起来的，那就把行的形成发展看成是人为的因素，而不是自身发展的必然结果了。行的建立是由其本身的需要建立和发展的。"[②] 魏天安也有类似看法："宋代的'行'组织是随着城市工商业的发展而建立起来的，没有城市工商业分工达到一定程度的高度，没有城市市场的复杂化，就不会有工商业者建立自己组织的社会需要，行会组织就无由产生。宋代'行'不是单纯为官府服务的官办机构，而是在疏导商品流通、垄断批发市场、应付官府科索、联络同业人之间的关系诸方面都发挥重大作用的工商业行业组织。"[③]

行的不断增加，反映了社会分工的水平越来越高，也说明职业的分类越来越细、越来越多元。同时，职业的细分也直接反映了社会生产力的发展水平和社会分工的水平。两者是正相关关系。职业的细分是生产发展的结果，会进一步促进生产的发展。基于生产和消费的"同一性"，消费的发展必然对职业的细化有促进作用。而其中的文化消费自然对其有积极的助推作用。比如《都城纪胜》《梦粱录》等文献所记载的众多行业，多集中于工商业领域，且不乏像酒行、食饭行、茶行、车马行、香水行（开浴堂者）等服务行业。文化消费对这些行业的促进作用是显著的，文中对此已有论述，不再赘言。同时，要强调的是一些行业本身内蕴着文化性，自然会因文化消费的兴起而兴起，如古董行（买卖七宝者）、散儿行（钻珠子者）、碾玉作等。

文化消费的客体虽然常常是无形的，但其载体则是物质的，与物质

[①] 一些学者认为"行"是一种自发组织的工商业组织，有的学者则认为："宋代的'行'很可能只是一种'役籍'，即服役名册，而并非实体性的行业组织。"具体辨析参见高寿仙：《"行业组织"抑或"服役名册"？——宋代"团行"和明代"铺行"的性质与功能》，《北京大学学报》2011 年第 6 期。

[②] 漆侠：《中国经济通史·宋代经济卷》下，经济日报出版社 1999 年版，第 827 页。

[③] 魏天安：《宋代行会的特点论析》，《中国经济史研究》1993 年第 1 期。

生产紧密相关。最典型地体现在文化用品的生产上。市场上对文化用品的旺盛需求直接刺激了生产，促进了行业的分工。以纸的生产为例，宋时形成了"有相当数量的专门制造纸的工匠和作坊"[1]，许多人从农业中分离出来专门从事纸的生产，前文提到的陕西路翔鄜县一带，"人以纸为业，号纸户"；广西的宾州、澄江洞的许多人家以"造楮为业"等都是造纸专业化的反映。这种专业化程度甚至影响到上游产业的细分，如宋时大为发展的竹纸[2]，其重要原材料是"苦竹"，相应地，交易市场里出现了专门的"苦竹市"。[3] 再如造纸的重要原材料——楮木，在其经营中，已有明显分类，"指地卖者，省功而利少；煮剥卖皮者，虽劳而利大。其柴足以供然。自能造纸，其利又多"[4]。也就是说，楮木经营者因市场需求不同已出现了多元分化：或者是整木出买；或者进行下一步加工，为造纸提供原材料；或者更进一步，直接造纸。逐渐细化的分工与生产和消费都有正相关关系，宋时繁荣的文化消费必然助推了行业的分工与细化。

（三）文化消费优化消费结构

所谓消费结构是指"人们在消费过程中所消费的不同类型的消费资料的比例关系"[5]。它是用来衡量民众消费水平和生活质量高低的标准，是经济结构的重要组成部分。一般来说，古代时受整体生产力水平所限，消费结构较单一且不均衡，也就是说，以满足生存型消费需求为主，享受型消费和发展型消费相对不足。从长时段历史分析角度来看，这一观点是客观的。但如果从具体的朝代来看，宋代因经济文化的高度发展，达到古

---

[1] 漆侠：《中国经济通史·宋代经济卷》下，经济日报出版社 1999 年版，第 801 页。
[2] 竹纸的起源有晋唐两说（参见吴传友：《中国竹纸史考探》，《竹子研究汇刊》2002 年第 2 期），但真正的发展是在北宋以后，被誉为中国造纸史上新纪元到来的标志（见潘吉星：《中国造纸技术史稿》第 5 章，文物出版社 1979 年版）。
[3] 魏华仙：《宋代四类物品的生产和消费研究》，四川科学技术出版社 2006 年版，第 141 页。
[4] 贾思勰著，石声汉校译：《齐民要术今释》卷 5《种穀楮》，中华书局 2009 年版，第 438 页。
[5] 尹世杰：《社会主义消费经济学》，上海人民出版社 1983 年版，第 111 页。

代社会的高峰,其消费结构已有较大的改善与提高。尤其从文化消费的角度来看,文化消费本身多属于享受型和发展型消费内容,宋时的文化消费从规模和层次上都达到前所未有的程度,即文化消费内容丰富并不断多元化,文化消费队伍扩大并日趋大众化,这必然会对消费结构有相当的改善或优化,现代经济学已充分证明,"发展和享受型消费支出在总消费支出中的比重上升是消费结构高级化的衡量标准之一"[①]。

文化消费内容丰富并不断多元化,是宋时文化消费的显著特点。在商品经济大发展的背景下,越来越多的精神文化类产品或服务走向市场化。文中所论述的笔墨纸砚、书籍、色情服务、看戏、旅游、赌博、书画、奇花、异石、钟铭鼎器等古器物,甚至占卜以及一些宗教信仰活动,无一例外地成为商品而走向市场。如笔墨纸砚作为重要的文化用品,其商品化的程度已经很高,从生产上来讲,产品生产具有了产区化、品牌化的特征;从销售上来讲,产品销售出现多样化的促销方法;其价格的制定也符合市场特点,即与产品质量、供求关系及消费偏好相关。书籍贸易活动相当活跃,数量大幅增加,售卖方式多样,商业性书坊大量兴起,书肆遍布全国各地。色情服务成为宋代服务业中异军突起的消费热点,社会各阶层尤其是中上层不但广纳姬妾、蓄婢养妓,而且热衷于青楼买欢,形成一股冶游纵乐的消费风气。歌舞百戏发展至宋代,其演出方式不再限于单纯的献艺供乐,而发展为以获取经济报酬为目的的商业演出,尤其专业性娱乐场所瓦舍勾栏的出现,更加深了商业化色彩。旅游的市场性最直接地表现在一些旅游地实行门票制,而与旅游行为密切相关的食宿、交通及相关购物消费等无不深受市场影响。宋代书画市场也日趋成熟,参与买卖的群体得以扩展,书画的题材内容更加丰富,交互流通的现象也愈加频繁。连一些宗教信仰活动也具有了浓郁的商业化气息,如作佛事、作道场,其收费与规模的大小有密切关系……总之,虽然上述的这些文化消费现象并不能涵盖所有,但基本能代表宋代文化消费的发展趋向,即在继承前代的

---

① 马伯钧:《消费结构优化是衡量产业结构优化的标准》,《消费经济》2003年第6期。

基础上，宋代文化消费的内容越来越丰富并不断趋于多元化，换句话说，宋代文化消费从产品到服务，从物质载体到精神内涵，从旧现象到新事物，呈现出一派生机盎然的景象。

文化消费队伍扩大并日趋大众化、平民化这一特点在宋代表现得尤为明显，基本在本书所涉及的文化消费内容中均有不同程度体现。如宋代休闲娱乐的消费群体中既有官僚士大夫、一般文人群体，更有大量的市民群体参与进来，甚至不乏农民群体；在宗教领域，因贵族化色彩逐渐淡化，宗教更加深入社会生活而更加世俗化和平民化，各色男女老幼深受影响，不论穷富，都心甘情愿地花费大量时间、精力和金钱在宗教活动上；宋人高度重视教育，文化得到了很大普及，读书人扩展至社会各阶层，不仅有士人，也有农人、商人、女性、蒙童、武将等；通常被视为阳春白雪的艺术品消费市场上，参与的人也逐渐多了起来，除了官僚士大夫及其他文人群体，一些小工商业者、武人乃至普通百姓也积极加入进来；即便是花卉，在宋代也走进千家万户，花卉消费阶层日趋广泛，官僚士大夫们不再是花卉消费的唯一主体，更为广大的市民包括农民都已成为花卉的消费者。

文化消费作为较高层次的消费类型，宋时已一定程度上改变了过去零星的且多集中在贵族豪族上层人士的消费格局，从主体（消费者）到客体（消费对象）全面地走向了多元化和大众化。这是生产力发展的重要表现，说明人们的可支配收入水平普遍得到了提高，消费不再局限于最基本的生存型需要，享受和发展型的文化消费在经济生活中的比重逐渐增大，消费结构得到了优化，整体消费水平有所提高。这也意味着宋时人们的消费观念更加开放多元，尤其体现在受资财所限的下层民众在文化消费领域的积极表现，如在教育领域，即使家境十分贫穷，也要挪出几文钱供孩子上学用，"又有负担之夫，微乎微者也，日求升合之粟，以活妻儿，尚日那一二钱，令厥子入学，谓之学课。亦欲奖励厥子读书识字，有所进益"[①]。再如宋人崇尚游乐，"不特富家巨室为然，虽贫乏之人，亦且对时

---

① 李焘：《续资治通鉴长编》卷 150，中华书局 1985 年版，第 3646 页。

行乐也"①。甚至不惜借贷,"至如贫者,亦解质借兑,带妻挟子,竟日嬉游,不醉不归。此邦风俗,从古而然,至今亦不改也"②。在宗教信仰上,更有不顾一切者,既有无一文钱的某淮阴人不惜将卖掉头发的 600 文全部用来作佛事,也有某营妓将辛苦积攒了几个月的钱一次性地用在了为夫祈福的转轮藏上。③ 这些极端事例虽反映出有些消费超出了正常可承受范围,但作为通常意义上的理性人,产生如此行为必有其心理或精神上的合理需求或支撑,我们不需放大其消极意义,相反,却可透视出宋人更加开放的消费观念。当然,只要选择消费,一定的财力支持是必要条件,文化消费更是如此,正如西斯蒙第所说:"这种精神领域的丰硕的享受,和那些比较微小的享受,例如,即兴诗、音乐、戏剧等,完全一样,都是用穷人阶级和富人阶级的收入来交换的。前者放弃自己的一部分生活资料,后者则放弃自己一部分物质享受,来分享一些精神方面的享受。"④ 不同的资本力量,反映在消费水平上也必然是不同的,前文所论的文化消费所具有的分层性就是具体表现。但不论其差异有多大,更广大的群体参与进文化消费,不管这种消费是因发展需要的求学教育消费还是只为获得一时之欢的娱乐消费,直接的表现是促进了文化消费总量的增长,优化了单一的消费结构,带动了经济发展,而且从社会发展的整体来看,无疑是一种社会的进步,正如吴晓亮所认为的:"精神享乐性消费那种日益为大众服务、为大众所享有的趋向,同样是唐宋城市都市化水平发展的表现;而发展性消费的日益增大则体现出那个时代民众自觉的一面,是社会的进步。"⑤

---

① 吴自牧:《梦粱录》卷 3《五月》,三秦出版社 2004 年版,第 40 页。
② 吴自牧:《梦粱录》卷 1《八日祠山圣诞》,三秦出版社 2004 年版,第 14 页。
③ 费衮:《梁溪漫志》卷 10《惠历寺轮藏》,《宋元笔记小说大观》(3),上海古籍出版社 2001 年版,第 3441 页。
④ 〔瑞士〕西斯蒙第:《政治经济学新原理或论财富同人的关系》,何钦译,商务印书馆 1964 年版,第 97 页。
⑤ 吴晓亮:《从城市生活变化看唐宋社会的消费变迁》,《中国经济史研究》2005 年第 4 期。

（四）文化消费推进社会流动

社会流动，指的是一个社会成员或社会群体从一个社会阶级或阶层向另一个社会阶级或阶层，从一种社会地位向另一种社会地位，从一种职业向另一种职业的转变的过程。它是社会结构自我调节的机制之一。社会流动包括横向水平流动和纵向垂直流动。前者如地理迁徙或同一（相近）阶层职业的转换，后者则指社会阶层的上下变动，通常随着职业变动而发生身份地位的改变。一个社会里大多数人流动的方向和频率会引起社会结构的变化，也反映着社会变迁的方向。一个社会能够创造更多的向上流动的机会，是社会充满活力的象征，是社会进步的表现。

相比现代社会，在传统的农业社会里，因为阶层相对固化，社会流动非常稀少。但到宋代时，随着政治、经济、社会、文化等领域的变革，既有秩序被冲击，社会阶层与结构调整重组，社会流动性明显加剧，"贫富无定势"，使贵者未必富，富者未必贵，贫者未必贱，贱者未必贫，贵、贫、贱处于经常性的转化之中。等级界限逐渐弱化，各阶层成员的升降变动则渐趋频繁。地主、自耕农或佃民都可能由于获得或失去土地而上升或沉沦，其身份、地位也因之会处在不断变化的波动状态。豪强地主可能"朝为富室，暮为穷民"[1]。农民也可改行，"去为商贾、为客户、为游惰"[2]；也有"自农转而为士"，"所在有之"[3]；商人的社会地位大为提升，传统的重农抑商观念发生了根本的动摇，出现了"士农工商，各有一业，元不相干"，而如今"同是一等齐民"[4] 的言论。清人沈垚对此有评论道："古者，四民分；后世，四民不分。古者，士之子恒为士；后世，商之子方能为士。此宋、元、明以来变迁之大较也。"[5] 四民间的界限不再那么分

---

[1] 楼钥：《攻媿集》卷88《敷文阁学士宣奉大夫致仕赠特进汪公行状》，四部丛刊本。
[2] 李焘：《续资治通鉴长编》卷150，中华书局1985年版，第3853页。
[3] 曾丰：《缘督集》卷17《送缪帐干解任诣诠改秩序》，影印文渊阁四库全书本。
[4] 黄震：《黄氏日钞》卷78《又晓谕假手代笔榜》，影印文渊阁四库全书本。
[5] 沈垚：《落帆楼文集》卷24《费席山先生七十双寿序》，丛书集成续编本。

明，而贫富的升降也变得极为迅速，"今日万钟，明日弃之；今日富贵，明日饥饿"①。两宋时期较为频繁的社会流动已被学者所关注，具有代表性的是张邦炜的相关研究，他认为："两宋时期的社会流动以中唐以来商品经济的发展为前提，由中国封建社会内部在唐宋之际发生的变革所促成。"他从政治地位（"贱不必不贵"）、经济地位（"贫不必不富"）以及职业（"士多出于商"）三个方面通过大量的案例来说明这种流动性，并高度评价其社会意义，认为"它不仅使得人们的门第观念相对淡化，而且给宋代社会带来了某些生气"，并且宋代"以社会经济的发展和科学文化的进步而著称，无疑与社会流动有关"。②张先生的这种分析颇有道理。可以说，社会流动实质上是一种社会资源再分配的过程，这与发生在唐宋之际的政治、经济、文化等一系列生产力和生产关系的重大变化密不可分，是社会变革的直接表现，同时，这种催生于内部的社会流动（不是由天灾或战争等外部因素的影响）又具有积极意义，是推动社会向前发展的巨大动力。

宋代为后世所展现的繁华很大程度表现在社会流动所带来的开放性、包容性，这种发展的活力不仅体现在政府发布的具有变革意义的政策条文里，更大程度上是由社会民众日常生活中的些许改变而集聚表现出来的。其中文化消费则是重要的观察视角。

求学教育消费是宋文化消费的重要内容，属于发展型消费，具有普及性和市场性的显著特征。这根源于宋时科举制度大范围的变革，不讲门第、不论贫富、只问成绩的科举制为下层民众提供了向上流动的阶梯。尽管客观上来讲，通过这一渠道实现身份上改变的人群只是非常小的一部分，但这种"满朝朱紫贵，尽是读书人"，"朝为田舍郎，暮登天子堂"的社会现象却产生出强大的示范效应，使大批的人投身于科举中来，正如苏辙所言："凡今农工商贾之家，未有不舍其旧而为士者也。"③正是这种

---

① 朱杰人、严佐之等主编，朱熹撰：《朱子全书·近思录》卷 7，上海古籍出版社、安徽教育出版社 2002 年版，第 240 页。
② 张邦炜：《两宋时期的社会流动》，《四川师范大学学报》1989 年第 2 期。
③ 苏辙：《栾城集》，上海古籍出版社 1987 年版，第 465 页。

科举洪流成为宋代社会流动的最大动力,梁庚尧认为:"科举考试成为塑造宋代社会性质的一项重要因素。科举社会的特色是社会上下阶层的流动性较以往增加,平民子弟仕进的机会大增。"[1] 然而,这决定终身的应举虽然是短短几场考试,背后却是应举者持续十几年甚至几十年的辛苦付出,相应的资财花费也是非常可观的,这从前文考察的支付学费和赶考时的花费情况即可看出。为了出人头地,有的人甚至不惜"罄家产"[2],即使穷人,也要"尚日那一二钱,令厥子入学"[3]。宋代全民在文化教育上的消费热潮,表达了底层社会成员积极向上垂直流动的强烈愿望。应举者一旦考试成功,很快会被授官,实现身份上的迅速转变,即"布衣而入,绿袍而出",政治地位和经济地位也随之改变,成功实现向上流动。这种通过科举实现向上流动的机制在宋代是相对畅通的,但同时还要注意到这种流动是双向的,做官并非就是进了保险箱,有随时遭贬的风险。宋代官场凶险,且对官员的控制非常严厉,采用了三省分权制和台谏监督弹劾制度以防止专权。官吏们稍不留心,就可能遭到言官的弹劾而被免职、贬官,这使所谓的官僚贵族阶层身份上的起落和经济地位的变动并不乏见,也使官僚中普遍存在一种潜在的危机感,如官至宰相的杜衍曾说:"衍本一措大尔,名位爵禄,冠冕服用,皆国家者。俸入之余,以给亲族之贫者,常恐浮食焉,敢以自奉也?一旦名位爵禄,国家夺之,却为一措大,又将何以自奉养耶?"[4] 可见,高官与穷书生身份的转换是常有之事,身居高位的官僚们对之心知肚明。总之,能上能下的社会流动机制对个人来讲虽然充满挑战和压力,但对社会整体来讲无疑是进步的,竞争与流动使社会充满了发展活力。

文化消费对社会流动的意义,不只由科举制的推进来体现。直观地

---

[1] 梁庚尧:《宋代社会经济史论集》下册,台北允晨文化实业股份有限公司1997年版,第652页。

[2] 脱脱等:《宋史》卷277《许骧传》,中华书局1985年版,第9436页。

[3] 李焘:《续资治通鉴长编》卷150,中华书局1985年版,第3646页。

[4] 朱杰人、严佐之等主编,朱熹撰:《朱子全书·五朝名臣言行录》卷7之1《丞相祁国杜正献公》,上海古籍出版社、安徽教育出版社2002年版,第205页。

来分析，文化消费一方面加速了人口地理上的横向流动，比如士人四处游学、学子进京赶考、歌舞伎艺人流动演出、游人四处游玩等，表面上的空间位移带来的是人口的聚集与经济的活跃；另一方面，伴随着文化消费的高涨，相关的文化行业快速发展起来，文化及其相关行业的从业人口增多，职业间的横向流动加速，细化了分工，优化了经济结构。

要强调的是，文化消费所推进的社会流动的积极意义不仅体现在对经济的促进上，本身"消费流动是社会流动的一个向度"。王宁认为："消费流动向经济流动和权力流动的转换需要借助社会资本的中介作用，即：通过展现与上流社会类似的文化资本，人们就获得了更高质量的社会资本或关系资本，借此获得更多的经济流动或权力流动的机会。"[1] 正如王宁所认为的这一分析向度在以往的社会流动研究中有所缺失，但不能否认其理论上的重要性。即使在宋代，消费已具有了社会分层的意义[2]，这一点尤其在书画艺术品等高端雅文化的消费中充分体现出来，消费成为标识身份的象征符号，一些人购买字画"元非酷好，意作标韵，至假耳目于人"[3]。通过消费流动这种较为简单明了的方式获得了文化资本进而获得"更高质量的社会资本或关系资本"。这种方式具有较强的引领和示范作用，使许多期望从下往上流动的群体为追求上层的社会认同感，将会突破相应阶层的局限而去附庸风雅，这在宋代艺术品消费者中的一些工商业者或富民群体身上即有明显表现。总之，文化消费所具有的彰显身份、抬高社会地位的作用，潜移默化地激励人们追求更高层次的文化消费，进而形成向上垂直流动的强劲动力。

自下而上的流动通常是显著的，不能忽视的是宋代在文化领域出现的自上而下的流动也不乏见，尤其在文艺领域表现突出，即出现雅俗文化交融汇通的情况。[4] 这不仅为社会上层和底层之间的交流开辟了一个较为

---

[1] 王宁：《消费流动：人才流动的又一动因》，《学术研究》2014年第10期。
[2] 秦开凤：《宋代书画消费与社会分层》，《学术研究》2015年第5期。
[3] 米芾：《米芾集·画史》，湖北教育出版社2002年版，第155页。
[4] 参见邓乔彬：《宋代文学的雅俗变化及成因》，《求是学刊》2006年第4期。

宽阔的缓冲地带,而且雅与俗的互融互动为消费提供了动力,具有重要的社会意义。世俗大众参与到文艺的生产和消费中来,打破了长期以来艺术和文化被上层社会独占的局面,打破了权贵和精英阶层对文艺的垄断,文艺不再是一小部分人的风流儒雅、以文会友、自娱自乐的专利,不再仅仅是专门为维护统治阶级的文化秩序。它的下移,使文艺消费逐渐成为下层民众、市井百姓的日常生活方式,成为他们慰藉心灵,表达人生理念、审美文化诉求,进行思想和情感的交流,参与社会文化活动,争取自己应得文化权利的途径,这有助于增进社会生活的透明度,增强市民百姓参与社会生活的能力。文艺走向消费,使大众成为文艺产品生产者的衣食父母,深刻影响了文艺产品的内涵、文化取向、生产方式、生产规模等。

第七章
宋代文化消费的当代启示

一、高度重视文化消费，大力发展文化产业

　　文化消费虽是一个现代概念，但作为一种经济现象并非只在现代社会才出现。实质上，在人类进入商品经济社会形态时，文化消费现象即相伴而生，并随着生产力发展水平的提高而不断发展，这在前文的"宋前文化消费现象概述"部分已有清楚阐述。宋代文化成就举世瞩目，达到古代高峰，商品经济也发展到相当的高度，那么，文化消费情况如何以及其具有何种经济、社会意义成为本书的研究目的。本书从整体上系统考察了宋代的文化消费情况，全面了解了宋时文化消费与生产力发展及商品经济之间的互动关系，进一步明确了文化消费在宋代经济社会发展中的地位和影响，为理解"唐宋变革"的大背景下，宋代经济和文化达到中国古代高峰提供了新的视角。可以说，这一视角的引入，使我们对宋代社会有了更加生动鲜活的认识，深化了对宋代社会与文化的理解。从具体的文化消费活动中，可以看到宋人精神世界的活跃、价值（包括消费）观念的嬗变、雅俗文化的消长、文化的层间互动、新兴社会力量的崛起以及社会结构的变动等。而且，作为较高层次的文化消费是整个经济系统中的一个因素，我们的研究深入到具体的消费主体、消费客体和消费过程，并关注其从生产

到消费以及它们之间的互动关系，充分挖掘出文化消费在宋时的经济意义，不仅促进了文化类产品和服务的生产和供给，带动了相关行业的生产和供给，并助推了行业分工，改善了消费结构，推进了社会流动等。通过本研究，文化消费的重要意义得到了较为充分的展现。千年前还处于农业社会的宋代，其文化消费已具有不可忽视的经济社会功能，那么，发展至现代工业文明社会，文化消费的重要性更不言而喻，我们必须充分认识到当代文化消费的积极意义，高度重视文化消费。

从消费与生产的同一性来看，文化消费与文化生产是一体两面，两者相互促进、高度依存。文化生产也同文化消费一样受生产力发展水平制约而历史地发展着。进入工业社会，文化生产因走向规模化、大众化而产业化，文化产业被称为朝阳产业而成为新的经济增长点。虽然学界对文化产业在经济结构和产业结构中的重要作用已有共识，但对其具体内涵的理解有着较大差异，文化产业的定义也有所不同。目前，联合国教科文组织（UNESCO）和关贸总协定（GATT）关于文化产业的共同定义在国际上引用较为普遍，其定义为：文化产业是从事具有文化属性的产品与服务的创造、生产和分销的行业。文化产品和服务在本质上具有文化属性，且通常受版权保护。文化产品和服务的首要经济价值来源于它们的文化价值，通过产生和利用知识产权，它们有创造财富和工作岗位的潜力。[①] 按照此定义推演，宋代时的文化生产，虽然其生产规模及生产方式都与现代工业社会或消费社会里的业态有着本质的区别，但不可忽视的是，宋代确已出现了专门的且有一定规模的从事文化产品生产和提供文化服务的经营性行业，像笔墨纸砚、书籍等文化用品的生产具有了产区化、品牌化的特征；歌舞百戏的表演场所——瓦舍勾栏的出现使演出更加商业化、职业化；色情服务也空前繁荣起来；等等。基于此，可以说宋代已形成了现代意义上文化产业的萌芽或雏形。文化生产的"产业化"，意味着对文化的

[①] "世界主要经济体文化产业发展现状研究"课题组：《世界主要经济体文化产业发展状况及特点》，《调研世界》2014年第10期。

享用已经从少数人的"权力消费"进入大众化的"市场消费",其产生的经济社会影响在文中已有充分论述,不再赘言。

文化消费和文化产业两者关系密不可分,正如有学者所言:"文化消费的发展是文化产业发展的基础和目的,而文化产业的发展则是文化消费的深化和繁荣的凭借,二者之间有着历史发展的统一性。"① 也就是说,文化产业依赖并生产出文化消费需求,文化消费又构成了文化产业生产和再生产的最终环节和源泉,并调节着文化产业资源配置和供给。充分认清二者发展的历史关系,对于更好地促进文化消费的繁荣以及更好地发展文化产业有积极意义。这应是本书第一个直接的启示。

随着我国经济的快速发展,人们的物质生活水平不断提高,对文化的需求也越来越多、越来越高,相应地,文化产业的发展也进入快车道,尤其是进入 21 世纪以来,从国家到地方政府都越来越重视文化产业的发展,国家层面将之作为重要的战略目标之一,要把"文化产业培育成为国民经济支柱性产业","推动文化事业全面繁荣、文化产业快速发展","推动文化事业和文化产生发展"②,地方政府则纷纷提出建设文化大省、文化强省,并从实际运作层面纷纷给予政策或资金方面的重点扶持。可以说,近些年,我国文化产业迎来前所未有的发展机遇。但总体来看,虽然已有很大程度的发展,但面临的问题和挑战依然非常多,尤其是与世界主要文化产业大国相比,差距非常明显,已有研究表明:"我国文化产业增加值和文化产业增加值占 GDP 比重均远低于日本和美国,文化产业从业人员占全国就业人数的比重低于英国和美国,在文化产品和服务的出口方面更是远低于其他主要国家。我国文化产业在文化企业实力、文化产品生产供给能力和核心竞争力等方面仍有较大差距,面对国外文化产品和服务

---

① 安顺、张明之:《论文化产业与文化消费发展的历史统一》,《南京财经大学学报》2012 年第 3 期。

② 参见中共十七届六中全会通过的《中共中央关于深化文化体制改革 推动社会主义文化大发展大繁荣若干重大问题的决定》和党的十八大、十九大报告。

的激烈竞争仍困难重重。"①可见，文化产业的发展任重而道远。但在发展过程中，我们不能一味地依靠来自国家或地方政府的政策支持，而要充分地发挥市场的作用，激发民众的文化消费需求和潜力，改变文化消费观念，优化消费结构，培育新的消费增长点，提高民众的文化消费能力，使文化消费对文化生产的促进作用通过市场的手段充分发挥出来，达到文化消费和文化产业的双向互动发展。

二、提升全民文化素质，努力建设书香社会

宋代文化成就是空前的，这已是共识。取得如此辉煌的成就关键在于宋政府大力推行的右文政策，在这一政策的激励下，宋人普遍重视教育，出现前文所引的"人人尊孔孟，家家诵诗书"，"今吴、越、闽、蜀家能著书，人知挟册"，"（福州）城里人家半读书"，"垂髫之儿，皆知翰墨"的盛况，即使在农村也是"释耒耜而执笔砚者十室而九"，"孤村到晓犹灯火，知有人家夜读书"。无论穷富，宋人都积极对教育进行投入，以期通过发展性消费获得更好的收益。事实上，那些最初做出发展性消费决策和投入的家庭，确实有成千上万的举子在登科及第、步入仕途之后得到了名利双收的回报。如据学者统计《宋史》有传的 1953 名士大夫中，出身于非官僚家庭者占 55.12%；若从严考究，至少占 32.53%。②在宋宰相中，"为数更多、更典型的是穷书生因考中进士而骤得富贵"③。这种成功的示范效应愈加激励更多的人走上科考这条道路，"重学求教"的社会风气逐渐形成。典型的如饶州 9 岁的朱天锡和其 12 岁的族兄朱天申因"神童"得官，在当地影响很大，人们纷纷效仿，甚至掀起了开发幼

---

① 张亚丽：《我国文化产业发展及其路径选择研究》，吉林大学 2014 年博士学位论文。
② 李弘祺：《宋代教育与科举的几个问题》，《宋代教育散论》，台北东升出版事业公司 1970 年版。
③ 张邦炜：《宋代婚姻家族史论》，人民出版社 2003 年版，第 348 页。

儿智力、实行早期教育的热潮。叶梦得对此事有详细记载:"饶州自元丰末,朱天锡以神童得官,俚俗争慕之。小儿不问如何,粗能念书,自五六岁即以次教之五经。"① 这种重视教育的社会风气对社会发展是具有积极作用的,最直接的表现是全民文化素质的提升,正如邓广铭先生所说:"商品经济的发展使得大量原居社会下层的人群得到较多的活动机会,以致宋王朝的当政者们只经常提及重农的原则,却很少(甚至可以说没有人)再呼喊抑商的口号。这种种因素的具备,遂使国内的每一个丰衣足食的小康之家都要令其子弟去读书应考,争取科名。科名虽只有小部分人能够争取得到,但在这种动力之下,全社会却有日益增多的人群的文化素质得到大大的提高。"② 《宋史》中对这种重读书的社会风尚亦多有记载:"自时厥后,子孙相承,上之为人君者,无不典学;下之为人臣者,自宰相以至令录,无不擢科,海内文士彬彬辈出焉。"③ "考其治化之污隆,风气之离合,虽不足以儗伦三代,然其时君汲汲于道艺,辅治之臣莫不以经术为先务,学士搢绅先生,谈道德性命之学,不绝于口,岂不彬彬乎进于周之文哉!""君臣上下,未尝顷刻不以文学为务,大而朝廷,微而草野,其所制作、讲说、纪述、赋咏,动成卷帙,参而数之,有非前代之所及也。"④ 显然,整个宋代社会充满着浓厚的读书之风。

崇尚读书的社会风气的形成,虽初始的动机与功利化的追求有关,但一旦养成习惯,则成为许多人修身养性的最好途径,甚至成为其追求的一种生活常态,欧阳修《读书》诗句"至哉天下乐,终日在书案"表达了其对读书的热爱;黄庭坚则说:"士大夫三日不读书,则理义不交于胸中,便觉面貌可憎,语言无味。"⑤ 他将读书的重要性上升到甚至关乎人的外在

---

① 叶梦得:《避暑录话》卷2,《宋元笔记小说大观》(3),上海古籍出版社2001年版,第2617页。
② 邓广铭:《北宋文化史述论·序言》,陈植锷:《北宋文化史述论》,中国社会科学出版社1992年版。
③ 脱脱等:《宋史》卷439《文苑传一》,中华书局1985年版,第12997页。
④ 脱脱等:《宋史》卷202《艺文志一》,中华书局1985年版,第5031、5033页。
⑤ 潘永因:《宋稗类钞》(下)卷5《格言》,书目文献出版社1985年版,第479页。

形象和内在修养的层面上。苏轼的名句"腹有诗书气自华"表达了同样的意思。"万般皆下品，唯有读书高"的诗句更是将读书推向了至高的地位，这也正是宋人尊重知识、崇尚读书的真实反映。

宋代重教兴文的直接结果是文化得到相对普及[①]，全民文化素质得到有效提升。众所周知，人的素质的提升是经济、社会、文化发展的基础，宋代之所以能取得多方面的卓越成就，与全民文化素质的提升密不可分。

宋代举国兴学、全民尚学的社会风气一定程度上塑造了一个"书香社会"，成为后人追摹的典范，更积淀成为中华民族的优良传统，需要后人积极继承弘扬。可悲的是，反观当今社会，功利主义、实用主义大行其道，除了学校的应试教育中的所谓读书，社会中的人也多是或为职称晋升或为资格证获取的被动式读书，读书成为技术性生存手段，而出于真正喜好的读书行为逐渐成为稀缺，再加之信息社会阅读方式的改变，"浅阅读"与"快餐文化"的冲击，"鸡汤"淹没了"书香"，据最新的全国国民阅读调查报告显示，2015 年我国国民人均纸质图书阅读量为 4.58 本[②]，尽管比往年已有一定提高，但这个数字还是与一个传统礼仪文化之邦极不相称。在充满浮躁和投机行为的环境下，静心阅读甚至成为国人的奢侈。可以毫不夸张地说，因阅读匮乏带来的精神上的荒芜已成为当下最大的精神危机，继而带来系列的社会问题，信仰的缺失、道德的滑坡令国人在经济崛起的同时精神上却走向了焦虑和空虚，成为逐渐迷失的一代。面对这一怪象，一些具有忧患意识的学者像杨叔子、张岂之等先生大声疾呼，认为在"我们高等教育中，急功近利的'功利化'倾向不能不引起我们的注

---

① 这一点张邦炜先生在《宋代文化的相对普及》一文里已有详细论证，该文从"奇童出盛时"，"妇女多能诗"，"人人尊孔孟，家家诵诗书"，"板本大备，儒者逢时"，"满朝朱紫贵，尽是读书人"，"人生至要，无如教子"等六个方面较全面地论证了宋代文化的相对普及情况（参见张邦炜：《宋代政治文化史论》，人民出版社 2005 年版，第 367—400 页）。

② "第十三次全国国民阅读调查数据在京发布"，参见中国新闻出版研究院网，http://cips.china-publish.com.cn/kybm/cbyjs/cgzs/201604/t20160419_173544.html。

意"①,"文化素质教育应纳入教学计划"②,在中国高教界发起了重视文化素质教育的倡议,希望从教育入手加强中国人文传统的意识,提升国人的文化素质。可喜的是,国家层面也已注意到这一问题,并从 2006 年开始,中宣部、中央文明办等 11 部委联合倡议开展全民阅读活动,通过举办一系列的活动,"让人民群众人人有书读,家家有书香"③。这一活动持续至今,并不断得到重视,甚至上升至国家战略层面,2012 年"开展全民阅读活动"被历史性地写入党的十八大报告,2014 年、2015 年连续两年将"倡导全民阅读"写入政府工作报告,尤其是在 2015 年政府工作报告中不仅继续"倡导全民阅读",更提出了"建设书香社会"的新要求,标志着该系统工程将会持续深入开展下去。这一举措不仅是建设文化强国的必由之路,也是实现中华民族伟大复兴的内在要求。国人要以实际行动积极响应国家的政策,将读书作为一种修身养性、提高素养的重要途径,并内化为一种自觉行为,真正融入日常生活之中。

三、弘扬优秀传统文化,增强中华文化自信

宋文化的非凡成就在古代中国独树一帜,学界通过分析其特质而将之称为"宋型文化"。这一文化形态是唐宋大变革的产物,众多学者已从不同层面予以了解读。④ 大体说来,其文化精神可从内敛含蓄、理性自省、雅俗融合、兼容创新等几个关键词中表现出来。从其文化结构来说,刘方的分析可谓全面,他认为:"宋型文化不仅仅是一个简单的时代文化的

---

① 杨叔子:《双翼健劲,长空竞胜》,周远清、阎志坚主编:《论文化素质教育》,高等教育出版社 2004 年版,第 19 页。
② 张岂之:《文化研究与文化素质教育》,《中国文化研究》1998 年冬之卷。
③ "2006 年中国精神文明建设大事记",参见中国文明网,http://www.wenming.cn/ziliao/dashiji/201204/t20120405_596201_3.shtml。
④ 内藤湖南、包弼德、刘子健、傅乐成等学者都提出精彩的观点,详见李建军:《宋代〈春秋〉学与宋型文化》(四川大学 2007 年博士学位论文)一文中"从唐型文化到宋型文化"的辨析。

符号，而且是一个具有新的文化特质的文化范型。以追求内圣、精神的圆满自足为目标的宋学，构成了宋型文化的基本内核的重要方面。成熟的科举制度、文官官僚系统、中央专制集权、台谏制度等则构成了宋型文化的制度层面。而宋代农业革命、消费性的城市经济、士大夫阶层的形成等方面，则构成了形成宋型文化的物质基础。"[1] 笔者再从文化消费的视角对宋型文化的形成予以补充。

宋代文化消费的异军突起不仅对当时经济社会发展带来了深刻的影响，对宋文化自身发展也起到了重要的推动作用，即助推了宋型文化的形成。

文化消费是以一定的物质消费或服务消费为依托和前提的，但是不管是物质形式还是非物质形式，其消费本质都是其中的文化内涵，如书籍是物质的、具体的，但人们购买时更看重的是书中的内容；歌舞百戏是以服务形式表现出来的，是抽象的，其载体是艺人，但人们在观看时注重的是艺人的表演，更明确地说，就是支撑艺人表演的内容情节。这说明文化消费的背后是一些具体的文本内容。也因此，从纯文化的角度来讲，文化消费的繁荣必然会促进文化文本即文学艺术的发展。这种发展不仅表现在载体种类和内容的丰富上（如前文所论的宋代图书除正统的经史等外，诗歌、小说、戏曲、野史、医书、历书、评话、堪舆及儿童启蒙读物等书得到普遍印刷；绘画上，既继承了前代的人物画，又广泛地出现了山水花鸟画以及题材多样的通俗年画等），更反映出雅俗融通的消费观和价值观的嬗变，而这才是具有历史意义的本质性的变化。

雅俗融合是宋型文化的一个重要特征，它表现在多方面，我们以歌舞百戏为例一窥其变迁。宋代的歌舞百戏在商品经济的大潮中渐趋职业化、商业化和市场化，这种发展方向促使歌舞百戏从表演内容和受众方面都有了很大的扩展。从表演内容上来看，整体上已经从上层贵族中解放出来，而以平民化和生活化的风格居多，也不再只是对上层阶级文治武功的赞颂，而是以表现普通人的生活、情感为旨，人情味儿更足，市民气息更

---

[1] 刘方：《宋型文化：概念、分期与类型特征》，《湖州师范学院学报》2005 年第 3 期。

浓。如盛行于隋唐时期的歌舞大曲已经不再受到宋人的青睐，宏大的场面也不再是宋人追求的目标，相反，宋人所钟爱的是戏剧性、故事性和生活气息浓重的世俗化的表演。宋代的歌舞节目开始变得通俗、生动且内容丰富。这种表演内容上的变化与文化消费的主体即受众的变化有关，即由上层贵族下移至普通市民之中。宋代出现的瓦肆勾栏是专业文化娱乐场所，这里接受和容纳着各阶层人士，既"为士庶放荡不羁之所，亦为子弟流连破坏之门"[1]，一般市民、军士甚至农民都成为名副其实的受众。表演内容和受众面的扩展不仅丰富和繁荣了文化艺术本身，而且加深了雅俗文化的共融发展，以少数人为受众对象，以气势恢宏的表演为内容的雅乐歌舞正逐渐摆脱贵族化倾向，与民间文化接近；同时，南宋时教坊制度的废止，大批宫廷乐人被迫流入瓦肆勾栏，上流社会的雅文化与大众市民文化进一步融合，民间色彩更加明显。由雅而俗转向的同时，自下而上的由俗而雅流动也在并进着。典型的如宋词这种原本是"艳科"、"小道"的文艺形式也经历了雅化的过程，张维青、高毅清指出："词本是产生于宴乐和民间的一种文化形式，以其较少庄重严肃而富有闲情逸致引起人们的赏好。特别是在具有文化修养的上层社会成员介入词的品玩后，这一原来不登大雅之堂的文体很快提高了品位，其原有的抒情功能得到强调，而创作的文人化也渐洗民间的俚俗风。"[2] 这种雅与俗的上下互动渗透，改变着宋代社会的精神风貌和社会结构，成为"宋型文化"的典型特征，也成为"宋型社会"新的注脚。

对于"宋型文化"，我们在分析其与众不同的特质的同时，更要关注这一文化形态对后世的深远影响。李建军通过梳理宋型文化的历史脉络，认为："宋型文化肇始于中唐，定型于南宋，绵延于元明，衰歇于清代。"[3] 虞云国则通过分析宋文化的特点，指出其"在中国文化史上有着承上启下、继往开来的历史地位。不仅在当时中国境内诸政权以及东亚儒学

---

[1] 吴自牧：《梦粱录》卷19《瓦舍》，三秦出版社2004年版，第294页。
[2] 张维青、高毅清：《中国文化史》第3册，山东人民出版社2002年版，第179页。
[3] 李建军：《宋代〈春秋〉学与宋型文化》，四川大学2007年博士学位论文。

文化圈各国发挥了主导文化的作用,还对世界文明以及宋代以后中国历史与文化产生了深远的影响"[1]。

宋型文化有如此强大的生命力和广泛的影响力,一是与宋型社会的深远影响有关。对此学者已有较多关注,如明代史家陈邦瞻所提出的著名的"宇宙风气,其变之大者三"中的第三变,即宋之变,"今国家之制,民间之俗,官司之所行,儒者之所守,有一不与宋近者乎?非慕宋而乐趋之,而势固然已"。[2] 近代思想家严复更明确指出:"若研究人心政俗之变,则赵宋一代历史,最宜究心。中国所以成为今日现象者,为善为恶,姑不具论,而为宋人所造就,什八九可断言也。"[3] 文化与社会是一个互动互构、相辅相成的过程,进而,宋型文化与宋型社会互为表里、相互影响,一定程度上可以说文化是社会的魂,社会是文化的形;宋型社会产生了宋型文化,宋型文化塑造了宋型社会。宋型文化与宋型社会所具有的这种同一性,使其具有相同的历史走向,对后世产生了深远影响。二是因为其包含了反映民族本位文化与民族精神的因素。以"宋学"作为切入点来看,宋学作为宋型文化的精神内核,是中国古代学术思想的新巅峰,对古代中国后期的民族素质与价值信仰产生了巨大的影响。[4] 展开来讲,宋学的核心是儒学,儒家思想的"以人为本"、"自强不息"、"中庸之道"、"过犹不及"、"和而不同"、"己所不欲勿施于人"、"将心比心"等格言充满着人生智慧,构成了民族文化的基本内质;"先天下之忧而忧,后天下之乐而乐"、"为天地立心,为生民立命,为往圣继绝学,为万世开太平"、"以天下为己任"的经世理念,以及岳飞《满江红》和文天祥"人生自古谁无死,留取丹心照汗青"等具有强烈的民族精神和爱国主义情操的诗文都是宋人理想人格的表达,蕴含着中国的本位文化和民族精神。即使是常被后人诟病的宋代理学,也具有许多值得称道的精神品质,李泽厚说:

---

[1] 虞云国:《略论宋代文化的时代特点与历史地位》,《浙江社会科学》2006 年第 3 期。
[2] 陈邦瞻:《宋史纪事本末》附录一《宋史纪事本末序》,中华书局 2015 年版,第 1191 页。
[3] 严复:《与熊纯如书》,《严复集》第 3 册,中华书局 1986 年版,第 668 页。
[4] 虞云国:《略论宋代文化的时代特点与历史地位》,《浙江社会科学》2006 年第 3 期。

"（宋代理学）在中国民族性格与中国实践理性的形成发展中，在中国民族注重气节、重视品德、讲求以理统情、自我节制、发奋立志等建立主体意志结构等方面都起过积极作用。"[1] 由此，可以说，宋型文化内蕴并丰富了中华本位文化，是国人文化基因的重要来源和组成部分，因具有典型性和代表性而具有强大的生命力。正如学者所指出的，唐后期及此后的宋代文化"直至 20 世纪初都是中国的典型文化。其中许多东西在以后的一千年中是中国最典型的东西"[2]。这所谓的典型文化即传承下来的优秀文化，它集中展现了中华民族独特的思维特点和人格特征，构成了中华传统文化的根基，是中华民族生生不息绵延不绝的力量之源。

以宋型文化为代表的优秀传统文化历经数千年积淀、传承、创新、融合发展，构成了当代文化的主脉，是我们国家和民族的灵魂所在，必须重视和挖掘其有益部分，实现其当代价值。习近平总书记在多次讲话中不仅阐述了中国传统思想文化的内涵，也充分肯定了优秀传统文化的价值与意义，认为中国优秀传统文化"体现着中华民族世世代代在生产生活中形成和传承的世界观、人生观、价值观、审美观等，其中最核心的内容已经成为中华民族最基本的文化基因。这些最基本的文化基因，是中华民族和中国人民在修齐治平、尊时守位、知常达变、开物成务、建功立业过程中逐渐形成的有别于其他民族的独特标识"；它"可以为治国理政提供有益启示，也可以为道德建设提供有益启发"；"我国今天的国家治理体系，是在我国历史传承、文化传统、经济社会发展的基础上长期发展、渐进改进、内生性演化的结果"；"只有坚持从历史走向未来，从延续民族文化血脉中开拓前进，我们才能做好今天的事业"；"没有文明的继承和发展，没有文化的弘扬和繁荣，就没有中国梦的实现"。

弘扬优秀传统文化，必须建基于对自身文化价值的充分认识和肯定，即要有充分的中华文化自信。党的十八大以来，习总书记曾在多个场合提

---

[1] 李泽厚：《中国古代思想史论》，人民出版社 1986 年版，第 256 页。
[2] 〔美〕费正清、〔美〕赖肖尔：《中国：传统与变革》，陈仲丹等译，江苏人民出版社 1992 年版，第 119 页。

及文化自信。在 2014 年的中央政治局第十三次集体学习中,习近平提出要"增强文化自信和价值观自信"。之后的几年间,习近平又对此有过多次论述:"增强文化自觉和文化自信,是坚定道路自信、理论自信、制度自信的题中应有之义。""中国有坚定的道路自信、理论自信、制度自信,其本质是建立在 5000 多年文明传承基础上的文化自信。""文化自信,是更基础、更广泛、更深厚的自信。"[①] 习总书记的讲话在指出弘扬优秀传统文化的必要性的同时,更提出关键性的要素,即必须树立和增强中华文化自信,这是提高我国的文化软实力、实现中国梦的必由之路,而如何践行之,并发挥其重要作用,正如赵银平所说,将是"我们必须重视的时代课题"。

---

① 以上习近平讲话内容引自赵银平:《文化自信——习近平提出的时代课题》,参见新华网,http://news.xinhuanet.com/2016-08/05/c_1119330939.htm。

参考文献

一、古籍类

（汉）刘向：《战国策》，上海古籍出版社1985年版。

（汉）桓宽：《盐铁论》，中华书局2015年版。

（汉）应昭撰，王利器校注：《风俗通义校注》，中华书局1981年版。

（汉）卫宏撰，（清）孙星衍辑：《汉旧仪补遗》，中华书局1990年版。

（汉）王符著，（清）汪继培笺，彭铎校正：《潜夫论笺校正》，中华书局1985年版。

（晋）陈寿：《三国志》，中华书局1959年版。

（北魏）杨衒之撰，周祖谟校释：《洛阳伽蓝记校释》，中华书局2010年版。

（南朝宋）范晔：《后汉书》，中华书局1973年版。

（北齐）魏收：《魏书》，中华书局1974年版。

（唐）房玄龄：《晋书》，中华书局1974年版。

（唐）姚思廉：《梁书》，中华书局1973年版。

（唐）李延寿：《北史》，中华书局1974年版。

（唐）李延寿：《南史》，中华书局1975年版。

（唐）杜佑：《通典》，中华书局1988年版。

（唐）魏徵：《隋书》，中华书局1973年版。

（元）马端临：《文献通考》，中华书局 2011 年版。

（唐）张鷟：《朝野佥载》，中华书局 1979 年版。

（唐）张彦远：《历代名画记》，人民美术出版社 1964 年版。

（宋）李昉等编：《太平御览》，中华书局 1960 年版。

（宋）司马光：《资治通鉴》，中华书局 1956 年版。

（宋）王辟之：《渑水燕谈录》，中华书局 1981 年版。

（宋）李昉等编：《太平广记》，中华书局 1961 年版。

（宋）耐得翁：《都城纪胜》，上海古籍出版社 1993 年版。

（宋）高承：《事物纪原》，中华书局 1989 年版。

（宋）罗大经：《鹤林玉露》，中华书局 1983 年版。

（宋）王安石：《王安石全集》，上海古籍出版社 1999 年版。

（宋）苏轼：《苏轼诗集》，中华书局 1982 年版。

（宋）苏辙：《苏辙集》，中华书局 1990 年版。

（宋）洪迈：《容斋随笔》，中华书局 2005 年版。

（宋）孟元老著，邓之诚注：《东京梦华录注》，中华书局 1982 年版。

（宋）金盈之：《新编醉翁谈录》，辽宁教育出版社 1998 年版。

（宋）吴自牧：《梦粱录》，三秦出版社 2004 年版。

（宋）洪迈：《夷坚志》，中华书局 2006 年版。

（宋）徐梦莘：《三朝北盟会编》，上海古籍出版社 1987 年版。

（宋）苏辙：《龙川别志》，中华书局 1982 年版。

（宋）何薳：《春渚纪闻》，中华书局 1983 年版。

（宋）江少虞：《宋朝事实类苑》，上海古籍出版社 1981 年版。

（宋）葛立方：《韵语阳秋》，上海古籍出版社 1984 年版。

（宋）周密：《齐东野语》，中华书局 1983 年版。

（宋）朱弁：《曲洧旧闻》，中华书局 2002 年版。

（宋）周煇撰，刘永翔注：《清波杂志校注》，中华书局 1994 年版。

（宋）罗烨：《新编醉翁谈录》，辽宁教育出版社 1998 年版。

（宋）朱熹：《朱子全书》，上海古籍出版社、安徽教育出版社 2002

年版。

（宋）周密：《癸辛杂识》，中华书局 1988 年版。

（宋）刘斧：《青琐高议》，上海古籍出版社 2012 年版。

（宋）欧阳修：《欧阳修全集》，中华书局 2001 年版。

（宋）秦观著，徐培均笺注：《淮海集笺注》，上海古籍出版社 1994 年版。

（宋）欧阳修：《归田录》，中华书局 1981 年版。

（宋）吴曾：《能改斋漫录》，上海古籍出版社 1979 年版。

（宋）周去非著，杨武泉校注：《岭外代答校注》，中华书局 1999 年版。

（宋）陆游：《老学庵笔记》，中华书局 1979 年版。

（宋）赵彦卫：《云麓漫钞》，中华书局 1996 年版。

（宋）陆游：《陆游集》，中华书局 1976 年版。

（宋）蔡絛：《铁围山丛谈》，中华书局 1983 年版。

（宋）邵伯温：《邵氏闻见录》，中华书局 1983 年版。

（宋）周密：《武林旧事》，上海古籍出版社 1993 年版。

（宋）文莹：《玉壶清话》，中华书局 1984 年版。

（宋）阮阅：《诗话总龟》，人民文学出版社 1987 年版。

（宋）范镇：《东斋记事》，中华书局 1980 年版。

（宋）王得臣：《麈史》，中华书局 1986 年版。

（宋）吴处厚：《青箱杂记》，中华书局 1985 年版。

（宋）佚名：《名公书判清明集》，中华书局 1987 年版。

（宋）李焘：《续资治通鉴长编》，中华书局 1979、1980、1985、1986、1992 年版。

（宋）张邦基：《墨庄漫录》，中华书局 2002 年版。

（宋）祝穆：《方舆胜览》，中华书局 2003 年版。

（宋）范成大：《范石湖集》，上海古籍出版社 2006 年版。

（宋）司马光：《涑水记闻》，中华书局 1989 年版。

（宋）张知甫：《可书》，中华书局 2002 年版。

（宋）庄绰：《鸡肋编》，中华书局 1983 年版。

（宋）陆九渊：《象山语录》，上海古籍出版社 2000 年版。

（宋）魏泰：《东轩笔录》，中华书局 1983 年版。

（宋）苏轼：《东坡志林》，中华书局 1981 年版。

（宋）范成大：《吴郡志》，江苏古籍出版社 1986 年版。

（宋）王栐：《燕翼诒谋录》，中华书局 1981 年版。

（宋）陈善：《扪虱新话》，上海书店 1990 年版。

（宋）方勺：《泊宅编》，中华书局 1983 年版。

（宋）黄庭坚：《黄庭坚全集》，四川大学出版社 2001 年版。

（宋）陈鹄：《西塘集耆旧续闻》，中华书局 2002 年版。

（宋）岳珂：《桯史》，中华书局 1981 年版。

（宋）程颢、程颐：《二程集》，中华书局 1981 年版。

（宋）晁公武撰，孙猛校证：《郡斋读书志校证》，上海古籍出版社 1990 年版。

（宋）乐史：《太平寰宇记》，中华书局 2007 年版。

（宋）刘昌诗：《芦浦笔记》，中华书局 1986 年版。

（宋）蔡襄：《蔡襄集》，上海古籍出版社 1996 年版。

（宋）陆游：《家世旧闻》，中华书局 1993 年版。

（宋）张世南：《游宦纪闻》，中华书局 1981 年版。

（宋）李复言：《续玄怪录》，中华书局 2006 年版。

（宋）郭若虚：《图画见闻志》，人民美术出版社 1964 年版。

（宋）邓椿：《画继》，人民美术出版社 1964 年版。

（宋）王象之：《舆地纪胜》，中华书局 1992 年版。

（宋）姚宽：《西溪丛语》，中华书局 1993 年版。

（宋）宋敏求：《春明退朝录》，中华书局 1980 年版。

（宋）苏辙：《栾城集》，上海古籍出版社 1987 年版。

（后晋）刘昫：《旧唐书》，中华书局 1975 年版。

（元）脱脱：《金史》，中华书局 1975 年版。

（明）陶宗仪等：《说郛三种》，上海古籍出版社1988年版。

（明）黄淮、杨士奇编：《历代名臣奏议》，上海古籍出版社1989年版。

（明）解缙等编：《永乐大典》，中华书局1986年版。

（清）厉鹗：《宋诗纪事》，上海古籍出版社1983年版。

（清）潘永因：《宋稗类钞》，书目文献出版社1985年版。

（清）蔡上翔：《王荆公年谱考略》，中华书局1994年版。

（清）王夫之：《宋论》，中华书局1964年版。

（清）徐松辑：《宋会要辑稿》，中华书局1957年版。

（清）陆心源：《宋史翼》，中华书局1991年版。

（清）叶德辉：《书林清话》，复旦大学出版社2008年版。

二、著作类

〔日〕堤清二：《消费社会批判》，朱绍文等译校，经济科学出版社1998年版。

〔英〕齐格蒙·鲍曼：《寻找政治》，洪涛、周顺、郭台辉译，上海人民出版社2006年版。

〔英〕特里·洛威尔：《文化生产》，陆扬、王毅选编：《大众文化研究》，生活·读书·新知三联书店2001年版。

〔德〕马克思、〔德〕恩格斯：《马克思恩格斯选集》，人民出版社1995年版。

〔德〕马克思：《1844年经济学哲学手稿》，人民出版社1985年版。

〔美〕凡勃伦：《有闲阶级论》，蔡受百译，商务印书馆2007年版。

〔法〕谢和耐：《蒙元入侵前夜的中国日常生活》，刘东译，江苏人民出版社1995年版。

〔瑞典〕斯威德伯格：《经济社会学原理》，周长城译，中国人民大学出版社2005年版。

〔德〕维尔纳·桑巴特：《奢侈与资本主义》，王燕平、侯小河译，上海人民出版社 2000 年版。

〔德〕齐奥尔格·西美尔：《时尚的哲学》，费勇等译，文化艺术出版社 2001 年版。

〔日〕竺沙雅章：《中国佛教社会史研究》，同朋舍 1982 年版。

〔美〕韩森：《变迁之神：南宋时期的民间信仰》，包伟民译，浙江人民出版社 1999 年版。

〔美〕L. S. 斯塔夫里阿诺斯：《全球通史：1500 年以前的世界》，吴象婴、梁赤民译，上海社会科学院出版社 1999 年版。

〔日〕斯波义信：《宋代商业史研究》，庄景辉译，台湾稻禾出版社 1997 年版。

〔日〕斯波义信：《宋代江南经济史研究》，方健、何忠礼译，江苏人民出版社 2000 年版。

〔美〕施坚雅等主编：《中华帝国晚期的城市》，叶光庭等译，中华书局 2000 年版。

〔英〕亚当·斯密：《国富论》上卷，杨敬年译，陕西人民出版社 2001 年版，

〔美〕约瑟夫·熊彼特：《经济分析史》第 1 卷，朱泱、孙鸿敞等译，商务印书馆 1991 年版。

〔日〕加藤繁：《中国经济史考证》，吴杰译，商务印书馆 1973 年版。

〔瑞士〕西斯蒙第：《政治经济学新原理或论财富同人的关系》，何钦译，商务印书馆 1964 年版。

〔美〕费正清、〔美〕赖肖尔：《中国：传统与变革》，陈仲丹等译，江苏人民出版社 1992 年版。

鲁迅：《鲁迅全集》，人民文学出版社 1957 年版。

李如森：《汉代丧葬制度》，吉林大学出版社 1995 年版。

宗白华：《宗白华全集》，安徽教育出版社 1994 年版。

曾枣庄、刘琳主编：《全宋文》，上海辞书出版社、安徽教育出版社 2006 年版。

王福鑫：《宋代旅游研究》，河北大学出版社 2007 年版。

沈松勤：《唐宋词社会文化学研究》，浙江大学出版社 2004 年版。

隋树森编：《全元散曲》，中华书局 1964 年版。

中国戏曲研究院编：《中国古典戏曲论著集成》，中国戏剧出版社 1959 年版。

侯忠义主编：《明代小说辑刊》，巴蜀书社 1995 年版。

程民生：《宋代物价研究》，人民出版社 2008 年版。

郑振铎：《郑振铎古典文学论集》，上海古籍出版社 1984 年版。

乌丙安：《中国民俗学》，辽宁大学出版社 1987 年版。

陈柏泉编著：《江西出土墓志选编》，江西教育出版社 1991 年版。

张其凡：《宋初政治探研》，暨南大学出版社 1995 年版。

任继愈：《中国道教史》，上海人民出版社 1990 年版。

陈兵编著：《新编佛教辞典》，中国世界语出版社 1994 年版。

程民生：《宋代地域文化》，河南大学出版社 1997 年版。

江苏省六朝史研究会编：《古代长江下游的经济开发》，三秦出版社 1989 年版。

周宝珠：《宋代东京研究》，河南大学出版社 1992 年版。

魏华仙：《宋代四类物品的生产和消费研究》，四川科学技术出版社 2006 年版。

范凤书：《中国私家藏书史》，大象出版社 2001 年版。

张秀民：《中国印刷史》，上海人民出版社 1989 年版。

瞿冕良编著：《中国古籍版刻辞典》，齐鲁书社 1999 年版。

苗春德：《宋代教育》，河南大学出版社 1992 年版。

张希清等：《宋朝典制》，吉林文史出版社 1997 年版。

漆侠：《中国经济通史》，经济日报出版社 1999 年版。

潘月美：《宋代藏书家考》，台海出版社 1980 年版。

胡晓明：《中国诗学之精神》，江西人民出版社 2001 年版。

姚淦铭、王燕主编：《王国维文集》，中国文史出版社 1997 年版。

姜锡东：《宋代商人和商业资本》，中华书局 2002 年版。
林文勋：《唐宋社会变革论纲》，人民出版社 2011 年版。
王宁：《消费社会学》，社会科学文献出版社 2001 年版。
何忠礼：《科举与宋代社会》，商务印书馆 2006 年版。
葛金芳：《中国经济通史》，湖南人民出版社 2002 年版。
吴晓亮主编：《宋代经济史研究》，云南大学出版社 1994 年版。
朱瑞熙：《宋代社会研究》，中州古籍出版社 1982 年版。
杨万里：《宋词与宋代的城市生活》，华东师范大学出版社 2006 年版。
陈寅恪：《陈寅恪文集》，上海古籍出版社 1980 年版。
张邦炜：《宋代政治文化史论》，人民出版社 2005 年版。
张邦炜：《宋代婚姻家族史论》，人民出版社 2003 年版。
张维青、高毅清：《中国文化史》，山东人民出版社 2002 年版。
李泽厚：《中国古代思想史论》，人民出版社 1986 年版。

三、论文类

徐淳厚：《关于文化消费的几个问题》，《北京商学院学报》1997 年第 4 期。

晏才群：《文化——正在兴起的消费热点》，《消费经济》2000 年第 1 期。

宋则、李伟：《提升我国消费层次的新思路》，《经济与管理研究》2000 年第 5 期。

肖浩辉：《加强消费文化研究，提高消费文明》，《消费经济》1994 年第 6 期。

司金銮：《我国文化消费与消费文化研究之概观》，《兰州大学学报》2001 年第 6 期。

罗晓玲：《近年我国文化消费研究述评》，《华中农业大学学报》2004 年第 3 期。

翟麦玲：《先秦两汉"女乐"考》，《史学月刊》2005 年第 3 期。

陈德弟：《魏晋南北朝私家藏书兴盛原因初探》，《古籍整理研究学刊》2006 年第 1 期。

刘爱文：《论魏晋南北朝时期的宗教消费》，《邵阳师范高等专科学校学报》1999 年第 3 期。

范凤书、张德新：《唐、五代私家藏书述略》，《图书馆理论与实践》2002 年第 1 期。

吴晓亮：《从城市生活变化看唐宋社会的消费变迁》，《中国经济史研究》2005 年第 4 期。

刘勋、龚胜生、白月华：《唐代旅游资源结构与分布研究》，《旅游科学》2011 年第 5 期。

介永强：《论隋唐时期的宗教消费》，《思想战线》2008 年第 4 期。

陶立明、朱冠艾：《宋元时期赌风再探》，《淮北煤炭师范学院学报》2002 年第 3 期。

宁欣：《由唐入宋都市人口结构及外来、流动人口数量变化浅论》，《中国文化研究》2002 年夏之卷。

程民生：《宋代食品价格与餐费考察》，《河北大学学报》2008 年第 4 期。

葛金芳、顾蓉：《从原始工业化进程看宋代资本主义萌芽的产生》，《社会学研究》1994 年第 6 期。

吴晟：《试论瓦舍文化的商业性与娱乐性》，《江西师范大学学报》2000 年第 3 期。

李怀、程华敏：《消费分层：一个社会分层的重要维度》，《江汉论坛》2010 年第 1 期。

刘浦江：《宋代宗教世俗化和平民化》，《中国史研究》2003 年第 2 期。

刘敏：《论宋元道教的社会化存在形态》，《社会科学研究》2008 年第 1 期。

游彪：《佛性与人性：宋代民间佛教信仰的真实状态》，《北京师范大学学报》2011 年第 5 期。

祁琛云：《宋代私家藏书述略》，《历史教学》2007 年第 7 期。

邓洪波、肖新华：《宋代书院藏书研究》，《高校图书馆工作》2003 年第 5 期。

袁同礼：《宋代私家藏书概略》，《图书馆学季刊》1928 年第 2 期。

裴成发：《宋代私刻评价问题浅析》，《图书馆理论与实践》1989 年第 2 期。

何忠礼：《科举制度与宋代文化》，《历史研究》1990 年第 5 期。

程民生：《宋人生活水平及币值考察》，《史学月刊》2008 年第 3 期。

〔日〕大庭修：《关于传入日本的汉文书籍》，《国外社会科学情报》1985 年第 3 期。

袁逸：《唐宋元书籍价格考 —— 中国历代书价考之一》，《编辑之友》1993 年第 2 期。

祝尚书：《宋代登第进士的恩例与庆典 —— 兼论科举的公正性问题》，《四川师范大学学报》2006 年第 2 期。

朱瑞熙：《宋代商人的社会地位及其历史作用》，《历史研究》1986 年第 2 期。

肖华忠：《宋代人才的地域分布及其规律》，《中国历史地理论丛》1993 年第 3 期。

任仲书、于海生：《宋代"牙人"的经济活动及影响》，《史学集刊》2003 年第 3 期。

李华瑞：《宋代画市场初探》，《美术史论》1993 年第 1 期。

漆侠：《宋代社会生产力的发展及其在中国古代经济发展过程中的地位》，《中国经济史研究》1986 年第 1 期。

葛金芳：《宋代经济：从传统向现代转变的首次启动》，《中国经济史研究》2005 年第 1 期。

包伟民：《两宋"城市文化"新论》，《文史哲》2012 年第 5 期。

邓广铭：《关于宋史研究的几个问题》，《社会科学战线》1986 年第

2 期。

邓乔彬:《宋代文学的雅俗变化及成因》,《求是学刊》2006 年第 4 期。

高寿仙:《"行业组织"抑或"服役名册"?——宋代"团行"和明代"铺行"的性质与功能》,《北京大学学报》2011 年第 6 期。

魏天安:《宋代行会的特点论析》,《中国经济史研究》1993 年第 1 期。

马伯钧:《消费结构优化是衡量产业结构优化的标准》,《消费经济》2003 年第 6 期。

张邦炜:《两宋时期的社会流动》,《四川师范大学学报》1989 年第 2 期。

王宁:《消费流动:人才流动的又一动因》,《学术研究》2014 年第 10 期。

安顺、张明之:《论文化产业与文化消费发展的历史统一》,《南京财经大学学报》2012 年第 3 期。

刘方:《宋型文化:概念、分期与类型特征》,《湖州师范学院学报》2005 年第 3 期。

虞云国:《略论宋代文化的时代特点与历史地位》,《浙江社会科学》2006 年第 3 期。

后 记

当提笔写这篇后记时，万千思绪涌上心头。一边在唏嘘感叹光阴无情飞逝，一边真真体会到了贾平凹所说的人的一生其实干不了几样事情。仔细梳理，自己人生精力最充沛的十余年间，在学术上的作为，也只是围绕着宋代文化消费的有关议题作了点粗浅探索。如今，《宋代文化消费研究》终于要付梓出版了，作为一个阶段的学习总结，也算是件令人欣慰的事情。

眼前这本小书的初稿是我的博士学位论文，原稿三十多万字，当初博士论文匿名评审时，得到五位专家的一致好评，这一成绩不仅使我顺利毕业，而且鼓舞和坚定了我在学术道路上的信心。博士毕业后，我以此题为研究基础成功申报了国家社科基金项目。由于国家社科基金项目结项要求中规定，凡以博士论文为基础申报的项目，需说明结项成果与原论文的区别和联系，这就要求对原成果必须有质的提高与改进。这一要求也使我的研究一度陷入困顿。原本已觉得完美的博士论文在同一个议题下如何进行完善和拓展是我很长时间都在思考的一个问题。如何破？如何立？似乎比完成一个全新的课题还要困难，这期间，该研究停滞有近三年时间。

现在回头来看，当初找到突破的研究方向，似应要感谢我后面从事的职业。博士毕业后，我从研究所调入《人文杂志》编辑部工作，负责编辑社会学栏目。社会学作为一门研究社会事实且具有多重研究范式的学科，与注重考据的历史学在研究范式上多有不同。如果说历史学更在于讲清楚"是什么",社会学则更在于明晰"为什么";如果说历史学更偏重于研究微观事实,社会学则更偏重研究宏观的社会结构与机理;如果说历史学一般依靠文献和出土资料,社会学则在注重实证的基础上,还需要丰富的社会学想象力。需要强调的是,虽然两个学科间多有差异,但并没有绝对的壁垒,相反,社会学知识的补充为我原来的历史学研究提供了全新的视角,也促使我对原来的研究从主体内容、观点、结构和研究方法上都进行了调整完善。

现在这本小书单纯从字数上来看,有二十多万字,比博士学位论文缩减了十多万字,在大幅压缩的同时,丰富和扩充的部分占到现全书内容的近40%。可以说,研究视角和研究方法的拓展,赋予了同一研究议题新的内涵。简要概括,原有学位论文主要从经济的视角,将文化消费作为社会再生产的重要环节,着眼于具体的"消费"过程,将对各个文化客体或文化文本是如何被购买、被消费,其价格如何、受何因素制约等问题进行了阐释。本书在保留经济视角的基础上,通过对宋代文化消费与诸经济因素之间关系的探讨,加深对宋代经济结构的理解,进一步明确文化消费在宋代商品经济中的地位与影响,为宋代商品经济的认识与评价提供参照。并且,本书采用文化社会学的研究方法,通过文化消费的视角探研宋代的社会与文化特点,如对社会结构的变动、社会阶层的分化、雅俗文化的消长、文化的层间互动、宋人消费观念的嬗变、社会流动的加速以及文化消费所具有的社会分层意义等问题均有了深入认识。另外,进一步挖掘了宋代文化消费所具有的当代意义和价值,就宋代文化相对普及的情况对当前"书香社会"的建设以及宋型文化对当代弘扬优秀传统文化的启示等,都作了初步探索。

回首这一选题的研究历程,从刚开始的信心满满,到中间的困惑停滞,再到柳岸花明又一村,同一个研究议题能得到丰富拓展,在于"咬定青山不放松"的持之以恒,在于"为有源头活水来"的知识积累。在这一过程中,难忘学术研究困顿之时的纠结与不安,也体会到了有一点创见之时的无比愉悦。这些回忆在成为我珍贵的人生体验的同时,也将激励我在学术之路上砥砺前行。

　　必须强调的是，这本小书作为一个阶段的学习总结，虽有满意之处，但对宋代文化消费如此宏大的命题仍只是一个粗浅的勾勒，且限于水平，书中观点和内容也许并不成熟，错误在所难免，真诚期待方家批评指正。

　　拙稿从成文到成书，得到了众多学术界前辈、师友、出版社领导和编辑的支持与帮助。陕西师范大学袁林教授作为我的博士论文指导老师，从选题到写作，都给予了悉心指导。在四年的博士生涯里，您一直鼓励创新和坚持自己学术思想的教学理念让我受益良多，让我学会了独立思考，坚定了学术信心，为我成长为一名学术研究者打下了坚实的基础。在这本小书成书的过程中，还有幸得到陕西师范大学的李裕民教授、贾二强教授、薛平拴教授、王玉华教授以及西北大学的陈峰教授、刘宝才教授等各位老师的指导和关怀，在此一并表示衷心感谢。

　　本书能够出版，感谢商务印书馆文津公司的丁波总编辑将之列为选题，并作了一些具体指导。感谢责任编辑程景楠进行的辛勤编校，从标点符号到每一处引文都进行了再次把关核校。让我敬佩她专业水平的同时，更感动于她严谨负责的工作态度。感谢陕西省社科院把本书纳入陕西人文社科文库予以资助，也感谢院领导和同事们长期以来给予我的诸多帮助与支持、理解与关怀。

　　感谢我的父母和家人，感谢你们多年来对我精神和物质上的支持。若没有你们的远见、理解和无私的奉献，我是不可能有今天的成绩。每当在我承受着工作和生活多重重压而焦头烂额之时，总是你们，不顾年迈，不远千里专程赶来照顾我的生活，为我提供了强大的后盾。感谢我的丈夫，尽管你自己也承担着繁重的工作和学业，但也尽你所能，对我鼎力支持。

　　还有很多给予我直接或间接帮助的老师、领导、同仁和朋友，对此，我铭感于心，深表感谢！

秦开凤
2019 年 7 月 2 日于西安